AF167605

Multiple Panels in der empirischen Sozialforschung

Tobias Gummer

Multiple Panels in der empirischen Sozialforschung

Evaluation eines Forschungsdesigns mit Beispielen aus der Wahlsoziologie

 Springer VS

Tobias Gummer
Mannheim, Deutschland

Dissertation Universität Mannheim, 2014

ISBN 978-3-658-09342-6   ISBN 978-3-658-09343-3 (eBook)
DOI 10.1007/978-3-658-09343-3

Die Deutsche Nationalbibliothek verzeichnet diese Publikation in der Deutschen Nationalbi-
bliografie; detaillierte bibliografische Daten sind im Internet über http://dnb.d-nb.de abrufbar.

Springer VS

Gedruckt auf säurefreiem und chlorfrei gebleichtem Papier

Springer Fachmedien Wiesbaden ist Teil der Fachverlagsgruppe Springer Science+Business Media
(www.springer.com)

Inhaltsverzeichnis

Teil IV Diskussion und Ausblick

Tabellenverzeichnis

Abbildungsverzeichnis

Teil I
Einleitung und Untersuchungsgegenstand

Kapitel 1
Einleitung

Longitudinale Forschungsdesigns werden in der empirischen Sozialforschung immer stärker eingesetzt. Gerade in der Umfrageforschung zeigt sich dieser Trend deutlich sowohl anhand renommierter nationaler Projekte wie dem Sozio-ökonomischen Panel (SOEP), dem Nationalen Bildungspanel (NEPS) und der Allgemeinen Bevölkerungsumfrage der Sozialwissenschaften (ALLBUS) als auch internationaler Projekte wie dem European Union Survey of Income and Living Conditions (EU-SILC), dem International Social Survey Program (ISSP) oder dem European Social Survey (ESS). Ziel dieser Studien ist die Beobachtung von Wandel über größere Zeiträume.

Die Designs, welche den genannten Projekten zugrunde liegen, lassen sich in wiederholte Querschnitte (engl. *Repeated Cross-Section*) und Paneldesigns unterteilen. Diese stellen die zwei Grundformen oder Idealtypen longitudinaler Forschungsdesigns dar. Die Entscheidung zwischen den Idealtypen ergibt sich prinzipiell aus dem Forschungsinteresse der Primärforscher. Für longitudinal angelegte Studien bedeutet das konkret: Soll sozialer oder individueller Wandel gemessen werden? Je nachdem welcher Typ von Wandel erfasst werden soll, stellen entweder Panels (individueller Wandel) oder wiederholte Querschnitte (sozialer Wandel) das ideal geeignete Forschungsdesign dar (Firebaugh, 2008, S. 172).

In der Forschungsrealität finden sich dagegen oftmals hybride Designs, das heißt Kombinationen beider Idealtypen. Theoretisch ist eine infinite Menge an unterschiedlichen Kombinationen denkbar. In der Regel handelt es sich bei hybriden longitudinalen Forschungsdesigns um Panelstudien, die Charakteristiken wiederholter Querschnitte zur Auffrischung ihrer Stichprobe übernehmen. Zwischen den Designs verschiedener Studien ergeben sich dabei immer wieder Abweichungen im Hinblick auf den Umfang, in dem Merkmale kombiniert werden. So wird bspw. bei einem *Split Panel* ein einzelnes Panel gestartet, das durch separat durchgeführte Querschnitte ergänzt wird. Diese werden kontinuierlich während des laufenden Panels erhoben. Bei *Repeated Panels* oder *Rotating Panels* handelt es sich um eine spezifische, in der Forschung oft angetroffene, hybride Form. Dabei werden mehrere separate Panels mit einer limitierten Laufzeit zeitversetzt gestartet. Die Entscheidung für die konkrete Ausgestaltung der Kombination von wiederholten Querschnitten und Panels ergibt sich aus dem studienspezifischen Kontext, bspw. der interessierenden Grundgesamtheit, der Fragestellung der Untersuchung und methodischen Spezifika der Erhebung. Wenn hybride Designs in Arbeiten zu Forschungsdesigns vorgestellt werden, wie bspw. bei Duncan und Kalton (1987), sind diese prinzipiell als theoretische Konstrukte zu verstehen, die in der Realität oftmals in abgewandelter Form eingesetzt werden.

Das Ziel hybrider Designs ist es, Stärken der Idealtypen zu verbinden und Schwächen auszugleichen. Es scheint weitgehend unklar zu sein, inwieweit das gelingt. Einige Arbeiten zu hybriden longitudinalen Forschungsdesigns argumentieren zwar analytisch (Duncan und Kalton, 1987; Smith et al., 2009), geben aber keinen Aufschluss darüber, in welchem Maß die Potentiale eines Designs durch externe Randbedingungen der Zielpopulation sowie des Kontexts beeinflusst werden (u.a. durch Populationsdynamik und Zeitkontext der interessierenden Merkmale). Man kann sagen, dem theoretischen Diskurs mangele es an Bezug zur Realität und an der Berücksichtigung variierender Randbedingungen in der Realität. Auf der anderen Seite ist es kaum möglich, die Potentiale der verschiedenen longitudinalen Designs anhand von Realdaten zu überprüfen. Zum Ersten ergibt sich zwischen verschiedenen Studien eine ganze Reihe von kontextbedingten Abweichungen. Das hat zur Folge, dass man konkrete Studiendesigns vergleichen würde und nicht ideale Forschungsdesigns. Zum Zweiten wäre die Anzahl an vergleichbaren Studien, würden diese tatsächlich den vordefinierten Designs entsprechen, sehr gering und es ist fraglich, ob generalisierbare Schlussfolgerungen auf dieser Grundlage möglich sind. Der durchgeführte Vergleich wäre lediglich ein qualitatives Fallbeispiel.

Die vorliegende Arbeit schließt diese Lücke und analysiert empirisch das Potential einer gleichgewichtigen Kombination von Panel- und wiederholtem Querschnittsdesign, die nachfolgend als *multiples Paneldesign* bezeichnet werden soll. Dabei wird zum einen geprüft, wie gut multiple Panels sozialen Wandel im Vergleich zu wiederholten Querschnitten und, zum anderen, wie gut sie individuellen Wandel im Vergleich zu Panels erfassen können. Um das analytische Potential multipler Panels zu bestimmen, wird eine Simulationsstudie durchgeführt. Diese erlaubt es, die Randbedingungen der Population zu variieren und in die Beurteilung des analytischen Potentials miteinzubeziehen. Gleichzeitig kann durch die vollständige Kontrolle über den Versuchsaufbau verhindert werden, dass weitere Kontextmerkmale in den Vergleich einfließen und die Ergebnisse verzerren. Im Gegensatz zu einer Analyse mit Realdaten, bspw. auf Basis von Umfragedaten, wird vermieden, dass Unterschiede durch Nonresponse, Stichprobenfehler, Harmonisierungsprobleme oder Ähnliches in den Vergleich eingehen und die Ergebnisse verzerren (siehe hierzu auch den *Total Survey Error Approach*: Groves et al., 2009; Weisberg, 2005).

Wandel ist das zentrale Erkenntnisinteresse beim Einsatz von longitudinalen Forschungsdesigns. Dieser ist definiert als die Veränderung eines Merkmals im Zeitkontext. Zeitkontext bedeutet, dass zwischen mindestens zwei Zeitpunkten ein Prozess stattfindet, der zur Folge hat, dass sich das Merkmal verändert. In der Literatur findet sich mit der Zerlegung solcher Zeitkontexte in Alters-, Perioden- oder Kohorteneffekte (APK) (bspw. Firebaugh, 1997; Glenn, 2005) eine notwendige Systematisierung. Im Zusammenhang mit diesen Effekten — insbesondere mit Kohorteneffekten — steht die Veränderung der Population über die Zeit. Ursächlich sind hier Fertilität, Mortalität und Migration. Während APK-Effekte auf Individuen bezogen werden können, ist die Populationsdynamik ein Merkmal des Aggregats der Individuen. Zeitkontext und Populationsdynamik stellen somit zwei Randbedingungen von Wandel dar.

Soll das analytische Potential multipler Panels (oder auch anderer hybrider Designs) bewertet werden, muss die Frage nach dem Einfluss variierender Randbedingungen auf Forschungsdesigns gestellt werden. Es ist zu untersuchen, unter welchen Bedingungen hybride Designs in der Lage sind, die gleiche Güte bei der Erfassung von sozialem oder individuellem Wandel zu erreichen wie das jeweilige idealtypische Forschungsdesign. Dabei ist zu erwarten, dass die verschiedenen longitudinalen Forschungsdesigns unterschiedlich gut geeignet sind, um verschiedenen Randbedingungen Rechnung zu tragen. Aus der Literatur ergeben sich keine konkreten Hinweise darauf, in welchem Maß die Variation der Randbedingungen einen Einfluss auf das analytische Potential multipler Panels hat. Auch finden sich selbst in empirischen Arbeiten keine Ausführungen zur Bedeutung der Randbedingungen für das analytische Potential der Designs. Diese Forschungslücken sollen mit der vorliegenden Arbeit ebenfalls geschlossen werden.

Da die hier eingesetzte Simulationsstudie auf der Annahme basiert, dass die Randbedingungen (Populationsdynamik und Zeitkontext der interessierenden Variablen) in der Realität einen Einfluss auf den Wandel besitzen, ist dies in einem weiteren Schritt zu überprüfen. Für die entsprechenden Analysen werden Daten aus der amtlichen Statistik und der sozialwissenschaftlichen Forschung eingesetzt. Die Existenz und den Einfluss der Randbedingungen nachzuweisen komplementiert die Ergebnisse der Simulation, da dies den notwendigen Bogen zwischen einer theoretisch-abstrakten Diskussion und tatsächlichen Anwendungsfällen schlägt. Gleichzeitig erlauben die Analysen eine weitere Validierung der Annahmen dieser Arbeit.

Das analytische Potential von Forschungsdesigns anhand verschiedener Randbedingungen zu untersuchen, ist eine wichtige Aufgabe der methodischen Forschung, da solche Designentscheidungen immer wichtiger werden (Hakim, 2000, S. 2f). Durch zunehmenden Druck von Mittelgebern bei der Vergabe von Forschungsförderung und eine steigende Konkurrenz bei den anhängigen Vergabeverfahren muss es eine zentrale Aufgabe sein, ein Forschungsdesign zu skizzieren und zu wählen, das die eigenen Fragestellungen adäquat zu beantworten vermag.

Besonders bei multithematischen Projekten kann die Wahl eines angemessenen Designs dazu beitragen, die Bearbeitbarkeit verschiedener Fragestellungen (bspw. die Erfassung von sozialem und individuellem Wandel) zu ermöglichen. Eine fundierte Argumentation für ein bestimmtes Forschungsdesign erscheint folglich als äußerst wichtig für die Profession. In diesem Zusammenhang erstaunt die geringe Dichte an Arbeiten, die Forschungsdesigns detailliert diskutieren. Es mangelt an Untersuchungen, die Randbedingungen gängiger soziologischer Erhebungen einbeziehen und eine Argumentationsgrundlage liefern, um die Entscheidung für ein Forschungsdesign im konkreten Fall zu begründen. Die vorliegende Arbeit leistet einen ersten Beitrag zur Bearbeitung dieser Forschungslücke, indem sie untersucht, ob es der Einsatz multipler Panels erlaubt, sowohl sozialen als auch individuellen Wandel mit einer annähernd so hohen Reliabilität zu erfassen wie mit wiederholten Querschnitten oder klassischen Panels.

1.1 Eingrenzung der Problemstellung

Die empirische Sozialforschung konzentriert sich besonders auf Umfragen. Entsprechend beziehen sich die einschlägigen Arbeiten zu longitudinalen Forschungsdesigns fast ausschließlich auf diesen Erhebungstyp (Duncan und Kalton, 1987; Kish, 1987; Smith et al., 2009; Trivellato, 1999). Der Anspruch der vorliegenden Arbeit, das analytische Potential von multiplen Panels zu prüfen, ist allerdings nicht nur auf Umfragen beschränkt, sondern schließt andere Erhebungsformen wie Beobachtungen explizit mit ein. Die in jüngerer Zeit immer populäreren *Social-Media*-Projekte (Studien zu mehreren Themenbereichen z.B. in Weller et al., 2014) stellen eine Form von Beobachtungsstudien dar. Auch hier geschieht meist nichts anderes, als das Verhalten der Individuen zu beobachten — wenn auch mittels komplexerer technischer Methoden. Designs im Allgemeinen zu diskutieren ist der Besprechung von Designs für bestimmte Erhebungsformen vorzuziehen. Letzteres würde einerseits den Geltungsbereich der Befunde limitieren — was methodisch nicht notwendig ist — und andererseits die Wichtigkeit anderer Erhebungsformen in der Vergangenheit sowie ihr Potential für die Zukunft der Sozialforschung ignorieren.

Zwei methodische Eigenheiten im Bereich der Umfragestudien machen es notwendig, einige Einschränkungen der Fragestellung zu formulieren. Zum Ersten ist es möglich, pseudo-longitudinale Daten mit rein querschnittlichen Designs zu generieren. Das betrifft den Einsatz von Retrospektivinstrumenten. In der Wahlforschung ist es zum Beispiel üblich, nach der Wahlentscheidung bei der *vergangenen* Wahl zu fragen (Schoen und Kaspar, 2009, S. 159). Aus einem einzigen Querschnitt können so Paneldaten generiert werden. Da es sich nicht um ein longitudinales Design im engeren Sinne handelt, sondern höchstens um einen longitudinalen Fragebogen, werden solche Erhebungen hier nicht berücksichtigt. Dies schließt entsprechend auch Lebensverlaufsstudien wie bspw. die Erhebungen von Brückner (1993, 1995) ein. Darin werden die Lebensverläufe von Befragten ebenfalls retrospektiv erfasst. Zweitens versteht man unter dem Begriff der Panels oftmals Haushaltspanels. Hier wird nicht eine individuelle Person über die Zeit verfolgt, sondern der gesamte Haushalt. In der Folge wird bspw. die Geburt eines Kindes in einem Haushalt registriert und dieses in das Panel aufgenommen. In dieser Arbeit werden Designs hingegen so definiert, dass ihre Elemente immer Individuen sind. Sowohl die Diskussion der Ergebnisse als auch die Schlussfolgerungen der Arbeit würdigen allerdings Haushaltspanels aufgrund ihrer Bedeutung für die Forschung. Analytisch werden sie hingegen nicht berücksichtigt, da es sich hier um eine spezielle Form von Panels handelt.

1.2 Wahlsoziologie als Anwendungsbeispiel

Ziel der Arbeit ist es, analytisch die Potentiale der Kombination von Panels und wiederholten Querschnitten zu untersuchen. Die dazu erstellte Simulation benötigt allerdings externe Referenzen, um sie zunächst zu konzipieren und anschließend durchzuführen. Gleichzeitig endet der Anspruch der Arbeit nicht damit, rein methodisch-theoretische Ergebnisse zu berichten, vielmehr will sie die Ursachen der Unterschiede zu Potentialen idealtypischer Designs in der Forschungsrealität überprüfen. Aufgrund dieses Anspruchs wird ein Anwendungsbeispiel präsentiert, das als Basis für die Simulationsstudie dient und anhand dessen die Ergebnisse der Arbeit illustriert werden können.

Die Wahlsoziologie ist dieses Anwendungsbeispiel. Dafür sprechen mehrere Gründe: Erstens handelt es sich um ein klassisches Thema der Soziologie, was inhaltlich (z.B. Lipset und Rokkan, 1967) wie methodisch (z.B. Lazarsfeld et al., 1968) wichtige Arbeiten zeigen. Zweitens ist das Forschungsfeld historisch bedeutsam für die Entwicklung der empirischen Sozialforschung (Schnell et al., 2008, S. 38ff) sowie deren Perzeption in der Gesellschaft (Kaase, 2011, S. 5ff). Drittens besteht ein umfangreicher Fundus an Daten zum Wahlverhalten in Deutschland, welcher sowohl wiederholte Querschnitte als auch Panelstudien umfasst (vgl. Abschnitt 5.3). Um die Ergebnisse der Simulation mit weiteren Analysen zu stützen, ist dies eine notwendige Voraussetzung für die Wahl des Anwendungsbeispiels. Viertens zeichnet sich die Wahlsoziologie durch eine gut abgrenzbare Zielpopulation aus, nämlich die wahlberechtigte Bevölkerung eines Landes. Die Population der Wahlberechtigten, welche nachfolgend als Elektorat bezeichnet wird, definiert sich in Deutschland als:

> „(A)lle Deutschen im Sinne des Art. 116 Abs. 1 GG, die am Wahltag: das 18. Lebensjahr vollendet haben, seit mindestens drei Monaten in der Bundesrepublik Deutschland (bei Europawahlen auch in den übrigen Mitgliedstaaten der Europäischen Union) eine Wohnung innehaben oder sich sonst gewöhnlich aufhalten, nicht nach § 13 BWG (bei

Bundestagswahlen) oder § 6a EuWG (bei Europawahlen) vom Wahlrecht ausgeschlossen sind." (Bundeswahlleiter, 2014, Formatierung angepasst, TG)

Es ist anzumerken, dass die Wahlsoziologie im Feld der Wahlforschung in einem interdisziplinären Diskurs steht. Dabei geriet zuletzt der makrosoziologische Ansatz (Lipset und Rokkan, 1967) vermehrt in die Kritik. Neuere Arbeiten zum Wahlverhalten plädieren daher verstärkt für eine Kombination verschiedener Ansätze (bspw. Debus, 2010).

1.3 Aufbau und Gliederung

Die Arbeit gliedert sich in vier Sektionen mit insgesamt acht Kapiteln. Sektion I umfasst die Einleitung und die Ausführungen zum theoretischen Rahmen. So führt Kapitel 2 in einem ersten Schritt den Begriff des longitudinalen Forschungsdesigns ein. Da longitudinale Designs in der Regel dazu dienen, Wandel zu erfassen, folgt die notwendige Erklärung des Konzepts „Wandel", wie es in den Sozialwissenschaften verwendet wird. Als Nächstes wird Wandel in das Modell der soziologischen Erklärung (Coleman, 1990) eingeordnet, was deutlich macht: Sozialer Wandel bestimmt sich auf Basis des Vergleichs zweier aggregierter Populationen. Individueller Wandel dagegen basiert auf dem Vergleich zweier Messungen derselben Person. Erst in einem Folgeschritt lässt sich individueller Wandel aggregieren und für Populationen vergleichen. Da Wandel eine Veränderung im Zeitkontext ist, kann dieser nicht unabhängig von Effekten dieses Zeitkontexts betrachtet werden. Alters-, Perioden-, und Kohorteneffekte werden als basale Determinanten eines Merkmalswandels in den Sozialwissenschaften eingeführt. Aufgrund der Bedeutung longitudinaler Designs für Kausalanalysen folgt ein Exkurs zum Thema der Kausalität. Das Kapitel schließt mit drei Abschnitten zu wiederholten Querschnittsdesigns (WQD), Paneldesigns (PD) und multiplen Paneldesigns (MPD). Die Abschnitte beinhalten jeweils eine ausführliche Definition des Designs sowie Realbeispiele aus der Forschung, die zeigen, wie die Designs konkret umgesetzt werden. Der Abschnitt zu multiplen Paneldesigns geht hierüber hinaus und beschreibt detailliert, welche Merkmale von WQD und PD wie kombiniert werden. Nach einer kurzen Rezeption der Literatur zum MPD werden die Implikationen für das analytische Potential im Vergleich zu WQD und PD vorgestellt.

Nach den theoretischen Ausführungen beginnt mit Kapitel 3 Sektion II zur Simulationsstudie. Gerade bei Simulationen ist es notwendig, klar darzustellen, welche Annahmen getroffen wurden und wie die Simulation aufgebaut ist. Nur so sind die Ergebnisse transparent und kritisch diskutierbar. Nach einem kurzen Abschnitt zum Einsatz von Simulationsstudien in den Sozialwissenschaften wird das Design der Studie vorgestellt. Die Simulation wurde speziell für die Fragestellungen der Arbeit entwickelt. Dementsprechend folgt eine genaue Beschreibung der Routinen. Da es einer Reihe von verschiedenen Indikatoren bedarf, um das analytische Potential der Designs zu bewerten und zu erklären, werden diese in einem separaten Abschnitt erläutert.

Die Ergebnisse der Simulation sind in Kapitel 4 dargestellt. Zur Validierung der Studie werden zuerst die Zusammensetzungen der generierten Datensätze präsentiert und mit externen Referenzen verglichen. Daraufhin folgt die Beurteilung der Designs sowohl für die Erfassung von sozialem als auch von individuellem Wandel. Für beide Arten von Wandel wird jeweils diskutiert, wie gut die Designs geeignet sind, diese zu erfassen, wenn der Wandel entweder auf reinen Alters-, Perioden- und Kohorteneffekten oder Kombinationen der Effekte basiert, und welchen Einfluss die Populationsdynamik darauf hat. Anhand der Ergebnisse kann empirisch gezeigt werden, dass, wie erwartet, WQDs ideal geeignet sind, sozialen Wandel zu erfassen. PDs weisen dagegen erhebliche Probleme bei der Erfassung von sozialem Wandel auf, gerade wenn die Population einer hohen Dynamik unterliegt oder Kohorteneffekte auf die Merkmale wirken. Eine Kombination beider Designs in Form des MPD kann die designbedingten Verzerrungen des PD erheblich reduzieren. Für individuellen Wandel ergeben sich abweichende Ergebnisse: Je nachdem welches Erkenntnisinteresse man verfolgt, sind entweder PD oder MPD in der Lage adäquate Daten zu erfassen. PDs sind besser geeignet, um den gesamten Lebenszyklus eines Individuums zu betrachten, da MPDs per Definition nur Ausschnitte des Lebenszyklus erheben. Geht es allerdings um einen durchschnittlichen Wandel über einen unbestimmten Zeitraum, kehrt sich der Befund um. In diesem Fall sind MPDs vorzuziehen, wenn Kohorteneffekte das Merkmal determinieren.

Die Ergebnisse der Simulationsstudie werden um Analysen mit Realdaten in Sektion III ergänzt. Kapitel 5 führt in der gebotenen Kürze in das Beispiel der Wahlsoziologie ein. Hierzu werden zunächst wichtige Ansätze, die der Wahlforschung dienen, erläutert. Da die soziologischen Ansätze innerhalb der Wahlforschung kritisch diskutiert werden, werden ergänzend auch der sozialpsychologische und der ökonomische Ansatz angeführt. Je nach der Frage, die innerhalb des jeweiligen theoretischen Rahmens beantwortet werden soll, ergibt sich eine Reihe von Anforderungen für die Forschungsdesigns. Da eine infinite Menge an Forschungsfragen denkbar ist, werden einige übliche Fragen zur Veranschaulichung vorgestellt. Das Kapitel schließt mit einer Übersicht über tatsächlich existierende Datenquellen in der deutschen Wahlforschung, die zugrundeliegenden Forschungsdesigns und der Bewertung dieser Datenlandschaft.

Die Simulation zeigt, dass Randbedingungen das analytische Potential longitudinaler Forschungsdesigns beeinflussen. Kapitel 6 untersucht, wie stark die Dynamik in einer realen Population ausgeprägt ist. Zuerst werden die Mechanismen der Dynamik — Mortalität, Fertilität, Migration — eingeführt und zu einem Modell des dynamischen Elektorats verbunden. Dieses erlaubt es, mit Hilfe amtlicher Daten die Dynamik des deutschen Elektorats zu approximieren. Um einen möglichst ähnlichen Zeitraum wie die Simulation abzudecken, beschränkt sich diese Analyse,

wie auch die späteren, auf den Zeitraum 1994-2009. Es zeigt sich: Vernachlässigt
ein Design die Dynamik eines Elektorats, beispielsweise durch das Ignorieren von
Fertilität, werden erhebliche Anteile der Population nicht berücksichtigt.

Kapitel 7 untersucht, inwiefern sich Wandel durch den Zeitkontext des Merkmals erklären lässt. Hierzu werden zentrale Merkmale der Wahlforschung überprüft.
Da die Datenlage Analysen zum sozialen Wandel favorisiert, können hier weiterführende Berechnungen durchgeführt werden. Mittels einfacher APK-Analysen
und Zerlegungsverfahren kann sowohl eine Veränderung über die Zeit als auch
die (teilweise) Steuerung dieser Veränderung durch Alters-, Perioden- und Kohorteneffekte nachgewiesen werden. Weiterführende Analysen zeigen, dass nicht nur
univariate, sondern auch multivariate Punktschätzer solchen Veränderungen unterliegen. Das bedeutet, dass sich Zusammenhänge verändern. Es folgen Analysen
des individuellen Wandels zwischen den Jahren 1994 und 2009. Die Datengrundlage hierzu ist dünner und schränkt die Möglichkeiten für empirische Analysen
erheblich ein. Entsprechend wird in einem ersten Schritt das Ausmaß individuellen
Wandels aufgezeigt und in einem zweiten Schritt der individuelle Wandel von jungen Wählern mit dem Rest des Elektorats verglichen. Diese Gruppe ist besonders
wichtig, da die Simulation bei der Erfassung individuellen Wandels mit PDs Kohortensukzession als zentrale Determinante des analytischen Potentials identifiziert.
Das Kapitel schließt mit einer Einordnung der Ergebnisse für Datenerhebungen in
der Praxis, wie etwa dem SOEP.

Kapitel 8 (Sektion III) fasst die Ergebnisse der gesamten Arbeit zusammen und
würdigt sie kritisch. Für die praktische Erhebung von Daten mittels longitudinaler
Forschungsdesigns werden Hinweise herausgearbeitet. Da Umfragen in den empirischen Sozialwissenschaften noch immer die wichtigste Form der Datenerhebung
sind, beschränken sich die praktischen Empfehlungen größtenteils auf diesen Typ
von Erhebung. Das Kapitel schließt mit einem Ausblick auf offene Fragen und
weiterführende Forschungsarbeiten.

Kapitel 2
Longitudinale Forschungsdesigns

Die sozialwissenschaftliche Datenlandschaft erfährt eine Bewegung hin zum vermehrten Einsatz longitudinaler Forschungsdesigns. In der Besprechung jüngerer Entwicklungen internationaler Haushaltsumfragen bei Schupp und Frick (2011) findet sich ein Abriss zur Geschichte longitudinaler Haushaltsstudien. Bereits dort zeigt sich ein Trend hin zu vermehrter longitudinaler Beobachtung und kontinuierlicher Fortführung solcher Datenbestände. Ein ähnlicher Trend findet sich auch in anderen Feldern, beispielsweise der Wahlforschung und Politikwissenschaft (Schmitt-Beck, 2011, S. 1127). Mit zunehmender Verbreitung dieser Designs gewinnen auch Diskussionen zu ihren analytischen Potentialen und Grenzen an Bedeutung. Nur so können begründete Designentscheidungen getroffen werden unter Berücksichtigung des Erkenntnisinteresses und relevanter Kontextbedingungen.

Dieses Kapitel legt die begriffliche und konzeptionelle Grundlage der vorliegenden Arbeit. Hierzu wird in einem ersten Schritt der Begriff des longitudinalen Designs definiert. Besondere Berücksichtigung findet das Erkenntnisinteresse, das mit dem Einsatz eines solchen Designs verbunden ist. In den nachfolgenden Abschnitten werden die Themen Wandel und Kausalität näher beleuchtet.

Mit wiederholten Querschnitten und Panels kennt die Sozialwissenschaft zwei idealtypische und klassische longitudinale Forschungsdesigns. Sie unterscheiden sich im konzeptionell fixierten Erkenntnisinteresse und in methodischen Merkmalen. Nach der Präsentation beider klassischer Designs widmet sich die Arbeit der Besprechung hybrider Designs, vertreten durch multiple Panels. Es handelt sich dabei um eine gleichgewichtige Kombination beider idealtypischer Designs. Das Ziel ist dabei, Stärken der beiden Designs zu verbinden und Schwächen auszugleichen. Aus der Kombination leitet sich eine Reihe von Implikationen für das analytische Potential, das heißt für die Möglichkeit, Wandel zu erfassen, ab.

Die Besprechung der verschiedenen Forschungsdesigns wird durch Beispiele nationaler und internationaler Erhebungen veranschaulicht. Einen weiterführenden Überblick über die nationale Dateninfrastruktur bieten Gramlich et al. (2009) und die Kommission zur Verbesserung der informationellen Infrastruktur zwischen Wissenschaft und Statistik (2001).

2.1 Zum Begriff der longitudinalen Designs

Der Begriff des longitudinalen Forschungsdesigns umfasst zwei Komponenten, *longitudinal* und *Forschungsdesign*. Während Längsschnittlichkeit kaum ambivalent definiert wird, ist die Diskussion gerade zu Forschungsdesigns eine vielschichtige. Eine begriffliche Klarstellung erscheint daher angezeigt.

Forschungsdesigns sind in den Sozialwissenschaften viel besprochen und, wie Blalock (1985, S. 3) konstatiert, von hoher wissenschaftlicher Relevanz: „too many things can go wrong, and we must have systematic ways of pinpointing the implications of each design decision we make." Allerdings bleiben viele Definitionen vage oder die Autoren bedienen sich Explikationen, um der Komplexität des Begriffs gerecht zu werden. Gschwend und Schimmelfennig (2007a, S. 13) definieren knapp: „Ein Forschungsdesign ist ein Plan, der festlegt, wie das Forschungsprojekt ausgeführt werden soll, und insbesondere, wie empirische Evidenz dafür verwendet werden soll, um Antworten auf die Forschungsfragen zu erhalten." De Vaus (2001, S. 9) expliziert „(t)he function of a research design is to ensure that the evidence obtained enables us to answer the initial question as unambiguously as possible."[1] In beiden Ansätzen zeigt sich die Komplexität des Begriffs, da ein Bogen von der Forschungsfrage und Theorie hin zur Kollektion und Evaluierung von Evidenz geschlagen wird. Entsprechend dieser Komplexität benennen King et al. (1994) mit der Forschungsfrage, der Theorie, den Daten und der Datennutzung vier Komponenten eines Forschungsdesigns. Ähnlich stellen Gschwend und Schimmelfennig (2007a, S. 18ff) ihre, von allen Designs geteilte, Problemliste vor: „die Definition der Forschungsfrage; die Spezifikation von Konzepten und Theorien; Operationalisierung und Messung; die Auswahl der Fälle und Beobachtungen; die Kontrolle von alternativen Erklärungen; und theoretische Schlussfolgerungen".

Demgegenüber thematisiert Diekmann (2005, S. 168) eher die analytische Ebene und benennt drei Problemstellungen, die durch das Forschungsdesign beantwortet werden: die Untersuchungsebene, zeitliche Kausalität und die kausalanalytische Methodik. Erstens muss auf Basis des Geltungsbereichs der zu testenden Hypothesen ein geeignetes *Aggregatniveau der Fälle* ermittelt werden. Zweitens muss die *zeitliche Reihenfolge* und der zeitliche Geltungsbereich der Hypothese Berücksichtigung finden. Abschließend und drittens muss die *Methode der Kausalprüfung* durch Implementation einer Kontrollinstanz festgelegt werden. Dieser Duktus findet sich auch bei Schnell et al. (2008), die Forschungsdesign analog als Untersuchungsform bezeichnen.

---

[1] Ähnliche Definitionen finden sich unter anderem bei King et al. (1994) und Creswell (2009).

Eine vermittelnde Position zwischen den vorgestellten eher allgemeinen und eher engeren Perspektiven auf Forschungsdesigns nehmen Rossi et al. (2004) ein, die explizieren:

> „The evaluation design must, therefore, involve an interplay between the nature of the evaluation situation and the evaluator's repertoire of approaches, techniques, and concepts. A good evaluation design is one that fits the circumstances while yielding credible and useful answers to the questions that motivate it." (Rossi et al., 2004, S. 32)

Sie sprechen den Gesamtkontext an und geben gleichzeitig der analytischen Ebene mehr Gewicht: Die Beantwortung der Forschungsfrage steht im Vordergrund.

Die vorgestellten Definitionen beinhalten verschiedene Perspektiven zu Forschungsdesigns: allgemeinere und engere. Während Erstere, vertreten z.B. von Gschwend und Schimmelfennig (2007a), den Gesamtprozess des Forschungsvorhabens umfassen, legen Letztere den Fokus auf die konkrete Bearbeitung der Forschungsfrage. Dabei stehen analytische Fragen im Vordergrund. In dieser Perspektive beschäftigt sich ein Design mit dem Problem, wie ein Konzept operationalisiert und wie geeignete Evidenz (Daten) beschafft werden kann. Aus Sicht der sozialwissenschaftlichen Methodenforschung erscheint die zweite Perspektive geeigneter, da sich eine Designdiskussion somit im Kernforschungsgebiet abspielt und weniger Überschneidungen mit (beispielsweise) der Wissenschaftstheorie und anderen Schwesterwissenschaften auftreten. So thematisieren Gschwend und Schimmelfennig (2007a) sowie Creswell (2009) in ihren Ausführungen sehr zentral den methodologischen Diskurs zwischen qualitativer und quantitativer Forschung.[2]

Entsprechend ihrer quantitativ methodischen Grundausrichtung versteht die vorliegende Arbeit Forschungsdesigns im engeren Sinne der empirischen Sozialwissenschaften als Festlegung, wie Daten zur Beantwortung einer spezifischen Forschungsfrage generiert und eingesetzt werden können. Die oben angeführten Definitionen und Explikationen zeigen, dass verschiedene Merkmale ein Design auszeichnen. Diese geben konkrete Unterscheidungskriterien für verschieden Designs. Eine solche Differenzierung ist notwendig, geht man davon aus, „dass unterschiedliche Forschungsdesigns auch unterschiedliche Lösungsansätze zu den gleichen Herausforderungen bieten oder erfordern, wobei jedes Design seine eigene Stärken und Schwächen mit sich bringt" (Gschwend und Schimmelfennig, 2007b, S. 335).

Der Begriff des Längsschnitts beschreibt den zeitlichen Horizont der Datenerhebung. Konkret entspricht dies der Erfassung eines Merkmals X zu mehreren Zeitpunkten T. Durch die zeitlich multiple Erfassung eines Merkmals unterscheiden sich Längsschnitte von Querschnitten. Letztere erheben Daten nur für einen

---

[2] Vergleiche zu einer ausführlichen Darstellung des Diskurses bspw. Holweg (2005) und Lamnek (2005). Die Debatte des Methodologischen Individualismus soll in dieser Arbeit nicht geführt werden.

einzigen Zeitpunkt.[3] Je nach dem zeitlichen Geltungsbereich einer zu prüfenden Hypothese können querschnittliche Designs ausreichend sein, um sie zu prüfen.

Es folgt, dass longitudinale Forschungsdesigns als Forschungspläne zu verstehen sind, die dazu dienen, Fragestellungen mit zeitlichem Geltungsbereich zu beantworten. Es handelt sich dabei nicht um ein klar definiertes Design, sondern um eine Familie von Forschungsdesigns (Menard, 2002, S. 2). Gemeinsam ist ihnen immer die zeitlich multiple Erfassung eines Merkmals. Unterschiede ergeben sich unter anderem in der Kombination von Erhebungseinheiten (oder auch Elementen) und Zeitpunkten, das heißt: Werden dieselben Untersuchungseinheiten mehrfach, also zu verschiedenen Zeitpunkten, oder nur einmalig beobachtet? Weiter unten nimmt die vorliegende Arbeit eine genauere Definition bestimmter Designs vor (Abschnitte 2.3, 2.4 und 2.5).

Nach Diekmann (2005) ist die Möglichkeit der kausalen Kontrollen ein weiteres Kriterium, um zwischen Designs zu differenzieren. Dabei wird üblicherweise zwischen experimentellen und nicht-experimentellen bzw. quasi-experimentellen Designs unterschieden (Schnell et al., 2008, S. 224ff). Ein echtes Experiment zeichnet sich nach den Autoren durch Kontrolle des *Treatment* und *Randomisierung* aus. Dem stehen nicht-experimentelle Designs gegenüber, in welchen dem Forscher beide Möglichkeiten nicht zur Verfügung stehen. Weder die Selektion in Untersuchungsgruppen noch der Eintritt eines Stimulus kann aktiv beeinflusst werden. Mehr Einfluss auf den Eintritt eines Stimulus erlangt der Forscher bei Quasi-Experimenten, welche auch als natürliche Experimente bezeichnet werden. In diesem Kontext werden in aller Regel politische Rahmenprogramme und Ähnliches als Beispiel diskutiert. Der Proband ist in diesem Fall bereits in einer Untersuchungsgruppe eingeordnet, es erfolgt also keine Randomisierung, der Eintritt des Stimulus, beispielsweise einer gesetzlichen Regelung, kann allerdings von entsprechend legitimierten Personen umgesetzt werden.

Auch wenn nicht-experimentelle Designs nicht über die Möglichkeit verfügen, das Treatment zu kontrollieren und die Probanden zu randomisieren, stellen sie für die empirische Sozialforschung die Mehrzahl der angewandten Forschungsdesigns dar. Zum einen beruht dies auf dem Problem, dass Experimente in aller Regel nur auf einer geringen Anzahl an Versuchseinheiten aufbauen und das Ziel der Sozialforschung meist eine generalisierte Folgerung ist. Zum anderen können interessante Merkmale wie soziale Lage, Prestige, Bildung und Ähnliches oftmals nicht ohne Weiteres variiert werden bzw. wäre eine Manipulation dieser Eigenschaften ethisch nicht vertretbar (Schnell et al., 2008, S. 228f). Nicht-experimentelle Designs stellen den Regelfall einer soziologischen Untersuchung dar. In Folgenden sollen Designs als nicht-experimentell verstanden werden - falls nicht explizit anders genannt.

---

[3] Es ist anzumerken, dass es sich in aller Regel um *Beobachtungszeiträume* handelt. Da diese normalerweise finite und kleine Zeiträume darstellen, werden sie im Folgenden als Zeitpunkte bezeichnet.

Inwiefern ein Design die Möglichkeit zur Prüfung von Kausaleffekten gewährt, erschöpft sich nicht in der Unterscheidung zwischen experimentellen und nicht-experimentellen Designs. Die verschiedenen longitudinalen Forschungsdesigns unterscheiden sich durch ihre analytischen Potentiale darin, wie gut sie geeignet sind, kausale Erklärungen zu ermöglichen. Je nachdem, ob und wie gut sie individuellen bzw. sozialen Wandel erfassen, ist es möglich, bestimmte statistische Methoden anzuwenden (vgl. Abschnitt 2.2.4 mit einem Exkurs zu Kausalität). Neben dem zentralen Interesse longitudinaler Designs, der Erhebung von Wandel, ist dies ein weiterer Grund für Designentscheidungen.

2.2 Wandel als Ziel longitudinaler Forschungsdesigns

Wie gezeigt, dienen longitudinale Designs dazu, Daten zu generieren, um zeitbezogene Fragen adäquat beantworten zu können. Sollen die Analysepotentiale solcher Designs im Detail untersucht werden, stellt sich die Frage, welche Erkenntnisinteressen sich hinter zeitbezogenen Fragestellungen verbergen. Menard (2002, S. 3) beantwortet die Frage mit zwei Aufgaben, die von Längsschnittdesigns erfüllt werden sollen: zum Ersten die Beschreibung von Wandel und zum Zweiten die Kausalerklärung. Beide Konzepte werden im Folgenden genauer ausgeführt. Da die Möglichkeiten der kausalanalytischen Prüfung nur zum Teil eine Frage des Designs, sondern auch eine Frage der Analysemethoden sind, liegt der Fokus der Arbeit auf der ersten Aufgabe longitudinaler Designs: der Erfassung von Wandel. Je nachdem, welche Perspektive der Forschende einnimmt und wie Wandel erfasst werden soll, ist das analytische Potential eines Designs für ein Forschungsprojekt zu bewerten (Firebaugh, 2008, S. 235).

2.2.1 Zum Konzept des Wandels in den Sozialwissenschaften

Veränderung oder Wandel stellt die Abweichung eines Merkmals X zu einem Zeitpunkt t im Vergleich zum gleichen Merkmal X zum Zeitpunkt $t-1$ dar. Wandel ist dabei nicht nur auf Merkmale beschränkt, sondern kann auch Zusammenhänge betreffen. Nimmt man einen linearen Zusammenhang $y = \alpha + \beta x$ als gegeben für t_0 an, kann dieser zu t_1 in veränderter Form auftreten. Eine Veränderung hin zum nicht-linearen Zusammenhang, beispielsweise in folgender Form: $y = \alpha + \beta x^2$, oder eine einfache Veränderung der Koeffizienten, $\beta_t \neq \beta_{t+1}$, ist denkbar.

Bereits die Klassiker der Soziologie kennen das Konzept des Wandels. Marx (1982 [1867]) entwirft den deterministischen Wandel der Gesellschaft zu einer konkreten Form hin. Mit der Entwicklung der Bürokratie und deren Folgen befasst sich dagegen Weber (1947 [1922]), der mit dem Konzept des *stahlharten Gehäuses* die Ausbreitung bürokratischer Strukturen beschreibt. Im Gegensatz zu Marx ist Weber weniger deterministisch, da er mit dem charismatischen Führer eine Lösungsmöglichkeit für den skizzierten Wandel berücksichtigt.

Auch Comte (1933) verwendet das Konzept der Dynamik, das er als Gegenpol zur gesellschaftlichen Statik sieht. Dynamik, oder Wandel, versteht er als Fortschritt (Abels, 2009, S. 333). Eine solche Dualität findet sich auch bei Adorno (1970) in einer Arbeit *Über Statik und Dynamik als soziologische Kategorien*. Neuere Werke folgen eher den Ausführungen von Ogburn (1969, S. 82), der „heute nirgendwo eine statische Gesellschaft" erkennen mag. Statik stellt vielmehr eine Ruhephase des kontinuierlichen Wandels dar. So sieht sich Ogburn (1969, S. 82ff) beim Vergleich dynamischer und statischer Gesellschaften in der Not, ein theoretisches Experiment bemühen zu müssen.[4]

Anhand der klassischen Werke der Soziologie lässt sich schon früh ein Paradigmenwechsel im Verständnis des Konzepts von *Wandel* zeigen. Die Dualität von Statik und Dynamik scheint überholt und Dynamik ein zentrales Element sozialer Populationen. In der Konsequenz wandelt sich auch die Methodik der Soziologie. Ein noch immer aktuelles Beispiel findet sich bei Hyman (1967). Der Autor beschreibt die Auswahl einer geeigneten Grundgesamtheit und Stichprobe für eine Theorie:

> „Here the only general principle to guide the analyst is that the relevance of a given type of population varies with the nature of the inquiry, and even with the time at which a particular type of inquiry is conducted." (Hyman, 1967, S. 116)

Humanpopulationen müssen somit als in einem stetigen Wandel begriffen werden. Im Rahmen dieses Wandels verändern sich auch Gesetzmäßigkeiten, hierin liegt ein Grundproblem der Theorien von sozialem Wandel (Boudon, 1983, S. 14): Ändern sich die Zusammenhänge in einer Population oder ihre Zusammensetzung, versagen Theorien des Wandels, da es ihren theoretischen Annahmen nicht gelingt, dynamisch den Wandel zu adaptieren.

2.2.2 Wandel aus verschiedenen Perspektiven

Eine soziologische Erklärung kann auf verschiedenen analytischen Ebenen operieren. Überblickt man die Klassiker der Soziologie hinsichtlich der Berücksichtigung des Wandels, so zeigen sich diese Ebenen. Während Marx (1982 [1867]) und Comte (1933) gesellschaftlichen Wandel adressieren, bezieht sich Weber (1947

---

[4] Sein Werk wurde zum modernen Klassiker durch die *Cultural-Lag-These*. Diese besagt, dass bei einem unterschiedlichem Maß an Veränderung zweier interdependenter Kulturelemente ein Gefälle in ihrer Anpassung entsteht (Ogburn, 1969, S. 134). Die Phasen der Entwicklung erscheinen folglich als verzögert.

[1922]) vornehmlich auf Organisationen. Ogburn (1969) sieht Kulturelemente, das heißt gesellschaftliche Strukturen, als Träger des Wandels. Kurz: Wandel kann auf verschiedenen Ebenen thematisiert und operationalisiert werden.

Abbildung 2.1 zeigt das Modell der soziologischen Erklärung (Coleman, 1990) in einer Darstellung, wie sie Esser (1999b) entwickelt. Die Situation, die der Akteur wahrnimmt, gibt den Rahmen seiner Handlungen vor, die wiederum, aggregiert für mehrere Akteure, eine veränderte Situation schaffen. Ein erweitertes Modell kann auch weitere Ebenen wie soziale Gebilde (Organisationen, Netzwerke, Gruppen, usw.) berücksichtigen. Je nachdem, welche Ebene im Zentrum der Analysen stehen soll, bieten sich unterschiedliche Forschungsdesigns an. Soll Wandel untersucht werden, ist zuerst einmal die dafür notwendige Untersuchungsebene zu identifizieren. Die Untersuchungsebene ist abhängig von der Forschungsfrage (Diekmann, 2005, S. 168). Geht man vom einfachen Modell der soziologischen Erklärung aus (Abbildung 2.1), kann Wandel auf individueller (Mikro-) und sozialer (Makro-) Ebene unterschieden werden.

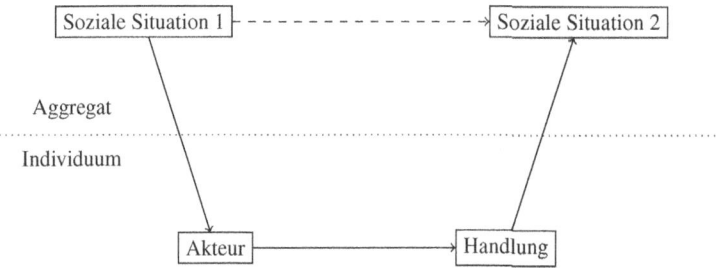

Abb. 2.1: Modell der soziologischen Erklärung.
Quelle: eigene Darstellung nach Esser (1999b, S. 17).

Individueller Wandel findet für Individuen zwischen mindestens zwei Zeitpunkten statt.[5] Sozialer Wandel wird dagegen für Populationen zwischen mindestens zwei Zeitpunkten erfasst. Populationen entsprechen, das zeigt das soziologische Erklärungsmodell, einem Aggregat der Individuen. Während individueller Wandel bei denselben Individuen auftritt, gehen in sozialen Wandel, bedingt durch den partiellen oder vollständigen Austausch einer Population, auch verschiedene Individuen ein. Population P_t muss nicht deckungsgleich mit P_{t+1} sein und sozialer Wandel ist *de facto* nicht nur ein Aggregat individuellen Wandels, sondern beschreibt auch die Veränderung der Population an sich. Diese Ausführungen sollen allerdings nicht über den Umstand hinwegtäuschen, dass auch individueller Wandel meist für

---

[5] Die vorliegende Arbeit definiert einen Zeitpunkt t als Element der Menge aller möglichen Zeitpunkte T.

eine Population diskutiert wird, hier werden allerdings nicht die Merkmale von Aggregaten verglichen, sondern Merkmale von Individuen verglichen und dann aggregiert.

Individueller Wandel wird in der Literatur oftmals auch als intraindividueller Wandel oder Bruttowandel bezeichnet, sozialer Wandel dagegen ist als interindividueller Wandel oder Nettowandel bekannt (Firebaugh, 1997, S. 3). Im Folgenden soll stets von individuellem und sozialem Wandel gesprochen werden.

2.2.3 Randbedingungen von Wandel

Das Konzept von Wandel ist zwangsläufig in einen Zeitkontext eingebettet: Wandel findet zwischen zwei Zeitpunkten statt. Innerhalb dieses Intervalls greifen Prozesse oder Effekte ein, die dazu führen, dass sich ein Merkmal verändert. Dabei lediglich festzuhalten, dass sich ein Merkmal *mit der Zeit* verändert, erscheint als zu starke Vereinfachung. Vielmehr liegt es nahe, genau diesen Zeitkontext zu systematisieren und verschiedene basale Muster zu unterscheiden.

Besonders im Zusammenhang mit Kohortenanalysen wird Wandel üblicherweise in Alters-, Perioden und Kohorteneffekte (APK-Effekte) zerlegt. Diese drei Effekte stellen basale Mechanismen dar, welche die Art und Weise einer Merkmalsveränderung über die Zeit beschreiben. Unter Alterseffekten versteht man einen Prozess, der mit dem Lebenszyklus eines Individuums zusammenhängt. Dem stehen Periodeneffekte gegenüber. Diese beziehen sich auf Ereignisse, welche die Individuen beeinflussen, wenn sie ihnen ausgesetzt sind. Als Kohorteneffekte bezeichnet man Einflüsse der Geburtsära auf gewissen Jahrgänge, die sich dadurch von anderen Jahrgängen unterscheiden (für eine ausführlichere Definition von APK siehe Hagenaars, 1990, S. 317ff). Bei den als Alters-, Perioden- oder Kohorteneffekten identifizierten Prozessen handelt es sich in aller Regel nicht um Kausaleffekte, sondern um Proxy-Messungen für andere Effekte, die aber dem Muster von APK-Effekten folgen. So berücksichtigt auch Firebaugh (1997) in seiner Definition die Muster von APK-Effekten, gibt allerdings auch Beispiele für die im Hintergrund ablaufenden Kausaleffekte:

> „Cohort effects arise from the unique reactions of cohorts to the *same* historical events (...). Age effects can be based on "wired in" developmental or maturational changes or on physiological changes related to age, as well as on life-cylce statuses (marital status, parental status) that are related to age. Period effects refer to the uniform effects of the historical context, that is, to events or historical conditions that affect all cohorts uniformly." (Firebaugh, 1997, S. 7)

Bei der Zerlegung in APK-Effekte stellt sich immer das sogenannte Identifikationsproblem — „(t)he impossibility of statistically separating age, period, and cohort effects (except in rare circumstances) (...)" (Glenn, 2005, S. 6). Misst man APK-

Effekte über die entsprechenden Zeitdimensionen (Alter, Periode, Geburtsjahr), handelt es sich um eine Linearkombination:

$$Alter = Periode - Geburtsjahr$$
$$Periode = Alter + Geburtsjahr$$
$$Geburtsjahr = Periode - Alter$$

Das Identifikationsproblem ist statistisch nicht lösbar, allerdings wurde eine Reihe von Möglichkeiten vorgeschlagen, mit ihm umzugehen. Einige der aktuell diskutierten Ansätze wie Mehrebenenmodelle werden im Special Issue *Age–Period–Cohort Models Revisited* des Journals *Sociological Methods & Research* und bei Yang und Land (2013) diskutiert. Es sind allerdings, wenn die jeweiligen Annahmen denn vertretbar sind, weniger statistisch aufwändige Methoden denkbar: Nach Firebaugh (1997, S. 8ff) können (i) Annahmen über die Effekte gemacht werden, (ii) weitere Informationen herangezogen werden, oder (iii) direkte Messungen der im Hintergrund ablaufenden Kausaleffekte eingesetzt werden. Die vorgeschlagenen Methoden ändern aber nichts daran, dass das Identifikationsproblem im Prinzip nicht zu lösen ist. Eine annähernde Lösung ist somit das beste zu erwartende Ergebnis. Entsprechend sollten auch alle Befunde interpretiert werden.

Trotz des Identifikationsproblems können Alters-, Perioden- und Kohorteneffekte als drei basale Muster oder Effekte verstanden werden, denen Wandel unterliegt. Sie bilden somit eine ideale Grundlage, um das analytische Potential multipler Panels zu untersuchen und zu kontrollieren, wie verschiedene, im Hintergrund wirkende Determinanten dieses Potential beeinflussen.

Eng mit APK-Effekten ist die Populationsdynamik verbunden. Darunter ist die Veränderung der Zusammensetzung einer Population zwischen zwei Zeitpunkten zu verstehen. Tod, Geburt und Migration sind dabei die zentralen Mechanismen, die zur Dynamik der Population führen (Bundesministerium des Innern, 2011). Das heißt, die Kohortensukzession (der Mechanismus, der hinter dem Kohorteneffekt steht) ist ein Teil der Populationsdynamik. Da allerdings Kohortensukzession nicht zwangsläufig zu einem Kohorteneffekt führt, beispielsweise wenn kein Kohorteneffekt vorliegt, ist es sinnvoll, Populationsdynamik getrennt von APK-Effekten als Randbedingung zu untersuchen. Sie bleibt aber eine notwendige Voraussetzung für Kohorteneffekte.

Abbildung 2.2 zeigt zwei Beispiele für veränderte Populationen, einmal unter niedriger und einmal unter hoher Dynamik. Jede Population P besteht aus einer Menge von Individuen I. Alle Individuen i, die zu zwei Zeitpunkten t und $t + 1$ Teil der Population sind, enthält die Schnittmenge $P_t \cap P_{t+1}$. Ausgeschiedene Fälle sind $P_t \setminus P_{t+1}$, diese bilden den Abstrom aus einer longitudinalen Population. Dagegen entsprechen neu eingetretene Fälle $P_{t+1} \setminus P_t$ und bilden den Zustrom in die

niedrige Dynamik   hohe Dynamik

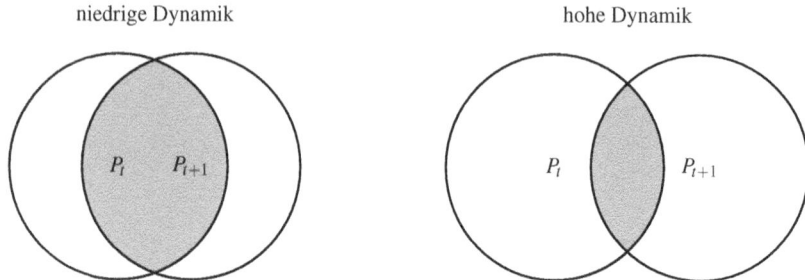

Abb. 2.2: Konzept dynamischer Populationen unter niedriger und hoher Dynamik.

Population. Die Komplemente sind unter hoher Dynamik größer als unter niedriger, da die Veränderungsprozesse stärker sind.

2.2.4 Exkurs: Kausalität

Auch wenn die Möglichkeit zu Kausalanalysen nicht nur durch Designentscheidungen, sondern auch durch die Wahl der statistischen Methoden determiniert wird, ist es eine zentrale Aufgabe von longitudinalen Forschungsdesigns, geeignete Daten für solche Analysen zu generieren. Um der Bedeutung von Kausalität gerechet zu werden, folgt ein knapper Exkurs.

Viele Arbeiten der zeitgenössischen quantitativen Sozialforschung untersuchen Zusammenhänge mit dem Anspruch, Kausaleffekte zu identifizieren (Sobel, 2000, S. 650). Diese dienen in der Logik der deduktiv-nomologischen Erklärung als Allgemeine Gesetze, demnach als Teil des Explanans (Esser, 1999a, S. 40f). Bei Allgemeinen Gesetzen handelt es sich oft um Kausalzusammenhänge, da „wirkliche Erklärungen erst mit einer Kausalfunktion geleistet werden [können] (...)" (Esser, 1999a, S. 41), was sie als entsprechend erstrebenswertes Forschungsziel erscheinen lässt (Kellstedt und Whitten, 2009, S. 50f). Die Bedeutung der Identifikation wirklicher Kausalitäten — statt einfacher Korrelationen — drückt sich auch in der zunehmenden Präsenz in der methodischen Literatur aus (z.B. Morgan und Winship, 2007; Pearl, 2000).

Vereinfacht lässt sich Kausalität als Ursache-Wirkungs-Zusammenhang verstehen. Ereignis c (*Cause*) löst Ereignis e (*Effect*) aus. Dabei diskutiert die aktuelle Literatur verschiedene Definitionen von Kausalität (Opp, 2010, S. 11). In einer klassischen Perspektive, wie sie beispielsweise von Opp (2010) vertreten wird, bezeichnet Kausalität einen Zusammenhang $c \to e$, in dem (i) c zeitlich e vorausgeht, (ii) e ursächlich aus c entsteht und (iii) e nach einem, durch (experimentelle)

Manipulation produzierten, c eintritt.[6] Eine Erweiterung findet diese klassische Perspektive im kontrafaktischen Kausalitätsbegriff (Morgan und Winship, 2007; Pearl, 2000; Winship und Sobel, 2004):

> „Accordingly, and at the risk of a great deal of oversimplification, the counterfactual account in philosophy maintains that it is proper to declare that, for events c and e, c causes e if (1) c and e both occur and (2) if c had not occured and all else remained the same, then e would not have occurred." (Morgan und Winship, 2007, S. 4)

Die kontrafaktische Definition erscheint konzeptionell reifer, da sie direkt auf die Bestimmung des Kausaleffekts aus zwei Beobachtungen anwendbar ist und die Ursächlichkeit nicht eine Annahme bildet, sondern logische Berücksichtigung in der Konzeption findet. Der Kausaleffekt δ ergibt sich aus der Differenz eines Ereignisses im Falle des Treatments und dem Ereignis ohne Treatment. Für eine beobachtbare Variable Y gilt daher: $\delta = Y_{treatment} - Y_{control}$. Auch im klassischen Verständnis wäre der Kausaleffekt so zu bestimmen. Beide Definitionen stehen jedoch vor dem Fundamentalproblem der Kausalanalyse (Holland, 1986). Ein und dieselbe Person müsste zeitgleich in zwei Zuständen beobachtet werden, um kausal folgern zu können. Je nach Forschungsdesign ergeben sich verschiedene statistische Lösungsansätze für das Fundamentalproblem, abhängig vom Informationsgehalt der generierten Daten.[7]

Das Experiment erlaubt, durch Manipulation die zeitliche Reihenfolge der Ereignisse c, e zu kontrollieren und mittels Randomisierung unbeobachtete Heterogenität zwischen Treatment- und Kontrollgruppe auszuschließen (Diekmann, 2005, S. 296ff; Opp, 2010, S. 17ff). Da in den Sozialwissenschaften hauptsächlich nicht- oder quasi-experimentelle Studien vorherrschen und Heterogenität zwischen Treatment- und Kontrollgruppe nicht auszuschließen ist, kommt der statistischen Kontrolle besondere Bedeutung zu (Gangl, 2006, S. 253). Das heißt die Möglichkeit zur Manipulation der Treatmentbedingungen oder der Randomisierung ist in der Soziologie nur eingeschränkt oder partiell möglich und das Bilden einer Kontrolldimension ist das vordergründige Interesse. Nicht-experimentelle Designs lassen sich durch ihre zeitliche Dimension differenzieren, je nach ihrem entsprechenden Informationsgehalt ergeben sich Möglichkeiten der Kontrolle.

Ein Querschnittsdesign ermöglicht lediglich den *Ex-post-facto*-Vergleich (i) potentiell selbst selektierter Gruppen für eine aus (ii) zeitlich aufeinander fol-

---

[6] Zur vereinfachten Diskussion und weil die Unterscheidung für das vorliegende Kapitel nicht von wesentlicher Bedeutung ist, soll bei Kausalität nicht wie bei Opp (2010) zwischen singulären Kausalaussagen und Kausalgesetzen differenziert werden.

[7] Entsprechend limitiert die Designentscheidung die möglichen Analysemethoden für Kausalanalysen, je nachdem welche Möglichkeiten bestehen, eine Kontrolldimension zu modellieren. Die Beobachtung eines gleichen Merkmals ein und derselben Untersuchungseinheit zu mehreren Zeitpunkten erlaubt das Fitten sogenannter *Fixed-Effects*-Modelle (z.B. Allison, 1994; Brüderl, 2010). Liegen dagegen Beobachtungen gleicher Merkmale von verschiedenen Untersuchungseinheiten zu mehreren Zeitpunkten vor, wäre eine Kausalanalyse mittels *Propensity-Score-Matching*-Verfahren denkbar (z.B. Dehejia und Wahba, 2002; Gangl, 2010; Rosenbaum und Rubin, 1983).

genden Ereignissen bestehende Kausalkette $c \rightarrow e$. Demgegenüber erlaubt ein Längsschnittdesign (i) die Kontrolle der zeitlichen Kausalität und (ii) die Verwendung vorangegangener Messungen als Prätreatmentkontrolle; ein auch als *Difference-in-Difference* bezeichneter Modus. Bei wiederholten Querschnitten ist es möglich, mittels Matching Treatment- und Kontrollgruppen zu konstruieren, während im Panel personeninterne Kontrolle möglich ist.[8] Über die Designs variiert die Kontrollmöglichkeit unbeobachteter Heterogenität. Je erfolgreicher das Fundamentalproblem der Kausalanalyse minimiert werden kann, desto mehr steigt die Validität der abgeleiteten Kausalerklärung.

Es wird ersichtlich, wie eng das Konzept des Wandels mit dem Begriff der Kausalität in der soziologischen Forschung verbunden ist. Veränderungen sowohl auf einer abhängigen Variablen (Ereignis e) als auch auf einer unabhängigen Variablen (Ereignis c) bilden die Komponenten einer Kausalaussage. Die Analyse von Kausalität ist immer mit der Analyse von Wandel verbunden.

2.3 Wiederholte Querschnitte und sozialer Wandel

Nach der Definition longitudinaler Forschungsdesigns, ihrem Erkenntnisziel, dem Konzept des Wandels und einem Exkurs zur Kausalität folgen nun drei Abschnitte zur theoretischen und exemplarischen Darstellung wiederholter Querschnitte, klassischer Panels (Abschnitt 2.4) und multipler Panels (Abschnitt 2.5).

Bei wiederholten Querschnitten wird für jeweils n Individuen über T Zeitpunkte das Merkmal X erhoben. Die Anzahl an wiederholten Erhebungen wird mit k bezeichnet. Der Einfachheit halber wird angenommen, dass zu jedem Zeitpunkt t der Menge T eine Erhebung stattfindet, wie exemplarisch in Abbildung 2.3 dargestellt. Mit jeder Erhebung erfolgt eine neuerliche Stichprobenziehung aus der Population P_t (dargestellt als schraffierte Flächen). Dieselben Individuen werden nicht mehrmals erhoben oder befragt (bei einer Umfrage). Für eine Menge der in der Erhebung berücksichtigten Individuen $i, I = \{1 \ldots n\}$ zu einem Zeitpunkt t gilt daher: I_t ist nicht deckungsgleich mit der Menge I_{t+1}, das heißt $I_t \cap I_{t+1} = \emptyset$. Damit ist eine Messung des individuellen Wandels durch die multiple Erhebung bei denselben Individuen explizit ausgeschlossen. Wandel kann bei WQDs nur als sozialer Wandel untersucht werden, also als Differenz der Aggregate eines Merkmals X zwischen zwei Zeitpunkten: $\Delta \bar{X} = \bar{X}_{t+1} - \bar{X}_t$. Durch die wiederholte Erhebung wird nicht nur der Wandel innerhalb einer Population P_t zwischen t und $t + 1$ erfasst, sondern zwischen den Populationen P_t und P_{t+1}. Sozialer Wandel beschreibt Veränderungsprozesse auf Ebene der Gesellschaft.[9]

---

[8] Vergleiche zur Definition der Designs weiter unten Abschnitte 2.3 und 2.4.

[9] Strukturell stark ähnlich ist das *Rolling Cross-Section Design* (RCS) (Johnston und Brady, 2002; Schmitt-Beck et al., 2006, 2010a). Es gilt zu beachten, dass RCS auf kurze Beobachtungszeiten

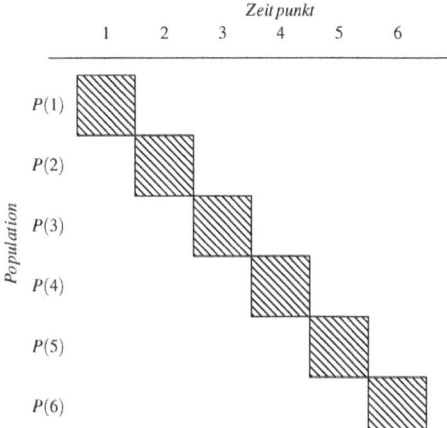

Abb. 2.3: Aufbau wiederholter Querschnitte.

Generell werden in WQDs Merkmale wie Geburt oder Alter erfasst, um auf andere Aggregatseinheiten schließen zu können. Der Wandel wird dabei als Wandel von Kohorten oder Generationen interpretiert (Glenn, 2005, S. 2f).[10] In diesem Zusammenhang spricht man von Quasikohorten, da nicht auf individueller Ebene die Lebensverläufe innerhalb der Kohorte verfolgt werden (Wagner, 2001, S. 8).

In der vorgestellten Definition wird angenommen, dass die Merkmale X über die wiederholten Querschnitte hinweg vergleichbar sind. Was zunächst einfach

---

ausgelegt sind, in der Regel handelt es sich dabei nur um mehrere Wochen. Dagegen werden unter den hier diskutierten WQDs langfristig beobachtende Designs verstanden. Des Weiteren wird im RCS nicht zu jedem t eine Stichprobe gezogen, sondern vorab. Die Stichprobe wird dann in Substichproben, sogenannte Scheiben, geteilt. Diese werden für die einzelnen Erhebungen eingesetzt. Im Gegensatz zu WQDs wäre also die Möglichkeit sozialen Wandel zu kontrollieren nur eingeschränkt möglich, selbst wenn das RCS langfristig operieren und keine Designanpassung erfahren würde.

Vergleichbar mit dem vorgestellten RCS ist das *Rolling Sample Design* (z.B. Kish, 1979, 1990), das einen etwas längeren Zeitraum abdecken soll. Hier wird ebenfalls zu t_0 eine Stichprobe gezogen, in eine gewisse Anzahl von Scheiben zerlegt und über verschiedene Perioden gemessen (Alexander, 2002, S. 35). Unter der Annahme einer dynamischen Population ist hier der Wandel nur innerhalb der Population P_0 zu messen, eine Schätzung des Wandels zwischen P_0 und $P_{t \neq 0}$ wäre voraussichtlich verzerrt.

[10] Als Kohorte wird in Anlehnung an Mannheim (1952) eine Gruppe von Personen bezeichnet, die sich durch eine ähnliche Ausprägung des Geburtsjahres, und damit des Alters, definieren. „The attractive simplicity of birth cohort membership as signified by age cannot conceal the ways in which this identification is cross-cut and attenuated by differentiation with respect to education, occupation, marital status, parity status, and so forth. Every birth cohort is heterogeneous." (Ryder, 1965, S. 847)

erscheint, stellt bei langen Laufzeiten gewisse Anforderungen an die methodische Umsetzung. Merkmale müssen für die verschiedenen Jahre gleich erhoben werden, die Messungen also vergleichbar durchgeführt werden und dennoch dem zeitlichen Kontext Rechnung tragen. Das bedeutet: Über die Zeit muss geprüft werden, ob Erhebungsinstrumente noch immer das Gleiche messen.

Neben der Homogenität der Instrumente muss die Vergleichbarkeit der verschiedenen Querschnittspopulationen gegeben sein. Das heißt, die Stichprobenziehungen müssen derart gestaltet sein, dass Vergleiche zulässig sind oder zumindest durch statistische Verfahren gewährleistet werden können. Zum Beispiel können schon unterschiedliche Stichprobengrößen zu Verzerrungen und damit Fehlinterpretationen führen — eine Möglichkeit der Kontrolle stellt die Gewichtung der Daten dar (Kish, 1999, S. 134).

Wenn auch keine Veränderung auf Ebene der Individuen verfolgt werden kann, so ermöglicht das Design jedoch, die Veränderung auf gesellschaftlicher Ebene nachzuvollziehen. Mit jeder Erhebung k wird stets aus der zeitlich aktuellen Population eine Stichprobe gezogen. Im Vergleich dieser Stichproben drückt sich der Wandel der Population über die Zeit aus. Wiederholte Querschnitte erfassen sozialen Wandel und sind das geeignete Mittel, eben diesen zu analysieren.[11]

Als Klasse von Forschungsdesigns zeichnen sich wiederholte Querschnitte durch (i) kontinuierliche Stichprobenziehung mit jeder Erhebung und (ii) Vergleichbarkeit der gemessenen Merkmale über die Zeit aus.

Beispiele für wiederholte Querschnitte

Der ALLBUS stellt ein Beispiel einer nationalen Studie mit wiederholtem Querschnittsdesign dar. Durchgeführt wird der ALLBUS von GESIS. In zweijährigem Rhythmus wird seit 1980 eine Zufallsstichprobe aus der Bevölkerung Deutschlands gezogen. Das Kernfrageprogramm ist dabei über die Wellen gleich, während mit jeder Erhebung verschiedene Schwerpunktthemen befragt werden (Wasmer et al., 2010, S. 7). Der soziale Wandel einer Population lässt sich zwischen mehreren Zeitpunkten schätzen. Es ist ebenfalls möglich, den Wandel von Altersgruppen, Kohorten oder anderen Aggregateinheiten zu verfolgen.

Mit dem Politbarometer verfügt die deutsche Sozialforschung über eine weitere Umfrage, welche die Merkmale wiederholter Querschnitte erfüllt. Seit 1977 werden Kernfragen regelmäßig bei neu gezogenen Stichproben erhoben und auch in kumulierter Form angeboten. Das Zeitintervall zwischen zwei Surveys beträgt

---

[11] Individueller Wandel wird in WQDs nicht erfasst. In der *Scientific Community* werden allerdings Methoden wie die ökologische Inferenzschätzung (z.B. Gschwend, 2006; King, 1997; King et al., 2004) diskutiert, welche dazu dienen, aus Aggregatdaten auf inidividuelle Veränderung zu schließen. Da es sich hier um eine statistische Diskussion zu Analyseverfahren und nicht um eine Diskussion zu Forschungsdesigns handelt, soll dies ausgeklammert werden. Die Potentiale eines spezifischen Designs und nicht spezifischer Methoden stehen im Fokus dieser Arbeit.

einen Monat. Einmal besteht die Kumulation aus den Surveys eines Jahres und zum anderen aus allen Jahreskumulationen seit 1977. 80 Variablen finden in der Kumulation Berücksichtigung und erlauben Merkmalsvergleiche über die Zeit (Forschungsgruppe Wahlen, 2010). Das Politbarometer wird von der Forschungsgruppe Wahlen erhoben.

Als renommierter internationaler Vertreter dieser Designklasse ist der US-amerikanische General Social Survey (GSS) zu nennen. Von 1972 bis 1994 liegen jährlich Surveys vor, ab 1994 erfolgte die Erhebung in zweijährigem Turnus. Jeder Survey basiert auf einer Zufallsstichprobe der jeweiligen Population (Davis et al., 2007, S. viii) und verfügt mit dem *Replication Core* über stetig wiederholte Kernfragen. Diese beinhalten neben demographischen Variablen auch Einstellungs- und Verhaltensvariablen. Die Fallzahlen stiegen von 1.613 (1972) auf 4.510 im Jahr 2006. In Summe betragen sie 46.510 von 1972 bis 2006.

In der Umfrageforschung ist ein Trend zur Internationalisierung der Forschungsprogramme zu erkennen (Smith, 2010, S. 477). Beispiele hierfür sind der European Social Survey (ESS), die European Value Study (EVS) und das International Social Survey Program (ISSP). Seit 2001 sind eine wechselnde Anzahl an europäischen Staaten durch den ESS abgedeckt. Während in der ersten Runde 2001 22 Staaten partizipierten, nahmen in den ersten drei Runden 32 Staaten einmal oder häufiger teil (Jowell et al., 2007, S. 11). Wie die Autoren zeigen, ist das der, zu dieser Zeit dezentralen, Finanzierung durch nationale Stellen geschuldet. Inhaltlich versucht der ESS, Einstellungen, Verhalten und Werte im mehrdimensionalen europäischen Kontext zu erfassen. Dabei werden ein Kernfragebogen und verschiedene rotierende Fragemodule eingesetzt (Neller, 2004, S. 183f).

Spezifischer, aber auch im europäischen Kontext, operiert der EVS. Zwischen 1981 und 2008 wurden vier Surveys durchgeführt und im EVS Longitudinal Data File 1981-2008 zusammengefasst, mit dem Ziel, Werteunterschiede, -wandel und -gleichheit der Bürger in EU-Staaten zu untersuchen (EVS und GESIS, 2011, S. 5). Der EVS ist im World Value Survey (WVS) eingebunden. Je nach Art der Kumulation lassen sich dabei 102 oder 87 Länder in einem longitudinalen Datenfile zusammenfassen (EVS und GESIS, 2011, S. 44).

Nationale Forschungsprojekte wie der ALLBUS und der GSS kooperieren im Rahmen des ISSP. Jährlich führen die Kooperationsinstitute Erhebungen mit abgestimmtem Inhalt durch. Entgegen den bisher vorgestellten Surveys wird hier nicht gezielt ein Kernfrageprogramm wiederholt, sondern finden thematische Module in alternierender Form Einsatz. Beispielsweise liegen 1988, 1994 und 2002 Daten zu Familie, Arbeit und Geschlechterrollen vor (Smith, 2009, S. 26). Ausgehend von den vier Gründernationen des ISSP, Deutschland, USA, Großbritannien und Australien, nehmen 44 Länder teil (Stand 2009).

Smith (2010, S. 480) arbeitet das Stadium der Umfrageforschung in acht Feststellungen heraus. Die (i) Kooperationen mit dem Ziel, eine flächendeckende Befragung zu gewährleisten, nehmen in ihrem Umfang stetig zu. Es existieren (ii) globale

Forschungsprojekte zu spezifischen Inhalten in Gesamtpopulationen sowie (iii) globale Forschungsprojekte in Subpopulationen. Gleichzeitig liegen regionale Projekte mit (iv) generellen und (v) spezifischen Inhalten vor. Selbst in der kommerziellen Forschung nehmen der (vi) Umfang und die (vii) Kooperation internationaler Erhebungen zu. Die Vergleichbarkeit nationaler Studien wird durch (viii) Harmonisierungsprojekte erhöht. Smith (2010) diskutiert seine Ergebnisse im Duktus allgemeiner Gültigkeit, seine Beispiele sind allerdings nahezu ausschließlich wiederholte Querschnitte. Auch wenn die Generalisierung durchaus zulässig sein mag, ist festzuhalten, dass gerade auch wiederholte Querschnitte einem Trend hin zu Internationalisierung und komparativen Daten folgen, was deutlich macht, welchen Stellenwert solche Forschungsdesigns auch in der Zukunft noch haben werden.

2.4 Paneldesigns und individueller Wandel

Mittels eines Panels wird bei n Individuen zu t Zeitpunkten das Merkmal X erhoben. Die Zeitpunkte der wiederholten Messung bezeichnet man als Wellen. Ein klassisches Panel besteht aus j Wellen. Auch hier wird angenommen, dass zu jedem Zeitpunkt t eine Erhebung durchgeführt wird. Dabei werden stets dieselben Individuen befragt, die zum Startzeitpunkt des Panels aus der Population ausgewählt wurden. Es gilt daher für die Menge der Individuen $i, I = \{i \ldots n\}$, dass sie *theoretisch* deckungsgleich für die verschiedenen Wellen j ist, das heißt $I_t = I_{t+1}$. Abbildung 2.4 zeigt eine schematische Darstellung eines PDs.

Paneldesigns sind in der Lage, individuellen Wandel eines Individuums zwischen zwei Zeitpunkten zu messen: $\Delta x_i = x_{i(t+1)} - x_{it}$. Aggregiert für die gesamte Population P ergibt sich das Ausmaß des individuellen Wandels von $\sum_1^i \Delta x_i$. Da sich negative und positive individuelle Veränderungen des Merkmals x negieren, kann es sinnvoll sein, Δx_i als Betrag zu definieren: $\sum_1^i |\Delta x_i|$. Aus dieser Lösung folgt das Problem, lediglich das Ausmaß der Veränderung zu messen und nicht das Ausmaß in verschiedenen Richtungen. Weiter ist es auch denkbar, als Aggregatsmerkmal den durchschnittlichen individuellen Wandel innerhalb einer Population zu bestimmen: $\sum_1^i \frac{\Delta x_i}{n}$ bzw. $\sum_1^i \frac{|\Delta x_i|}{n}$. Das ermöglicht Aussagen zum individuellen Wandel eines durchschnittlichen Individuums der Zielpopulation.

Im Vergleich zur Erfassung des sozialen Wandels, den wiederholte Querschnitte erlauben, kann Veränderung auf individueller Ebene gemessen und dann aggregiert werden. Gleichzeitig zeigt sich aber, dass es durch die Aggregation der Veränderungen zu einem Kompensationseffekt kommen kann. Negative und positive Veränderungen können sich in Summe aufheben und das Paradox einer stabilen Population bei vollständiger Dynamik schaffen.

Während bei wiederholten Querschnitten der Wandel auch zwischen verschiedenen P_t erfasst wird, ist dies bei Panels nur eingeschränkt möglich. Da die Stichpro-

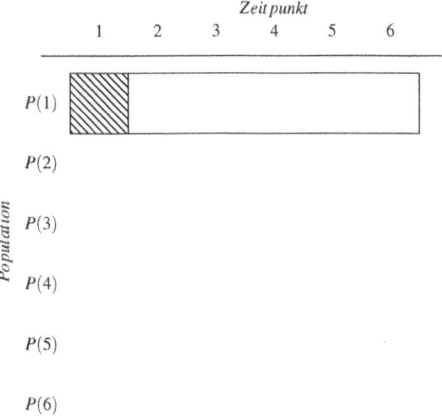

Abb. 2.4: Aufbau eines klassischen Panels.

benziehung zu Beginn des Panels aus P_1 erfolgt und anzunehmen ist, dass $P_t \neq P_{t+1}$, aber gleichzeitig $P_t \cap P_{t+1} \neq \emptyset$, also eine grundlegende Populationsdynamik vorliegt, kann ein Panel nur bedingt Wandel zwischen P_t und P_{t+1} schätzen. Firebaugh (2008, S. 201) rät daher konsequent: „Rule 6 dictates the use of panel data to study individual change and the use of repeated cross-section data to study social change."

Wie oben gezeigt, lassen sich individuelle Veränderungen zur Veränderung einer Population aggregieren, um den durchschnittlichen individuellen Wandel zwischen zwei Zeitpunkten zu bestimmen. Löst man die Aggregation auf, ergibt sich für $t = \{1,2\}$:

$$\sum_1^i \frac{\Delta x_i}{n} = \sum \frac{x_{i2} - x_{i1}}{n} = \sum \frac{x_{i2}}{n} - \sum \frac{x_{i1}}{n}$$
$$= \bar{X}_2 - \bar{X}_1.$$

Unter der Annahme, dass keine Populationsdynamik zwischen den P_t und P_{t+1} stattfindet, wäre der mit einem PD gemessene, durchschnittliche individuelle Wandel gleich dem mittels WQDs erfassten sozialen Wandel. Ist diese Annahme nicht erfüllt, das heißt, $\bar{X}_{t+1}$ wird auf Basis der Individuen $i \in P_t$ berechnet, obwohl eigentlich $i \in P_{t+1}$ verwendet werden sollten, ist der berechnete soziale Wandel auf Basis des Panels verzerrt. Die neu eingetretenen Individuen der Population P_{t+1} (d.h. $P_{t+1} \setminus P_t$) werden nicht berücksichtigt. In diesem Fall behält Firebaugh recht und ein Panel wäre nicht die erste Wahl, um sozialen Wandel abzubilden.[12]

---

[12] Simard und Franklin (2005) diskutieren diesen Fall für den Generations and Gender Survey (GGS) und verdeutlichen, welche Altersgruppen in einem Panel mit fortschreitender Lauf-

In der Forschungsrealität ist nicht damit zu rechnen, dass dieselben Personen zu allen Zeitpunkten im Panel verbleiben. Gerade bei einer langen Gesamtlaufzeit T mag das der natürlichen Bevölkerungsbewegung geschuldet sein. Aber auch Gründe wie Migration oder Teilnahmeverweigerung tragen zur sogenannten Panelmortalität oder -attrition bei. Darunter ist das Ausscheiden von Befragten im Verlauf der Panelerhebung zu verstehen. In diesem Fall sinkt die Anzahl der Individuen im Panel von Welle zu Welle: $n_1 \geq \ldots \geq n_t$. Weniger endgültig ist eine partielle Nichtteilnahme in einzelnen Wellen, beispielsweise bedingt durch Abstinenz der Untersuchungsperson während der Feldzeit einer Welle. In diesem Fall nimmt die Anzahl der Teilnehmer nicht notwendigerweise ab, sondern könnte auch wieder ansteigen. Allerdings wäre in jedem Fall die Annahme der Gleichheit der Mengen I_t nicht mehr gegeben, es nehmen also nicht immer alle Individuen in allen Wellen teil. Entsprechend dieser Abweichung vom oben dargestellten Verständnis eines Paneldesigns werden solche Panels als *unbalanciert* bezeichnet. Die Summe der Personenbeobachtungen, nachfolgend Spells genannt, beträgt bei balancierten Panels $Spells = i \cdot t$, bei unbalancierten Panels gilt $Spells = \sum_1^i t_i$.

Die gängige Literatur zu Analyseverfahren beschäftigt sich mit unbalancierten Panels hauptsächlich unter den Problemstellungen Panelattrition und Gewichtung (Baltagi, 2008; Singer und Willett, 2003; Wooldridge, 2002). Es entsteht der Eindruck, balancierte Panels würden als Regelfall angenommen und es handele sich bei unbalancierten Panel um Abweichungen von diesem Regelfall. Dabei gestaltet sich die Forschungsrealität (gerade bedingt durch Panelattrition) anders. Die Teilnehmerzahlen variieren in der Regel über die verschiedenen Panelwellen. Als Gegenmaßnahme werden beispielsweise Ergänzungsstichproben oder spezielle Gewichtungsverfahren eingesetzt. Im Falle fehlender Werte durch partielle Nichtteilnahme diskutiert die Literatur kontrovers die Möglichkeiten der Imputation (Schnell et al., 2008, S. 470f; Weisberg, 2005, S. 143).[13]

Neben dem Problem der Panelattrition diskutieren einschlägige Arbeiten zu Paneldesigns das Problem des *Panelconditioning*. Darunter ist die Beeinflussung des Antwortverhaltens durch die mehrfache Teilnahme an einer Befragung zu verstehen. Durch die multiple Befragung innerhalb eines Panels erlernt der Proband die Instrumente der Erhebung, da diese zur Messung des Merkmals X vergleichbar

---

zeit nicht berücksichtigt werden. Die Autoren führen dabei zwei Lösungsmöglichkeiten auf: Ergänzungsstichproben oder die Implementation eines hybriden Forschungsdesigns (Simard und Franklin, 2005, S. 8). Leider werden auch hier keine Schätzungen zum tatsächlichen Umfang und Einfluss der Populationsdynamik in den beteiligten Ländern gegeben.

Einen Schritt weiter geht Lynn (2011), der im Rahmen der Erhebung *Understanding Society* nicht nur die treibenden Mechanismen hinter der Populationsdynamik identifiziert, sondern diese auch für das Jahr 2009 quantifiziert. Da der Fokus der Arbeit mehr auf den eingesetzten Erhebungsmethoden liegt und weniger auf der Beschreibung der Dynamik, bleibt Letztere auf ein einziges Jahr beschränkt und wird nicht auf längere Beobachtungszeiträume ausgedehnt.

[13] Gerade zur robusteren multiplen Imputation gibt Allison (2002) einen komprimierten Überblick (Schnell et al., 2008, S. 470).

eingesetzt werden. Die Literatur ist uneins in der Bewertung der Folgen für die Erhebung. Einen knappen und aktuellen Überblick bieten z.b. Das et al. (2011). Conditioning wird stets im Rahmen von Panels diskutiert, denkbar ist aber auch, dass Messkonstrukte innerhalb einer Gesellschaft bekannt werden und nicht nur wiederholt befragte Probanden das Instrument erlernen können, sondern durch die gesellschaftliche Verbreitung die gesamte Population diesen Effekt erfährt. Wiederholte Querschnitte könnten demnach theoretisch unter einem ähnlichen Problem leiden, wenn auch mit wesentlich geringerer Wahrscheinlichkeit.

Beispiele für Paneldesigns

Wie sich in einer Übersicht zur Datenlage in den deutschen Sozialwissenschaften zeigt, gewinnen Paneldesigns zunehmend auch quantitativ an Bedeutung (Kommission zur Verbesserung der informationellen Infrastruktur zwischen Wissenschaft und Statistik, 2001, S. 49, 112ff). Die 1968 gestartete Panel Study of Income Dynamics (PSID) stellt das weltweit erste große Panel der sozialwissenschaftlichen Forschung dar und kann als Wegbereiter des Forschungsdesigns in den Sozialwissenschaften bezeichnet werden.[14] Seit nunmehr über 40 Jahren werden longitudinale Daten zu Einkommen, Familiendemographie und weiteren kontinuierlich eingepflegten Themengebieten innerhalb amerikanischer Familien erhoben (McGonagle und Schoeni, 2006, S. 6).[15] Die Beobachtung derselben Familien erlaubt es, Schlüsse zu Ereignissen wie Ehescheidungen auf die Entwicklung der betroffenen Kinder (Hoffman et al., 1993), den langfristiger Lebenschancen von Kindern sehr junger Mütter (Haveman et al., 1997, 2001) oder, bedingt durch die lange Laufzeit der PSID, zur intergenerationalen Übertragbarkeit von Konsumverhalten (Mulligan, 1997, Kap. 7) zu ziehen. Das letzte Beispiel zeigt den analytischen Vorteil langer Panels gegenüber Querschnitten besonders deutlich. Innerhalb einer Familie kann hier die Übertragung einer Merkmalsausprägung kontrolliert werden, da Beobachtungen vor und nach dem Übergangszeitpunkt vorliegen. Es muss nicht anhand von Randverteilungen eine Schätzung zu Stabilität und Übertragbarkeit des Merkmals abgegeben werden. Wie eine tabellarische Übersicht zu Zugängen und Abgängen aus dem Panel bei McGonagle und Schoeni (2006, S. 28f) zeigt, ist beim PSID nicht von einem balancierten Panel zu sprechen. Die Zusammensetzung des Panels ändert sich aus zwei Gründen. Der Ausfall einzelner Panelmitglieder durch (i) Panelattrition und Mortalität führt zu einem sich verkleinernden Panel und die Integration neuer Haushaltsmitglieder und spezieller Subpopulationen zur (ii)

---

[14] Wobei das klassische Paneldesign bereits früher diskutiert und eingesetzt wurde (Lazarsfeld, 1948; Lazarsfeld und Fiske, 1938), allerdings nicht in vergleichbarem Umfang.

[15] Einen weiteren Überblick gibt beispielsweise Hill (1992). Diskussionen zur Qualität der Befragung und Stichprobe finden sich unter anderem bei Killewald et al. (2011) und Gouskova et al. (2010).

Auffrischung der Stichprobe verändert die Zusammensetzung des Panels. In der Konsequenz ist auch beim PSID von einem unbalancierten Panel zu sprechen.

Mit dem Sozio-ökonomischen Panel (SOEP) verfügt Deutschland über einen renommierten Vertreter dieses Typs. Das SOEP ist am Deutschen Institut für Wirtschaftsforschung (DIW) in Berlin angesiedelt und erreichte im Jahr 2013 die 29. Welle. Im Jahr 1984 wurde die erste Welle des SOEP erhoben. Die Anzahl an Teilnehmern konnte über die Jahre gesteigert werden und im Jahr 2006 wurden in 12.499 Haushalten 22.639 Erwachsene und 5.143 Kinder befragt (Wagner et al., 2007, S. 151). Dabei werden seit Beginn des SOEP ein gleicher Kernfragenkomplex verwendet und jährlich wechselnde Schwerpunktthemen gesetzt. Mittels Ergänzungsstichproben wird versucht, Panelattrition entgegenzuwirken und bestimmte Populationen wie Deprivierte oder Migranten zu „oversamplen", um Subgruppenanalysen zu ermöglichen.

Weitere bekannte Beispiele für deutsche Panelstudien sind das IAB-Betriebspanel mit Fokus auf Betriebe in Deutschland, das PASS (Panel Arbeitsmarkt und soziale Sicherung) zur Analyse von Arbeitsmarktreformen und die Panel Analysis of Intimate Relationships and Family Dynamics (pairfam) mit analytischem Fokus auf Familien- und Paarbeziehungen. Es handelt sich dabei um Erhebungen mit vielfältigen Analysepotentialen und hohen Fallzahlen: Das IAB-Betriebspanel hält seit einigen Jahren konstant ein Sample von rund 16.000 Betrieben (Fischer et al., 2009, S. 134), PASS erreichte im Jahr 2006 12.794 Haushalte (Trappmann et al., 2009, S. 8) und pairfam startete 2008/2009 mit 12.402 Fällen (Huinink et al., 2011, S. 91).

Neben einer steigenden Verbreitung in der Forschung lässt sich auch für Panelstudien ein Trend zur Internationalisierung, wie generell in der Umfrageforschung (Smith, 2010), erkennen. Beispiele bilden dabei sowohl der Cross-National Equivalent File (CNEF) als auch die EU Statistics on Income and Living Conditions (EU-SILC).[16] Im Rahmen des CNEF wurde 1980 begonnen, länderübergreifend Haushalte in Form von Panelerhebungen zu befragen. Das CNEF besteht aus kumulierten Datensätzen, die in den nationalen Haushaltstudien erhoben werden. Beteiligte Studien sind unter anderem die British Household Panel Survey (BHPS), das German Socio-Economic Panel (GSOEP), die PSID, der kanadische Survey of Labour and Income Dynamics (SLID) und der Houshold, Income and Labour Dynamics in Australia Survey (HILDA) (Burkhauser et al., 2001; Burkhauser und Lillard, 2007). Die Kumulation der nationalen Haushaltsumfragen führt zur Herausforderung, verschiedene Befragungsmodi und Konstrukte harmonisieren zu müssen (Frick et al., 2007, S. 638). An dieser Stelle sind solche Unwägbarkeiten mit dem Nutzen für international vergleichende Forschungsvorhaben abzuwägen.

Schon der selektive Blick auf große inter-/nationale Panelstudien deutet darauf hin, dass gerade langfristig operierende Panels vom Bild des unbalancierten Panels

---

[16] Bedingt durch ihre Merkmale wird EU-SILC im Rahmen der multiplen Paneldesigns in Abschnitt 2.5 diskutiert. Es ist allerdings durchaus den unbalancierten Panels zuzurechnen.

abweichen und Mechanismen enthalten, um Populationsdynamik und Panelmortalität auszugleichen. Spezialfälle unbalancierter Panels finden sich in der Familie der hybriden longitudinalen Forschungsdesigns.

2.5 Multiple Panels als Hybrid der klassischen Designs

Unter hybriden Forschungsdesigns versteht man die Kombination der beiden idealtypischen Designs (wiederholter Querschnitt und Panel) miteinander. Dabei kann das Ausmaß der Kombination von Merkmalen beider Designs durchaus variieren bis hin zu einer infiniten Menge an unterschiedlichen Kombinationen. Hier liegt der Fokus auf multiplen Paneldesigns (MPD), die sowohl die Kernelemente wiederholter Querschnitte als auch klassischer Panel in ähnlichem Umfang verbinden. Die internationale Forschung bezeichnet dieses Design üblicherweise als *Repeated Panels* (z.B. Kalton und Citro, 1993; Lynn, 2005; Smith et al., 2009), während gerade im deutschen Kontext oft von rotierenden Panels gesprochen wird.[17] Das erscheint als recht unglücklich, denn als *Rotating Panels* bezeichnet man eine Subform von Repeated Panels (Kalton und Citro, 1993, S. 206), die eher dazu verwendet wird kurzfristigen individuellen Wandel zu messen (Smith et al., 2009, S. 22). Entsprechend gelten einige methodische Eigenheiten, wie sie später diskutiert werden, sowohl für Repeated als auch Rotating Panels. Um Verwechslungen zu vermeiden, bezeichnet diese Arbeit Repeated Panels als multiple Panels, was den wiederholten Einsatz mehrerer separater Panels adäquat ausdrücken sollte. Abbildung 2.5 zeigt exemplarisch zwei mögliche Umsetzungen multipler Paneldesigns. Multiple, zeitlich versetzt startende Panels mit limitierter Laufzeit sind gleichzeitig im Feld. Dabei starten neue Panelkomponenten immer wieder mit einer Stichprobenziehung aus der veränderten Grundgesamtheit. Hier ergibt sich der zentrale Unterschied zu rotierenden Panels. Bei diesen wird zuerst eine Stichprobe gezogen und in Rotationsgruppen aufgeteilt. Nach und nach werden die Rotationsgruppen als eigene Panelkomponenten gestartet — allerdings nicht auf Basis einer aktuell, neu gezogenen Stichprobe wie bei multiplen Panels. Dafür starten die Rotationsgruppen in der Regel mit wesentlich höherer Taktzahl als Panelkomponenten, bspw. alle drei Monate statt jährlich. Aus diesem Grund verwendet man rotierende Panels üblicherweise, wenn eher kurze Zeiträume im Fokus der Untersuchung stehen.

Die in Abbildung 2.5 gezeigten multiplen Panels unterscheiden sich in ihrem Aufbau. Der Ausgangspunkt jeder Panelkomponente ist die durch schraffierte Flächen dargestellte Stichprobenziehung. Während das linke MPD mit nur einer aktiven Panelkomponente beginnt, startet das rechte mit Teilen mehrerer Panelkomponenten, diese wurden schon vorher gestartet, die zugehörigen Wellen aber

---

[17] Das passiert allerdings auch ab und an in englischsprachigen Arbeiten, gerade wenn wenig Platz zur detaillierten Beschreibung vorgehalten wird (z.B. de Vaus, 2001, S. 122).

abgeschnitten. Dies dient dem Erhalt einer konstanten Fallzahl über die Zeit, erfordert aber eine schon angelaufene Erhebung. Beide Darstellungen multipler Panels zeigen Eigenschaften von wiederholten Querschnitten sowie klassischen Panels: die (i) wiederholte Erhebung einer Stichprobe aus einer neuen Grundgesamtheit und die (ii) Messung individueller Veränderung.

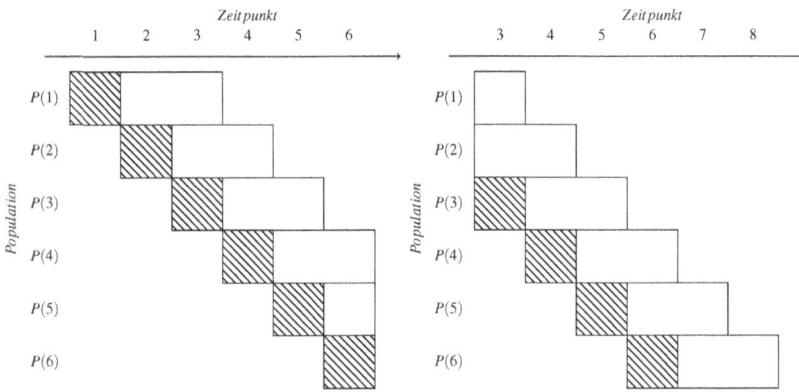

Abb. 2.5: Aufbau multipler Panels.

In einem multiplen Panel wird bei n Individuen das Merkmal X mittels mehrerer, teilweise parallel laufender Panels erhoben. Dabei verläuft die gesamte Beobachtungsdauer der Population über die Zeitpunkte $t \in T$. Dieselben Individuen i verbleiben allerdings nur j Wellen im Panel. Zu jedem t erfolgt eine neuerliche Stichprobenziehung aus der Population P_t. Mit jeder neuen Stichprobe beginnt eine Panelkomponente (oder ein Panelelement). Ist das Design angelaufen, endet mit dem Beginn eines jeden weiteren Elements ein altes Element. Ein multiples Panel setzt sich aus k Panelkomponenten zusammen. Die Laufzeit einer Panelkomponente beschränkt, wie viele Komponenten zu einem Zeitpunkt gleichzeitig aktiv sind. Wenn $t \neq 0$, sind Individuen der Menge I_t solange Teil des Panels, bis $t + j_t > j$ und sie aus der Erhebung ausscheiden (es gilt: $I_t \cap I_{t+j} = \emptyset$). Wenn zu jedem Zeitpunkt eine Komponente startet, ist die Anzahl der gleichzeitig aktiven Panelkomponenten gleich j. Diese Überschneidung von mehreren Komponenten ist die sogenannte *Überlappung* (engl. *Overlap*).

Das multiple Paneldesign zeichnet sich durch drei Kernmerkmale aus, die eine Abgrenzung von den Ursprungsdesigns PD und WQD erlauben. Zum Ersten (i) erfolgt mit dem Start jeder Panelkomponente k eine neuerliche Stichprobenziehung aus der Population zum Zeitpunkt t_k. Weiter (ii) werden Individuen über mehrere Wellen hinweg beobachtet, dabei ist (iii) die Zugehörigkeit zu den Panelkomponenten limitiert.

Ein Beispiel für eine wenig ausgewogene Kombination ist ein gesplittetes Paneldesign, wie in Abbildung 2.6 dargestellt. So werden zwar stets wiederholte Stichprobenziehungen durchgeführt, diese dienen jedoch nicht dem Start neuer Panelkomponenten, sondern lediglich als Querschnitte. Genau genommen besteht die Kombination beider Designs darin, dass sie nebeneinander laufen.

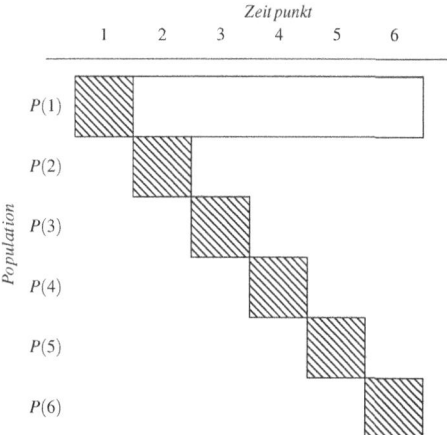

Abb. 2.6: Aufbau gesplitteter Panels.

Beispiele für multiple Panels

In der deutschen Wahlforschung werden seit 1994 dreiwellige Panels erhoben, die zu drei aufeinanderfolgenden Bundestagswahlen politische Einstellungen und Verhalten des deutschen Elektorats messen. Die Beobachtungszeit beträgt dabei im Ideal $\Delta t = 8$, gleichzeitig gilt für das Wellenintervall $t_{j+1} - t_j = 4$, bei ausgeschöpften Legislaturperioden durch die Regierungen. 1998, 2002, 2005 und 2009 starteten weitere dreiwellige Panels. Die erste Welle bilden jeweils Querschnittsstudien zu den Bundestagswahlen, deren Befragte für Nachbefragungen rekrutiert werden. Zusammengefasst entsprechen die Langfrist-Panels der deutschen Wahlforschung einem multiplen Panel.

Im Wahljahr 2009 erfolgte im Rahmen der German Longitudinal Election Study (GLES) die Erhebung der ersten Welle des Panels 2009-2013-2017, der zweiten Welle des Panels 2005-2009-2013 und der dritten Welle des Panels 2002-2005-2009. Die Panels sind eine der Langfristkomponenten der GLES und dienen daher als Datengrundlage für einige Analysen in Abschnitt 7.2.

Ein weiteres nationales Beispiel für das multiple Panel ist der Mikrozensus. Seit 1957 wird die wichtigste amtliche Datenquelle Deutschlands in jährlichem Turnus erhoben und liefert zeitlich vergleichbare Daten zu verschiedenen Merkmals-bereichen (Wolf, 2007). Obwohl der 1962 gestartete Mikrozensus Eigenschaften multipler Panels aufweist, wird er üblicherweise als rotierendes Panel bezeichnet (Bihler, 2002; Gramlich et al., 2009). Das liegt darin begründet, dass zwar alle vier Jahre eine Stichprobe gezogen wird, diese aber in vier Rotationsgruppen geteilt werden. Jedes Jahr startet eine dieser Rotationsgruppen als Panel. Auf dieser Ebene liegt ein rotierendes Panel vor, auf der übergeordneten Ebene handelt es sich aber auch um ein multiples Panel, allerdings kombiniert mit einem rotierenden Panel.

Da die Gesetzgebung zum Mikrozensus zwischen 1982 und 1996 vorsah, dass Ordnungsnummern zu löschen waren, konnten Daten verschiedener Wellen des Mikrozensus nicht mehr zusammengeführt werden (Herter-Eschweiler, 2006, S. 33). Mittlerweile stehen zwei Panels (1996-1999, 2001-2004) als Scientific Use-Files zur Verfügung. Aufgrund der hohen Sensibilität der Daten sind sie nur eingeschränkt und unter bestimmten Auflagen zu nutzen. Die bereitgestellten Daten sind weiter durch spezifische Maßnahmen faktisch anonymisiert (Bihler et al., 2006, S. 63).[18] Trotz der eingeschränkten Verfügbarkeit ist der Mikrozensus eine wichtige Daten-quelle. Er zeichnet sich durch hohe Ausschöpfung und eher geringe Probleme mit Stichprobenselektivität aus, die vor allem bei räumlich mobilen Personen auftritt (Schimpl-Neimanns, 2008).

Ein internationaler Vertreter multipler Paneldesigns ist der Survey of Income and Program Participation (SIPP) in den USA. Bei den Befragten werden „demo-graphic characteristics, work experience, earnings, program participation, transfer income, and asset income" (SIPP, 2001, Sektion 3-1) wiederholt erhoben. Dabei sind mehrere Panelkomponenten mit Überlappungen im Design vorgesehen (SIPP, 2001, Sektion 2-3). Wie auch der Mikrozensus weicht der SIPP vom vordefinierten Idealtyp ab, indem innerhalb der Panelkomponenten die Stichproben in Rotations-gruppen geteilt werden. Diese starten dann zeitversetzt als einzelne Panelelemente mit begrenzter Laufzeit. Wie auch beim Mikrozensus ähnelt das Vorgehen dem eines rotierenden Panels. Das übergeordnete Design entspricht aber auch beim SIPP dem eines multiplen Paneldesigns.

Die zunehmende Internationalisierung der Forschungsprogramme, die schon für wiederholte Querschnitte und Paneldesigns anhand verschiedener Beispiele veranschaulicht wurde, zeigt sich bei multiplen Panels beispielsweise beim Euro-pean Union Survey of Income and Living Conditions (EU-SILC). Es handelt sich dabei um eine Erhebung des Statistischen Amtes der Europäischen Gemeinschaft (Eurostat) und ersetzt seit 2004 das European Community Household Panel (ECHP) (Gramlich et al., 2009, S. 7). Integriert werden dabei nationale Studien wie bspw.

---

[18] Faktisch anonymisiert bedeutet nach dem BStatG (2008, §16.6): „wenn die Einzelangaben nur mit einem unverhältnismäßig großen Aufwand an Zeit, Kosten und Arbeitskraft zugeordnet werden können".

der deutsche Mikrozensus. Auch der EU-SILC verbindet multiple mit rotierenden Panels: Eine Stichprobe wird in Rotationsviertel zerlegt, die in jährlichem Abstand eingesetzt werden. Haushalte verbleiben somit vier Jahre im Panel und werden dann ersetzt (Verma, 2002; Wolff et al., 2010). Forschungsziel ist es, für die Europäische Gemeinschaft Daten zum Lebensstandard der Bevölkerung zu generieren und diese im internationalen Vergleich sowie zeitlichen Kontext zu untersuchen (Atkinson und Marlier, 2010). Da die Stichprobenziehung über die Länder variiert, gibt es in der Literatur eine kritische Prüfung der Vergleichbarkeit auf jener Dimension (Frick und Krell, 2010; Hauser, 2007; Lohmann, 2011). Letztlich deuten die hier präsentierten Beispiele für multiple Panels ebenfalls auf einen Trend zur Internationalisierung hin.

2.5.1 Rezeption in der Literatur

Die Referenzen zur Besprechung der beiden idealtypischen longitudinalen Forschungsdesigns und möglicher Hybride stellen die Arbeiten von Duncan und Kalton (1987) sowie Kalton und Citro (1993) dar. Die Autoren besprechen in ihren Artikeln wiederholte Querschnitte, klassische Panels, multiple Panels, rotierende Panels und gesplittete Panels. Sie stellen die Merkmale der Designs vor und diskutieren ihren Einfluss auf die Qualität der Daten. Unter der Annahme dynamischer Populationen arbeiten Duncan und Kalton (1987) sieben Aufgaben heraus, welche die besprochenen Designs unterschiedlich gut erfüllen:

„(i) Estimate Population parameters at distinct time points (...) (ii) Estimate average values of population parameters (...) (iii) Estimate net changes (...) (iv) Estimate gross and other components of individual change (...) (v) Aggregate data for individuals over time (...) (vi) Collecting data on events occurring in specified time periods (...) (vii) Cumulate samples over time." (Duncan und Kalton, 1987, S. 100)

Die Autoren bleiben allerdings auf einer rein argumentativen Ebene. Ihre recht differenzierten Aufgabenstellungen für Forschungsdesigns lassen sich, für longitudinale Designs, mit den schon angeführten Aufgaben longitudinaler Forschungsdesigns nach Menard (2002) verbinden: Erfassung von Wandel und der Möglichkeit, Kausalaussagen zu treffen. Wie gezeigt, liegt einer Kausalerklärung üblicherweise die Erfassung von Wandel zugrunde, was wieder darauf hindeutet, dass sich das analytische Potential eines longitudinalen Forschungsdesigns aus der Güte ergibt, mit der Wandel erfasst wird.

Neben den beiden genannten Artikeln finden sich noch einige weitere Arbeiten zu verschiedenen longitudinalen Forschungsdesigns. So möchte Trivellato (1999) eine ähnliche Besprechung wie Duncan und Kalton (1987) liefern, verzichtet aber auf eine explizite Darstellung hybrider Designs. Weitere kurze Abhandlungen zu verschiedenen Designs bieten unter anderem Lynn (2005), Smith et al. (2009) sowie

Wrigley (1986). Allerdings werden hier Forschungsdesigns lediglich neben anderen methodischen Problemstellungen, hauptsächlich in Bezug auf Umfragen, diskutiert und machen nicht den Kern der Arbeiten aus.

Weitere Rezeption finden multiple Panel und ähnliche hybride Designs in Lehrbüchern und Übersichtswerken zu Methoden der empirischen Sozialforschung (z.b. Diekmann, 2005; Schnell et al., 2008), sowie Arbeiten zu Survey Methodology und Design (z.b. de Vaus, 2001). Auch in gängigen statistischen Lehrbüchern (Baltagi, 2008; Cameron und Trivedi, 2005; Hsiao, 2003; Singer und Willett, 2003; Wooldridge, 2002) findet gerade das rotierende Panel Berücksichtigung — allerdings eher mit Fokus auf methodische Probleme, welche aus der Abweichung vom idealen, balancierten Paneldesign entstehen.

Außerhalb dieser Quellen behandeln Forschungsprojekte ihre angewandten Designs in Methodenberichten und Reports. Im Zentrum dieser Arbeiten steht aber weniger der Vergleich mit anderen Designs und schon gar nicht die Beurteilung des analytischen Potentials unter bestimmten Randbedingungen, sondern die rein deskriptive Beschreibung des eingesetzten Designs und die Diskussion methodischer Probleme (z.b. Blumenstiel und Gummer, 2013; SIPP, 2001). Zur Diskussion über Forschungsdesigns tragen solche Reports im Prinzip nur als Fallbeispiele bei.

Eine weitere Gruppe von Arbeiten bespricht konkrete Probleme und Herausforderungen, die aus der Datenstruktur multipler Paneldesigns hervorgehen. Besonders rotierende Panels erfahren dabei eine verhältnismäßig große Beachtung. Da es sich hierbei um eine Subgruppe multipler Panels handelt, sind einige der Probleme und Lösungsansätze übertragbar.[19]

Rao und Graham (1964) entwickeln ein Modell, um optimale Gewichte für eine rotierende Stichprobe in einer finiten Population zu ermitteln. Als Grundproblem arbeiten die Autoren den verzerrt geschätzten Mittelwert eines Merkmals in einer Population heraus, was sich auf den ermittelten Wandel auswirkt.[20]

Ein ganz ähnliches Problem diskutiert Merkouris (2001), der argumentiert, dass das Zusammenspielen mehrerer Panels dazu führt, dass ein Querschnittsschätzer zum Zeitpunkt t nicht adäquat bestimmt werden kann. Der Grund besteht in mehreren Panelkomponenten, die jeweils unterschiedliche zeitliche Populationen repräsentieren:

„(A) multiple panel survey with overlapping panels can be thought of as a special type of multiple frame survey, in which the frame for the cross-sectional population is the union

---

[19] Da die Arbeiten in aller Regel sehr spezielle Probleme behandeln und zu einem großen Teil älteren Jahrgangs sind, werden an dieser Stelle nur ausgewählte Arbeiten vorgestellt.

[20] Der geschätzte Mittelwert $\bar{X}_0$ für P_0 wird hier definiert als: $\bar{x}'_0 = Q(\bar{x}'_{-1} + \bar{x}_{0,-1} - \bar{x}_{-1,0}) + (1 - Q)\bar{x}_0$. „(W)here Q is a constant weight factor with $0 \leq Q < 1$, $\bar{x}_0$ is the estimator based on the entire sample for the current month, 0, $\bar{x}_{0,-1}$ is the estimator for the current month but based on the sample segments common to both months 0 and -1, $\bar{x}_{-1,0}$ is the estimator for the previous month, -1, but based on the sample segments common to both months 0 and -1, and $\bar{x}'_{-1}$ is the composite estimator for the previous month, -1 " (Rao und Graham, 1964, S. 493). Die Formel der Autoren ist hier um ein fehlendes Vorzeichen bei $\bar{x}_{0,-1}$ ergänzt.

of mutually exclusive temporal domains defined by the frames of the panels and their intersections." (Merkouris, 2001, S. 172)

Durch die Überlappung der Panelkomponenten setzt sich die Menge an Individuen, die in die Berechnung des Mittelwert zu einem Zeitpunkt t eingehen, aus Teilmengen zusammen, welche verschiedene Populationen P_t repräsentieren. So soll bspw. zum dritten Zeitpunkt ein Mittelwert geschätzt werden und drei Panelkomponenten sind aktiv. Die Schätzung basiert damit auf Mittelwerten aus drei unterschiedlichen Komponenten ($\bar{X}_{tk}$):

$$\bar{X}_3 = \frac{\bar{X}_{31} + \bar{X}_{32} + \bar{X}_{33}}{3}.$$

Dabei beruht $\bar{X}_{31}$ auf der ersten Panelkomponente, welche zu $t = 1$ gestartet ist und P_1 in $t = 3$ repräsentiert, $\bar{X}_{32}$ auf der zweiten Panelkomponente (repräsentiert P_2 in $t = 3$) und $\bar{X}_{3,3}$ auf der dritten Panelkomponente (repräsentiert P_3 in $t = 3$). Analog zur Überalterung der Panelpopulation beim klassischen Panel sind die Komponenten unterschiedlich stark überaltert, was in einem verzerrten Schätzer mündet. Als Lösung des Problems schlägt Merkouris (2001), wie schon Rao und Graham (1964), eine Reihe an Gewichtungsverfahren vor, die dazu geeignet seien, den Bias zu beheben.

Ganz ähnlich ist der *Rotation Group Bias (RGB)*, den Bailar (1975) vorstellt. Darunter ist der systematische Unterschied zwischen den Komponenten des Panels zu verstehen. Es wird angenommen, dass Komponenten, welche schon mehrere Wellen durchliefen, durch Panelattrition und Conditioning selektiven Ausfall erlitten und ein anderes Antwortverhalten zeigen als Komponenten mit einem späteren Start. Ein ganz ähnliches Problem ist natürlich auch für multiple Panels denkbar: Komponenten, die schon länger laufen, können von Panelattrition und Conditioning betroffen sein. Das führt schlussendlich zu systematischen Unterschieden zwischen den verschiedenen Komponenten.

Ausgehend vom RGB stellen van den Brakel und Krieg (2009) ein multivariates Modell vor, das die Datenstruktur rotierender Panel berücksichtigt und im Vergleich zu anderen gängigen Schätzern geringere Standardfehler produziert.

Andere Autoren beschäftigen sich stärker mit der Auswirkung von Designveränderungen auf das analytische Potential. So liefern Nijman et al. (1991) einen Vorschlag, die Rotationsdauer j zu optimieren, um die Varianz des BLUE-Schätzers einer Linearkombination der Mittelwerte $\bar{X}_t$ zu minimieren. Es gelingt ihnen zu zeigen, dass ein signifikanter Einfluss auf die Effizienz der Schätzer durch Justierung des Designs ausgeübt werden kann.

Kordos (2002) verbindet die Diskussion von Designentscheidungen und statistischen Verfahren. Mit Verweis auf Kish (1987) stellt der Autor verschiedene Kombinationen von Laufzeit der Rotationsgruppen und Rotationsmustern vor. Danach diskutiert er geeignete Schätzer für Populationsmerkmale und die Datenqualität in mehreren ihm bekannten rotierenden Panels.

Zusammenfassend lässt sich feststellen, dass die Literatur zu multiplen Panels (und auch zu hybriden longitudinalen Designs im Allgemeinen) recht dünn ist. Einige wenige, durchaus ältere, allgemeine Arbeiten sind als Argumentationsgrundlage für Forscher verfügbar, die ihre Designentscheidung begründen möchten. Hinzu kommt eine Reihe von Reports, die höchstens als Fallbeispiel oder Benchmark dienen können. Ergänzt werden diese Arbeiten von Artikeln zu diffusen Themen im Zusammenhang mit multiplen bzw. rotierenden Panels. Eine fundierte, empirische Aussage zum analytischen Potential longitudinaler Forschungsdesigns auf dieser Literaturgrundlage zu treffen ist schwierig. Ganz besonders, wenn auch noch bestimmte Randbedingungen der Zielpopulation berücksichtigt werden sollen.

2.5.2 Implikationen für das analytische Potential

Je nachdem, ob sozialer oder individueller Wandel erfasst werden soll, entscheidet man sich üblicherweise zwischen wiederholten Querschnitten oder einem klassischen Panel. Die Designwahl wird erschwert, wenn in einem einzigen Vorgang beide Arten von Wandel erfasst werden sollen. Die Antwort hierauf liegt in der Kombination der Idealtypen, um die Stärken und Merkmale beider Designs miteinander zu verbinden. Es ist allerdings anzunehmen, dass sich aus der Verbindung der Designs auch eine Übernahme ihrer Schwächen ergibt (Gschwend und Schimmelfennig, 2007b, S. 335). Die Literatur zu multiplen Paneldesigns (und hybriden Design im Allgemeinen) ist nur bedingt geeignet, um eine Antwort auf dieses Problem zu finden. Eine ganzheitliche und empirisch fundierte Auseinandersetzung mit dem analytischen Potential unter Kontrolle von Randbedingungen findet nicht statt. Die punktuelle Vertiefung einiger Problemstellungen ändert dies nicht, da dabei nicht das Design an sich diskutiert und mit anderen verglichen wird, sondern der Fokus nur auf dem jeweiligen Design bleibt.

Durch die in Abschnitt 2.5 vorgestellte Kombination von wiederholten Querschnitten und Panels ergibt sich ein Hybrid (MPD) mit den folgenden Merkmalen: (i) die wiederholte Stichprobenziehung, jeweils beim Start neuer Panelkomponenten, (ii) die multiple Befragung derselben Individuen und (iii) der limitierte Verbleib eben jener in den Komponenten.

Die wiederholte Stichprobenziehung (i) führt dazu, dass die Populationsdynamik über die Zeit berücksichtigt wird. Jedes Panel startet mit einer Stichprobe der jeweiligen Population und repräsentiert diese entsprechend. Ähnlich wie WQDs sollte das MPD daher in der Lage sein, ein adäquates Bild der longitudinalen Population zu zeichnen. Mit anderen Worten: Populationsdynamik wird von multiplen Panels berücksichtigt.

Gleichzeitig ermöglicht die wiederholte Stichprobenziehung, wie auch beim WQD, sozialen Wandel zu erfassen. Im Prinzip können, für jede Population innerhalb des Untersuchungszeitraums, $P_1 \ldots P_T$, Merkmale wie $\bar{X}_t$ reliabel berechnet werden.

Auf der anderen Seite resultiert die wiederholte Stichprobenziehung darin, dass zeitgleich mehrere Panelkomponenten aktiv sind. Die Anzahl der sich überlappenden Komponenten wird dabei durch die jeweilige Laufzeit j gesteuert (durch den limitierten Verbleib im Panel (iii)). Wie einige Arbeiten zeigen, kann aus der Überlappung ein Problem bei der Schätzung entstehen (Bailar, 1975; Merkouris, 2001; Rao und Graham, 1964). Komponenten gehen in die Schätzung von $\bar{X}_{t+1}$ ein, obwohl sie den Stand der Population P_t zu $t + 1$ repräsentieren. Die neu eingetretenen Individuen, weiter oben als $P_{t+1} \setminus P_t$ definiert, bleiben unberücksichtigt. Infolgedessen sind ältere Panelkomponenten aus Sicht späterer Zeitpunkte in ihrer Zusammensetzung überaltert. Mit steigender Populationsdynamik wird $P_{t+1} \setminus P_t$ größer. Je höher die Dynamik, desto stärker ist die Überalterung der Panelkomponenten im Vergleich zur aktuellen Population und umso größer ist die Verzerrung durch die Überlappungen. Was unabhängig von der Höhe der Populationsdynamik aber folgt, ist, dass die Messung von sozialem Wandel durch die Überlappungen verzerrt wird. Das kann, wie die genannten Autoren zeigen, zwar durch Gewichtungsverfahren korrigiert werden, die Verzerrung bleibt allerdings ein Merkmal des Designs.

Die wiederholte Befragung derselben Individuen (ii) ermöglicht es, mit multiplen Panels individuellen Wandel zu erfassen. Wie auch bei Panels kann Δx_i berechnet und aggregiert werden. Durch die wiederholte Stichprobenziehung (i) kann individueller Wandel für mehrere P_t beobachtet werden. Während das klassische Panel auf Aussagen zu einer Population limitiert ist, können hier auch andere, zeitlich verschiedene Populationen berücksichtigt werden. $\Delta \bar{x}_i$ basiert nicht nur auf Individuen der Menge $I = \{i | i \in P_1\}$, sondern auch auf Individuen, die später in die Zielpopulation stießen $I = \{i | i \in P_1 \vee P_2 \vee P_3 \ldots P_T\}$.

Gleichzeitig ergibt sich auch hier ein Problem als Resultat der Überlappungen, was mitnichten nur ein Problem von Querschnittsschätzern zu sein scheint: Da in die Schätzung von $\Delta \bar{x}_i$ zu einem Zeitpunkt t alle dann aktiven Panelkomponenten eingehen und diese, wie oben ausgeführt, teilweise überaltert sind, kann auch $\Delta \bar{x}_i$ verzerrt sein. Das wäre der Fall, wenn die neu eingetretenen Fälle (hier bezeichnet als Menge L) sich nicht in gleicher Art wandeln wie bereits in der Population vorhandene Fälle (Menge I). Das heißt, wenn gilt: $\Delta \bar{x}_i \neq \Delta \bar{x}_l$ für $I = \{i | i \in P_t\}$ und $L = \{l | l \in P_{t+1} \setminus P_t\}$. Da $P_{t+1} \setminus P_t$ umso größer wird, je mehr Populationsdynamik vorliegt, verstärkt sich das Problem mit zunehmender Dynamik. Bei einem multiplen Panel liegen mehrere Panelkomponenten vor, die in die Berechnung eingehen, deren Schätzungen unterschiedlich stark verzerrt sind, je nachdem wie lange die Komponenten schon aktiv sind. Die weniger oder gar nicht überalterten Komponenten wirken dabei korrigierend auf die überalterten. Im Gegensatz dazu ist bei einem klassischen Panel nur eine einzige Panelpopulation verfügbar. Daher sollten

in einem solchen Fall multiple Panels bessere Schätzer produzieren als klassische
Panels.

Erwähnenswert ist eine weitere Analysemöglichkeit, die sich aus der Designkombination ergibt und für das multiple Panel als einzigartig erscheint. So kann
individueller Wandel zwischen mehreren Populationen verglichen werden. Mit
anderen Worten: Der Wandel des individuellen Wandels über die Zeit kann erfasst
werden. Das Vorgehen setzt mindestens drei Beobachtungszeitpunkte voraus und
folgt grundlegend folgender Form:

$$\sum \frac{x_{i3} - x_{i2}}{n} - \sum \frac{x_{i2} - x_{i1}}{n}.$$

Ein Beispiel aus der Wahlsoziologie ist die Analyse der Wechselwahl zwischen
mehreren Elektoraten: Beispielsweise kann verglichen werden, wie sich die Wech-
selwahl in der Periode 1961-1965 von der Wechselwahl 2009-2013 unterscheidet.
Gleiches ist natürlich auch in anderen Anwendungsfeldern möglich, etwa ganz all-
gemein für Einstellungsänderungen: Änderten sich in vergangenen Jahrzehnten die
Einstellungen leichter oder zeichneten sich Populationsmitglieder durch stabilere
Einstellungen aus? Hier können Einflüsse verschiedener Sozialisationsmodelle auf
Einstellungsstabilität verglichen werden.

Die limitierte Verweildauer innerhalb des Panels (iii) führt dazu, dass die
Veränderung eines Individuums nicht über den gesamten Beobachtungszeitraum
der Studie verfolgt werden kann, sondern nur über die Laufzeit der Panelkomponente. Das begrenzt erheblich die Möglichkeit, Lebenszyklen oder sehr langfristige
Entwicklungen von Individuen zu erfassen.

Insgesamt ist für das analytische Potential multipler Panels festzuhalten, dass
sowohl sozialer als auch individueller Wandel erfasst werden kann. Allerdings ist
anzunehmen, dass bedingt durch die Überlappung mehrerer Panelkomponenten
eine verzerrte Messung entsteht. Auf der anderen Seite erlaubt die wiederholte
Erhebung immer neuer Komponenten, die Erfassung von individuellem Wandel
mit Veränderungen der Population zu verknüpfen. Es wird möglich, den Wandel
von individuellem Wandel zu analysieren und weiterhin zu überprüfen, ob sich
Populationen im Wandel auf Individualebene unterscheiden.

Während es multiple Panels erlauben, auch sozialen Wandel zu messen, liegt
ihre große Stärke wohl in der Betrachtung von individuellem Wandel unter Berücksichtigung der Dynamik innerhalb einer Population. Die nächsten Kapitel erbringen
eine empirische Einschätzung, wie groß die Abweichungen bei der Erfassung von
sozialem und individuellem Wandel im Vergleich zu den idealtypischen Designs
sind und wie groß der Einfluss von Randbedingungen auf diese Abweichungen ist.

Teil II
Simulationsstudie

Kapitel 3
Konzept und Implementierung

Um die Frage nach dem analytischen Potential multipler Panels beantworten zu können, greift die vorliegende Arbeit zunächst auf eine Simulationsstudie zurück. Diese erlaubt es, losgelöst von Fallbeispielen, generalisierbare Befunde zu erhalten. Darüber hinaus können relevante Randbedingungen variiert und etwaige Störgrößen exkludiert werden. Im Folgenden wird kurz der Einsatz von Simulationen in den Sozialwissenschaften diskutiert, bevor das verwendete Simulationsmodell in seinem Aufbau und den berechneten Indikatoren eingeführt wird.

3.1 Zum Einsatz von Simulationen

Simulationen verbreiten sich in den Sozialwissenschaften immer weiter. Im Rahmen dieser Ausbreitung findet ein Diskurs über die Anwendbarkeit und wissenschaftstheoretische Einordnung von Simulationen statt. Miller und Page (2007) fassen den Stand der Diskussion bezüglich *Computational Modeling* (für die Autoren eine allgemeinere Form von Simulationen) zusammen:

> „While the notion that one can do productive theoretical work using compuation models is becoming more widely accepted, it still seems to provoke intense objections by some researchers." (Miller und Page, 2007, S. 68)

Neben Vorbehalten hinsichtlich der praktischen Umsetzbarkeit und Generalisierbarkeit der Befunde, wie Miller und Page (2007) ebenfalls andeuten, wird in der Wissenschaftstheorie diskutiert, ob es sich hier um eine neue epistemologische Methode handelt und ob Kausalaussagen auf Basis der konstruierten Modelle möglich sind (z.B. Barberousse et al., 2009; Grüne-Yanoff, 2009; Winsberg, 2009). Für die Anwendung von Simulationen stellen sich an dieser Stelle drei Fragen. Erstens: Können Simulationen die Forschungsfrage angemessen beantworten? Zweitens:

Warum sollte die Forschungsfrage formalisiert durch eine Simulation bearbeitet werden? Und drittens: Sind die gewonnenen Ergebnisse angemessen zu validieren? Die Angemessenheit einer Methode ist stets abhängig von der jeweiligen Forschungsfrage. Quantitative Sozialforschung, basierend auf den Prinzipien der Transparenz und Reproduzierbarkeit, beschäftigt sich zwangsläufig mit dieser Frage. Für Arbeiten auf Basis von Simulationen ergibt sich demnach keine generisch neue Herausforderung bezüglich der Legitimation der Methode. Vielmehr muss deren Wahl plausibel begründet werden. Simulationen erscheinen aus mehreren Gründen für die Untersuchung der vorliegenden Fragestellung geeignet:

Würden reale Erhebungen (i.d.R. Umfragen) eingesetzt, um den Bias von Schätzungen auf Basis eines der vorgestellten longitudinalen Forschungsdesigns zu evaluieren, wäre die Anzahl an vergleichbaren Erhebungen sehr gering. Wie in Kapitel 2 deutlich wird, gibt es nur wenige Studien, die den Charakteristiken der idealtypischen Designs entsprechen. Abweichungen vom Idealtyp sind, gerade bei Panels und multiplen Panels jedoch weniger die Ausnahme als vielmehr die Regel. Der notwendige Vergleich zwischen den Designs wäre demnach auf einzelne Fallbeispiele beschränkt. Das ist nicht Anspruch der vorliegenden Arbeit.

Weiter müssten reale Studien dieselben Merkmale vergleichbar erheben, methodisch vergleichbar durchgeführt werden und den gleichen Beobachtungszeitraum abdecken. Sind diese Punkte nicht gegeben, kann eine (systematische) Verzerrung im Vergleich der Designs nicht ausgeschlossen werden. Der *Total Survey Error Approach* zeigt für Umfragen anschaulich, dass eine Vielzahl an potentiellen Fehlerquellen existiert, die sich im Gesamtfehler der Erhebung summieren (Groves, 2004; Groves et al., 2009; Weisberg, 2005). In Simulationsstudien kann dieser Fehlerterm eliminiert werden, wenn für die verschiedenen Designs keine Unterschiede dieser Art modelliert werden.

In der Realität liegt ein hohes Maß an Komplexität vor. In der empirischen Sozialforschung drückt sich das in Form von Randbedingungen aus, für die in Modellierungen kontrolliert werden muss. Ziel ist dabei, unkonfundierte Effekte zu isolieren und Kausalitäten festzustellen. Meist bleiben die Ergebnisse aus Gründen unbeobachteter Heterogenität auch dann noch angreifbar, da in der Regel keine Kontrollen für *alle* möglichen weiteren Einflüsse nachgewiesen werden können. Unbeobachtete Heterogenität bezeichnet z.B. Brüderl (2010, S. 964f) als zentrales und fundamentales Problem der aktuellen Sozialforschung. Simulationen können die Komplexität der Realität gar nicht erreichen und sollen dies auch nicht: „The objective is to create a model of this target which is simpler to study than the target itself" (Gilbert, 2000, S. 3). Im Umkehrschluss erlauben sie, die Komplexität der Realität zu reduzieren und konfundierende Effekte auszusparen. Was sich bei Realdaten als zusätzlicher Fehlerterm darstellt, kann künstlich ausgeklammert werden.

Während in Simulationsstudien der wahre Wert einer Population ermittelt oder formal festgelegt werden kann, sind wahre Werte in realen Populationen in aller

Regel Schätzungen schwankender Qualität oder tatsächlich gar nicht bekannt. In einem Designvergleich können auf Basis solcher Daten nur Designs und (bestenfalls) Schätzer zu einer Population verglichen werden. Simulationsstudien erlauben an dieser Stelle, auf die wahren Werte zurückzugreifen und den zu messenden Bias im Vergleich zu Realdaten um einen möglichen Schätzfehler zu reduzieren. Der so erfasste Bias ist daher alleine ein Design-Bias.

Soll dennoch ein Modell mit höherer Ähnlichkeit zur Realität erzeugt werden, ist es möglich, „Randomness" in die Simulation aufzunehmen (Gilbert, 1996, S. 450f). Mittels Zufallsprozessen wird Abweichung innerhalb der Merkmale generiert. So kann die Realität in ihrer Heterogenität besser nachgebildet werden. Durch die tatsächlich zufällige Streuung handelt es sich aber nicht um Heterogenität, die kontrolliert werden muss.[1] „Randomness" hat den weiteren Vorteil, dass Befunde auf ihre Robustheit bei Streuung untersucht werden können. Hier nimmt der Fehlerterm, bzw. dessen Größe, allerdings die Rolle eines weiteren Merkmals für die Beurteilung der Befunde ein. Das ist bspw. der Fall, wenn die Streuung variiert wird, um die entsprechenden Folgen in der Simulation zu beobachten.

Die gezielte Veränderung eines Merkmals im Rahmen der Simulation gleicht einer experimentellen Manipulation.[2] Der Forschende ist in der Lage, Stimuli und Treatments in die Mikroeinheiten zu induzieren und durch diese Eingriffe kausale Effekte zu untersuchen. Da es sich um virtuelle Entitäten handelt, können hier auch Manipulationen durchgeführt werden, die ethisch oder logistisch in Realpopulationen nicht durchführbar sind. Die zentralen Randbedingungen der Arbeit, Wandel inhaltlicher Merkmale und die Dynamik der Population, sind in einer Realpopulation nicht manipulierbar — in einer Simulation jedoch schon und der Effekt einer solchen Veränderung kann untersucht werden.

Die zweite Frage betrifft den Nutzen einer formalisierten Bearbeitung der Forschungsfrage. Formalisierung bedeutet in einer analytischen Perspektive Nachvollziehbarkeit und klare Systematisierung von Annahmen. In der mathematischen Soziologie entspricht das einer mathematischen Formalisierung, einer Sonderform der allgemeineren Formalisierung (Ziegler, 1972, S. 10). Dabei gilt: „Mathematics is a language in which the ideals of objectivity, generality, and precision are realized in the highest degree" (Rapoport, 1983, S. 1). In Simulationen ist die mathematische Formalisierung ein notwendiger Schritt, um Algorithmen programmieren zu können respektive die Annahmen zu operationalisieren. Demnach ergibt sich in einer Simulation eben dieser Grad an Objektivität, Generalisierbarkeit und Präzision (Epstein, 2008; Hanneman und Patrick, 1997; Miller und Page, 2007; Troitzsch, 2004).

---

[1] Natürlich kann auch andere Heterogenität in das Modell induziert werden, bspw. konfundierte Effekte, wenn die Fehlerterme ε zweier Schätzer X_1 und X_2 miteinander korreliert werden. Solche Effekte stehen aber nicht im Fokus der Analysen.

[2] Die Simulation ist kein klassisches Experiment. Vielmehr wird eine parametrische Manipulation durchgeführt.

Da in komplexeren Mikrosimulationen vielfältige Algorithmen implementiert werden können und Interdepenzen zwischen diesen möglich sind, erlauben es Simulationen, Mehrgleichungssysteme aufzulösen und daher auch Antworten auf komplexe sozialwissenschaftliche Fragestellungen unter variierenden Randbedingungen zu geben. Auch komplizierte experimentelle Konfigurationen können so untersucht werden. Gerade bei vielen und teils komplexen Zuständen wie in der vorliegenden Arbeit ist dies von Nutzen.

Drittens zeigt die stellenweise durchaus kritische Diskussion zum Einsatz von Simulationsmodellen, dass besondere Aufmerksamkeit auf die Validierung des Modells und die Reproduzierbarkeit gelegt werden muss. Sargent (2010) fasst den Stand der Literatur zur Validierung ernüchternd zusammen:

> „Model verification and validation are critical in the development of a simulation model. Unfortunately, there is no set of specific tests that can easily be applied to determine the "correctness" of a model. Furthermore, no algorithm exists to determine what techniques or procedures to use. Every simulation project presents a new and unique challenge to the model development team." (Sargent, 2010, S. 179)

In Ermangelung genereller Tests zur Validierung der Simulationsmodelle muss auf eine Reihe von Richtlinien zurückgegriffen werden. Dabei finden hier die Arbeiten von Law (2006), Sargent (2010) sowie Kleiber und Zeileis (2013) Anwendung. Die Dokumentation der Simulation in den nächsten Abschnitten und dem Appendix umfasst daher die Bereiche technische und theoretische Dokumentation, Plausibilitätsprüfung sowie Ergebnisvalidierung anhand externer Referenzen.[3]

3.2 Design der Studie

Um die Forschungsfrage der vorliegenden Arbeit zu beantworten, wurde eine dynamische Mikrosimulation entwickelt. Darunter versteht man eine Simulation von Mikroeinheiten, die einer zeitlichen Veränderung unterliegen (Brown und Harding, 2002; Macy und Willer, 2002, S. 145; Merz, 1991; Mitton et al., 2000; Zaidi und Rake, 2001). Sie unterscheidet sich durch ihre zeitliche Entwicklung, üblicherweise die Alterung, von sogenannten statischen Mikrosimulationen, die rein querschnittlich angelegt sind. Die Population setzt sich in Mikrosimulationen *bottom-up* zusammen: Im Aggregat bilden die Mikroeinheiten die Makroeinheiten. Eine simulierte Gesellschaft besteht bspw. aus einer Menge von Personen. Jede Mikroeinheit ist Träger einer Reihe von demographischen (z.B. Alter, Sterbewahrscheinlichkeit) sowie inhaltlichen Merkmalen (z.B. politisches Interesse, Einkommen oder Ähnliches). Im Zeitkontext unterliegen die Merkmale der Mikroeinheiten Wandel. Je nach Simulation werden dabei unterschiedliche Regeln eingesetzt. Denkbar sind sowohl

---

[3] Für eine genauere Beschreibung vergleiche Appendix A.

deterministische als auch probabilistische Umsetzungen: Das Alter eines Individuums steigt nach einem Jahr für alle Mikroeinheiten, ein inhaltliches Merkmal aber ggf. nur unter gewissen Bedingungen.

Mikrosimulationen basieren üblicherweise auf Referenzwerten aus Realpopulation. Wie Kapitel 5 zeigt, handelt es sich beim Elektorat um eine wichtige Populationsdefinition der Soziologie und insbesondere der Wahlsoziologie. Die artifizielle Population ist daher dem deutschen Elektorat nachempfunden. Die Simulation orientiert sich in der Folge an Altersverteilungen sowie Fertilitäts- und Mortalitätsraten, die Publikationen des Statistischen Bundesamts entnommen sind. Die zeitliche Entwicklung geschieht dabei in jährlichen Schritten, Messungen der Merkmale von Individuen bzw. der Population werden im Rhythmus von vier Jahren durchgeführt, entsprechend den Intervallen zwischen zwei Wahlen. Insgesamt wird fünf Mal Wandel gemessen, das erfordert sechs Messzeitpunkte. Eine Population durchläuft in der Simulation 20 Jahre an Alterung. Abbildung 3.1 zeigt das Konzept von Zeitpunkten, Messungen und Vergleichsintervallen. Wie bei einer realen Population verändert sich das Elektorat zwischen Wahlen, von zentraler Relevanz sind allerdings nur die individuellen Merkmale in den Wahljahren $t_0, t_4, t_8, t_{12}, t_{16}$ und t_{20}. Zu diesen Zeitpunkten werden Messungen durchgeführt und wird Wandel für die Vergleichsintervalle v_1, v_2, v_3, v_4 und v_5 bestimmt.

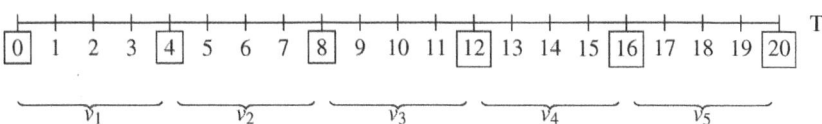

Abb. 3.1: Zeitkonzept der Simulation.

Ziel der Studie ist es, verschiedene Forschungsdesigns hinsichtlich ihres analytischen Potentials zur Erfassung von Wandel zu vergleichen und dabei verschiedene Randbedingungen (Populationsdynamik und Zeitkontext der interessierenden Merkmale) zu berücksichtigen. Für jede Konfiguration an Randbedingungen, was nachfolgend als *Simulationsreihe* bezeichnet wird, durchläuft die Simulation 500 Wiederholungen. Mittels parametrischer Manipulation wird jede Konfiguration an Randbedingungen simuliert und die so erzeugten Daten werden dann mit den verschiedenen Forschungsdesigns dargestellt. Da die simulierte Population (d.h. die erzeugten Daten) bekannt ist, dient sie als Referenz für die Schätzungen auf Basis der Designs. So kann die Qualität der Ergebnisse je nach Forschungsdesign untersucht werden.

Um den Realitätsgehalt der Simulation zu steigern und zufällige Abweichung in die Studie einzuführen, werden die Daten der Forschungsdesigns stichprobenartig aus der Population gezogen. Da hier allerdings kein Einfluss von Stichprobenziehung (auch: Sampling) modelliert werden soll, erfolgt die Ziehung als *einfache Zufallsstichprobe* mit einer Quote von 20% der Populationsgröße zum Ziehungszeitpunkt. Jede Mikroeinheit der Population hat dabei die gleiche Wahrscheinlichkeit, Teil des Samples zu werden.

Es ist zu erwarten, dass sich die Designs in ihrem analytischen Potential unterscheiden, je nachdem welchen Randbedingungen sowohl die Population als auch der zeitbedingte Wandel unterliegt. Die genannten Bedingungen setzen sich aus Populationsdynamik sowie den verschiedenen Typen des Zeitkontexts (Alters-, Perioden- und Kohorteneffekte) zusammen. Der Aufbau der Simulationsstudie ist demnach:

$$Dynamik \times Alterseffekt \times Periodeneffekt \times Kohorteneffekt\,.$$

Hier wird deutlich, dass Randbedingungen sowohl separierte Effekte als auch Kombinationen darstellen können. Separierte Effekte sind, unter Kontrolle der Populationsdynamik, beispielsweise:

$$Dynamik \times Alterseffekt$$
$$Dynamik \times Periodeneffekt$$
$$Dynamik \times Kohorteneffekt\,.$$

Gleichzeitig können Effekte in Kombination auftreten, beispielsweise:

$$Dynamik \times Alterseffekt \times Periodeneffekt$$
$$Dynamik \times Alterseffekt \times Kohorteneffekt\,.$$

Jeder der Effekte kann in verschiedener Art und Weise ausgeprägt sein. Beispielsweise kann ein Alterseffekt linear oder nonlinear verlaufen oder der Grad der Steigung kann sich ändern. Das macht eine infinite Menge an konkreten Konfigurationen möglich. Bei Dynamik wird hier zwischen niedriger und hoher Dynamik unterschieden. Eine genauere Beschreibung der Parametrisierung der Dynamik ist Abschnitt 3.2.2 zu entnehmen, zum Zeitkontext vgl. Abschnitt 2.2.3.

3.2.1 Programmablaufplan

Der grundlegende Ablauf des Simulationsprogramms ist in sechs verschiedene Schritte einzuteilen. Abbildung 3.2 zeigt den Programmablaufplan.[4] Das gesamte Programm ist in zwei Schleifen eingebettet. In der ersten Schleife durchläuft die gesamte Simulation beide Dynamik-Konditionen (niedrig und hoch), während in der zweiten Schleife 500 Simulationsdurchgänge innerhalb der jeweiligen Kondition stattfinden.

---

[4] Der Pseudo-Code zum Gesamtprogramm und zu zentralen Funktionen wird in Appendix A ausführlich besprochen.

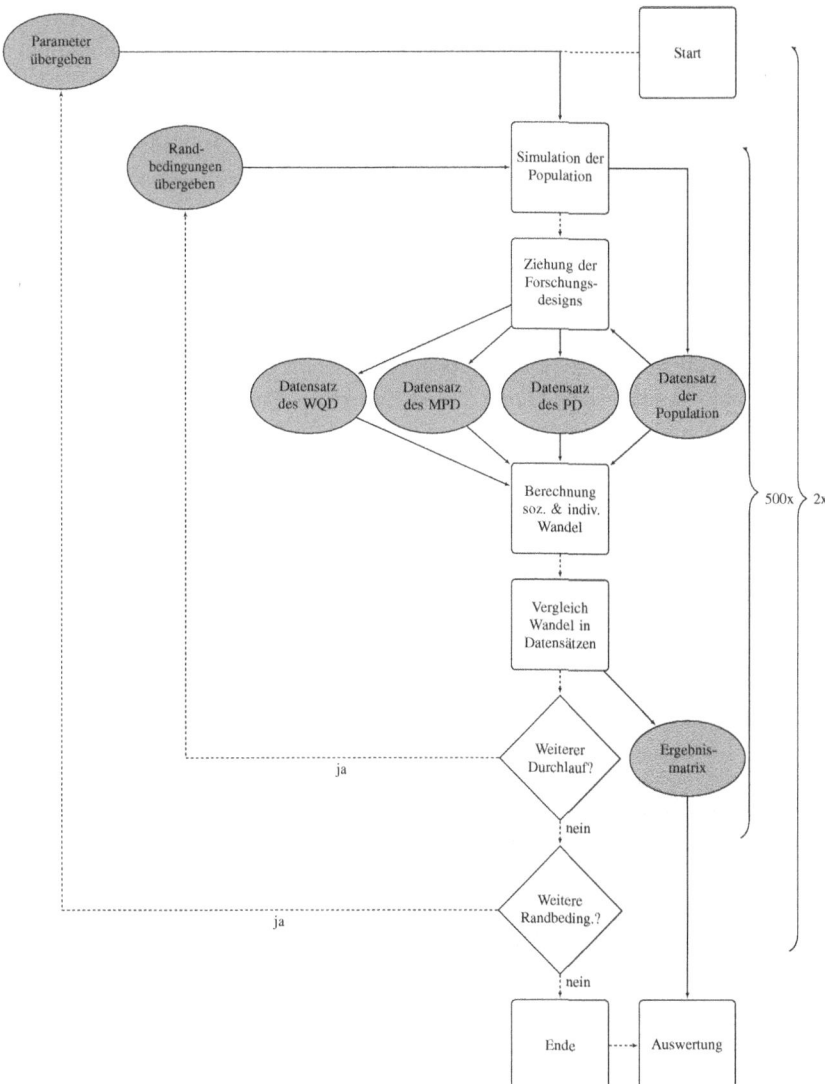

Abb. 3.2: Programmablaufplan der Simulation.

1. **Übergabe der Parameter:** Die Parameter der Population werden an das Programm übergeben. Das bedeutet, die Mortalitäts- und Fertilitätsraten sowie die Verteilung des Alters werden aus Referenzdateien eingelesen. Gleichzeitig wird festgelegt, wie viele Mikroeinheiten die Startpopulation umfassen soll und wie lange sie altern wird. In diesem Fall beträgt $n = 100.000$ und $T = 20$. In Analogie zum Elektorat bilden hier die Populationen der Zeitpunkte $t_0, t_4, t_8, t_{12}, t_{16}$ und t_{20}, stellvertretend für Wahlen, die besonders interessanten Einheiten.

2. **Erzeugen des Populationsdatensatzes:** Anhand der übergebenen Parameter wird nun eine Startpopulation erstellt. Die relative Häufigkeit eines Alters in der Referenzverteilung dient als Wahrscheinlichkeit, mit der eine Mikroeinheit in der Startpopulation dieses Alter besitzt. Danach wird die Alterung der Individuen für eine festgelegte Anzahl an Zeitpunkten t berechnet. Das bedeutet, individuelle Merkmale wandeln sich in der vorab festgelegten Art und die Zusammensetzung der Population wird durch Mortalität und Fertilität beeinflusst. Die so erzeugte artifizielle Population bildet den Populationsdatensatz mit allen simulierten Werten.

3. **Erzeugen der Designdatensätze:** Aus dem erstellten Populationsdatensatz werden anschließend stichprobenartig wiederholte Querschnitts-, Panel- und multiple Paneldatensätze gezogen. Das Sampling erfolgt mittels einfacher Zufallsstichproben und umfasst 20% der Population zum jeweils relevanten Zeitpunkt. Im Fall des Panels wären das 20% von P_0, während bei den wiederholten Querschnitten und den multiplen Panels zu jedem Messzeitpunkt eine neue Stichprobe von jeweils 20% des aktuellen Elektorats gezogen wird. Die so erstellten Datensätze entsprechen dem vorab definierten Muster der Forschungsdesigns und werden zwischengespeichert.

4. **Vergleich von Populations- und Designdatensätzen:** Für die vier bis zu diesem Schritt erstellten Datensätze ermittelt die Simulation den individuellen und sozialen Wandel zwischen den Populationen der Zeitpunkte $t_0, t_4, t_8, t_{12}, t_{16}$ und t_{20}. Vergleicht man nun den Wandel in einem Designdatensatz mit dem eines Populationsdatensatzes, kann darauf geschlossen werden, wie gut das Design in diesem Fall geeignet ist, Wandel für ein bestimmtes Merkmal zu erfassen. Durchgeführt wird der Vergleich für alle drei Designs. Hier zeigt sich ein großer Vorteil der Simulation: Die echten Werte der Population sind bekannt und müssen nicht geschätzt werden. So kann ein unverzerrter Indikator für das analytische Potential der Designs bestimmt werden. Es bleibt anzumerken, dass zufällige Störgrößen, bspw. in Form der Stichprobenziehung, implementiert sind, um die Robustheit der Befunde zu prüfen.

5. **Übergabe der Ergebnisse:** Die im Rahmen des Durchlaufs ermittelten Befunde übergibt das Programm anschließend in eine Ergebnismatrix. Die Auslagerung ist ein notwendiger Schritt, da die Datenmatrizen nun wieder geleert und in einem neuen Durchlauf abermals befüllt werden, falls die maximale Anzahl an Durchläufen noch nicht erreicht sein sollte. Da die Anzahl an produzierten

Datenzeilen in der Simulation sehr hoch ist, bietet sich eine fortschreitende Aggregation der Ergebnisse an, um Speicherplatz zu sparen und die Datenanalysen effizienter zu gestalten.

6. **Auswertung der Simulationsreihe:** Nachdem 500 Durchläufe sowohl für hohe als auch niedrige Dynamik absolviert sind, werden die Ergebnismatrizen der Simulation ausgelesen. Mittels entsprechend entwickelter Routinen werden die Ergebnisse in Tabellen und Grafiken übertragen. Diese werden in Kapitel 4 vorgestellt.

3.2.2 Parametrisierung der Population

Der grundlegende Parameter einer Population ist zunächst ihre Größe. Diese muss ausreichend hoch gewählt sein, um in einem Zufallsprozess die zugrunde liegenden Verteilungsannahmen zu treffen und der Realität annähernd zu entsprechen. Gleichzeitig limitieren begrenzte Rechenkapazität und Zeitrestriktionen die Größe der simulierten Population: Je mehr Datenzeilen angelegt werden müssen, desto mehr Ressourcen sind notwendig und desto länger wird die Laufzeit des Programms. Die Ausgangsgröße von P_0 beträgt hier 100.000 Mikroeinheiten. Das erlaubt zum Ersten, die demographische Struktur der Realität nachzubilden, und, zum Zweiten, auch nach den Stichprobenziehungen ausreichend große Fallzahlen in den Designdatensätzen zu erreichen.

Fertilität und Mortalität bestimmen die Entwicklung einer Population und sind Funktionen der Altersstruktur. Um eine Entwicklung zu modellieren, ist zunächst die Altersstruktur der Population zum Ausgangszeitpunkt t_0 festzulegen. Anhand der vorab spezifizierten Raten verändern sich in der Folge die Population und ihre Struktur. In der Simulation wird der Zeitraum zwischen sechs Wahlen, das heißt 20 Jahre, simuliert. Ausgangspunkt ist die Bevölkerung Deutschlands im Jahr 1991. Seit 1991 liegen in der amtlichen Statistik erstmalig Daten zum wiedervereinigten Deutschland vor.[5] Die Dynamik der artifiziellen Population kann so mit einer externen Referenz validiert werden. Wenn die Dynamik adäquat modelliert werden konnte, entsprechen sich die Altersstrukturen von artifiziellen und realen Populationen zu den jeweiligen Zeitpunkten (1991 zu t_0 etc.). Selbstverständlich bezieht sich die Validierung hier lediglich auf die fertilitäts- und mortalitätsbezogene Veränderung der Zusammensetzung, nicht auf Wandel in den simulierten Merkmalen.

Mit dem Mikrozensus 1991 lässt sich, kumuliert für beide Geschlechter, die Altersverteilung des Jahres 1991 berechnen. Abbildung 3.3 zeigt links die Vertei-

---

[5] Datengrundlage ist die gewichtete und hochgerechnete Randverteilung des Alters der deutschen Bevölkerung auf Basis des Mikrozensus. Bevölkerung schließt Befragte an Haupt- und Nebenwohnsitz ein, also die weiteste Definition im Mikrozensus (hierzu z.B. Schimpl-Neimanns und Herwig, 2011, S. 15).

lung als relative Häufigkeiten. Diese Häufigkeiten werden in der Simulation als Wahrscheinlichkeitsvektor verwendet, mit dem das Alter einer Mikroeinheit in P_0 bestimmt wird. Die durchschnittliche Altersverteilung der simulierten Populationen ist in Abbildung 3.3 rechts dargestellt. Wie sich zeigt, erzeugt die Simulation ein valides Abbild der Altersverteilung der realen deutschen Bevölkerung.

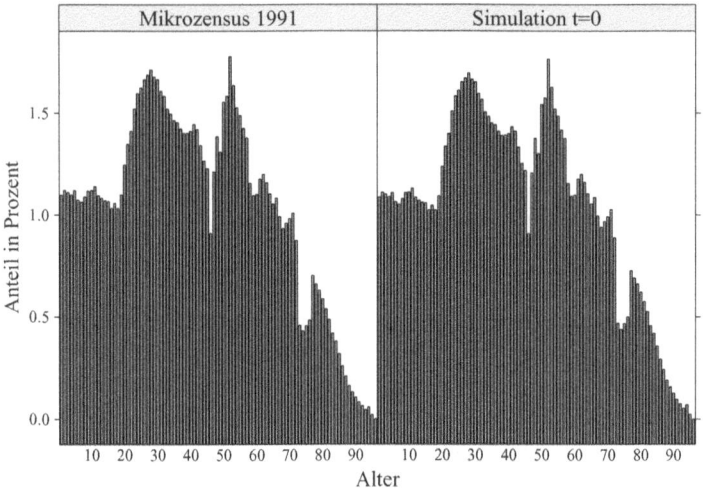

Abb. 3.3: Altersverteilung der Startpopulation im Vergleich zum Mikrozensus 1991, niedrige Dynamik.
Quelle: Mikrozensus 1991, eigene Darstellung.

Die Reproduktion der artifiziellen Population wird über die Fertilitätsrate geregelt. Wie auch die Altersverteilung basiert diese auf Daten der realen deutschen Bevölkerung. Aus der Demographie ist eine Reihe von Indikatoren für die Fertilität bekannt, von denen die *Total Fertility Rate* (TFR) in der Simulation Verwendung findet. Dabei handelt sich um den meistverwendeten Indikator. Bongaarts und Feeney (1998, S. 271) definieren TFR „as the average number of births a woman would have if she were to live through her reproductive years (ages 15-49) and bear children at each age at the rates observed in a particular year or period". Die Annahme, eine Person habe zwischen dem 15. und dem 49. Lebensjahr die gleichen fertilen Bedingungen, ist natürlich hypothetisch (Bongaarts und Feeney, 1998, S. 271; Luy, 2010, S. 454). Die TFR stellt allerdings einen einfachen und vor allem verfügbaren Indikator der Fertilität dar, was die Verbreitung des TFR erklärt (Schleutker, 2014, S. 193). Da die Simulation gleichsam nur einen Zeitraum von 20 Jahren abdeckt, bietet es sich an, nicht noch weitere Komplexität durch dynamische Fertilitätsraten einzuführen. Um die Anzahl der Geburten zu einem Zeitpunkt bestimmen zu können, muss zunächst die Wahrscheinlichkeit einer Reproduktion pro Mikroeinheit bestimmt werden. In der Simulation wird nicht zwischen Geschlechtern unterschieden, die TFR muss daher in einem ersten Schritt in die durchschnittliche Anzahl an Kindern, die zwei Personen hätten, würden sie ihre fertilen Jahre durchleben, umgeformt werden. Zweitens muss aus diesem Wert die Wahrscheinlichkeit einer Geburt in einem Jahr abgeleitet werden.

$$\frac{TFR}{2} \quad \hat{=} \quad \text{durchschnittliche Anzahl Kinder einer Mikroeinheit}$$

nach dem Lebensintervall 15-49 Jahren (Δ 34 Jahre).

$$\frac{TFR}{2 \times 34} \quad \hat{=} \quad \text{jährliche Wahrscheinlichkeit einer Geburt für}$$

eine Mikroeinheit im Alter zwischen 15 und 49 Jahren.

Geringe Fertilitätsraten sollten zu niedriger Populationsdynamik führen, hohe Raten dagegen zu hoher Dynamik. Da die Altersverteilung zu t_0 auf der Realpopulation 1991 basiert, bietet sich an, die Fertilität dieses Jahres als Grundlage der Simulation zu verwenden. Die Kinderzahl einer Frau liegt 1991 nach 34 fertilen Jahren bei durchschnittlich 1,3 (DESTATIS Genesis-Online, 2013). Wie die Entwicklung der TFR zeigt, unterliegt die Fertilität in Deutschland über die Zeit Schwankungen (BiB, 2012, S. 11). Auch international ergeben sich erhebliche Unterschiede zwischen den verschiedenen Staaten, auch innerhalb der gleichen geographischen Region (z.B. Worldbank, 2013). Deutschland liegt am unteren Ende der Fertilität, andere Länder weisen tendenziell höhere Reproduktionsraten auf. Die Fertilitätsrate Deutschlands im Jahr 1991 wird folglich für die Kondition niedriger Dynamik eingesetzt. Eine um 50% erhöhte TFR dient als Fertilitätsrate unter hoher Dynamik. Diese bleibt innerhalb des Schwankungsbereichs europäischer Raten und ist eine durchaus realistische Annahme.

Die Mortalität in einer Bevölkerung wird üblicherweise über Sterbetafeln ausgedrückt. Dabei wird die Sterblichkeit nach Alter angegeben. Die Literatur unterscheidet auch hier zwischen verschiedenen Darstellungen von Sterbetafeln, wobei Periodensterbetafeln für den Einsatz in der Simulation am besten geeignet erscheinen. Eine „(...) Periodensterbetafel bildet die Sterblichkeitsverhältnisse der gesamten Bevölkerung in einem bestimmten Zeitpunkt ab" (Eisenmenger und Emmerling, 2011, S. 223). Analog zur Fertilitätsrate des Jahres 1991 basiert die Mortalitätsrate auf den Sterbetafeln dieses Jahres. Da die artifizielle Population geschlechtsneutral ist und Sterbetafeln in der Regel nach Geschlecht getrennt sind, werden zur Darstellung niedriger Dynamik die weiblichen Sterbetafeln verwendet. Im Vergleich sind die männlichen Sterblichkeitsraten etwas höher und wurden hier nicht berücksichtigt, da die Auswahl der tendenziell niedrigeren Raten einer konservativen Prüfung des Effekts von Populationsdynamik entspricht. Zudem ist mit einer weiteren Abnahme von Sterblichkeit in Deutschland zu rechnen, was die Verallgemeinerung der Simulationsergebnisse auf zukünftige Elektorate erlauben sollte, wenn die niedrigeren (d.h. die weiblichen) Sterblichkeitsraten Berücksichtigung finden.

Um hohe Dynamik darzustellen, werden die Raten des Jahres 1991 ebenfalls um 50% erhöht. Hier wird angenommen: Bei hohen Mortalitätsraten besteht hohe Dynamik in der Population, bei niedrigen Raten eine niedrige Dynamik. Abbildung 3.4 zeigt die Mortalitätsraten unter hoher und niedriger Dynamik. q_x ist die Wahrscheinlichkeit, von Alter x im Übergang zu $x+1$ zu sterben. Der u-förmige Verlauf der Kurven ist typisch für Sterblichkeitsraten. In früher Kindheit besteht eine leicht erhöhte Gefahr, besonders aber mit höherem Alter.

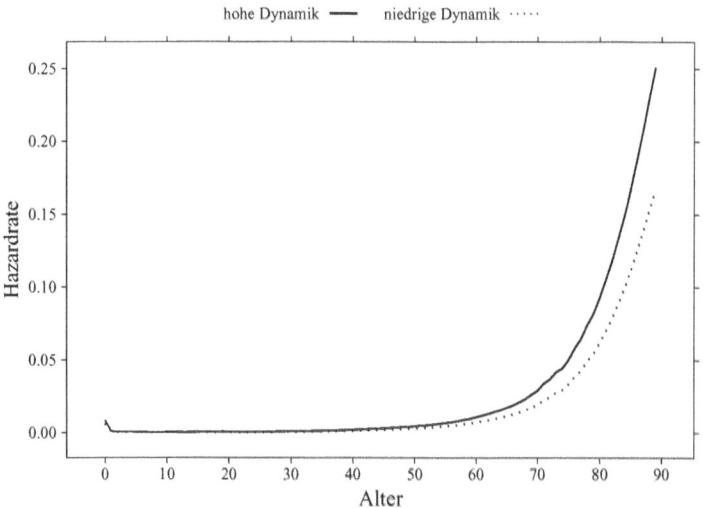

Abb. 3.4: Sterblichkeit in der Simulation, niedrige und hohe Dynamik.

Kontrolliert man die durchschnittliche Dynamik in den artifiziellen Populationen, zeigt sich wenig überraschend die zu erwartende Entwicklung: Unter hoher Dynamik sind Eintritte und Austritte signifikant höher als bei geringer Dynamik. Während unter der Bedingung hoher Dynamik durchschnittlich 26.387,16 Einheiten sterben und 25.503,39 geboren werden, beträgt die Anzahl der Gestorbenen unter niedriger Dynamik durchschnittlich 21.653,24, die Anzahl der Geborenen 17.028.33. Da bei niedriger Dynamik die Mortalität über der Fertilität liegt, sinkt die Größe der Bevölkerung mit der Zeit ab, während sie unter hoher Dynamik zunimmt.

Die veränderte Populationszusammensetzung zeigt sich auch in der durchschnittlichen Entwicklung der Altersverteilung. Diese kann für die Bedingung niedriger Dynamik extern validiert werden, da die Population auf Altersstruktur, Fertilitäts- und Mortalitätsraten des Jahres 1991 basiert. Abbildung 3.5 stellt rechts die durchschnittliche Entwicklung zu t_5, t_{10}, t_{15} und t_{20} dar, die Verteilungen der Mikrozensen 1996, 2001, 2006 und 2009 sind links als Vergleich angegeben. Grafisch zeigt sich eine deutlich ähnliche Entwicklung der Altersstruktur in Realität und Simulation. Zur Verteilungsgleichheit müssten unter niedriger Dynamik zwischen 0,6 und 4,8 Prozentpunkte umverteilt werden.[6] Die Abweichungen lassen sich durch die vereinfachte Umsetzung der Parameter in der Simulation erklären, da die Fertilitäts- und Mortalitätsraten in der Realität zeitlich variabel sind, aber in der Simulation die Raten des Jahres 1991 verwendet werden. Diese Vereinfachung erscheint durch den geringen Grad der Abweichung als vernachlässigbar. Unter hoher Dynamik ist die Abweichung größer, da die Fertilitäts- und Mortalitätsrate weiter von den Referenzen abweichen. Zur Verteilungsgleichheit müssten in dieser Kondition zwischen 0,9 und 7,9 Prozentpunkte umverteilt werden.

3.3 Indikatoren des analytischen Potentials

In der Simulation wird sozialer und individueller Wandel bestimmt. Beiden Berechnungen liegt ein Vergleich mehrerer Zeitpunkte zugrunde. Da die Messzeitpunkte des Programms an Legislaturperioden und Wahlen im deutschen Elektorat orientiert sind, liegen zwischen den Zeitpunkten vier Jahre. Das entspricht den Messzeitpunkten $t \in \{0, 4, 8, 12, 16, 20\}$ der Simulation. Bei sechs Elementen ergeben sich fünf Vergleichsintervalle für Wandel: $t_0 \rightarrow t_4, t_4 \rightarrow t_8, t_8 \rightarrow t_{12}, t_{12} \rightarrow t_{16}, t_{16} \rightarrow t_{20}$ (im Folgenden: $v_1...v_5$).

Eine Reihe von Indikatoren dient der Untersuchung des analytischen Potentials der verschiedenen Forschungsdesigns. Es ist zu unterscheiden zwischen mittlerem sozialen und individuellen Wandel innerhalb eines Intervalls v, Mittelwert eines Merkmals zum Zeitpunkt t, durchschnittlichem individuellen Wandel innerhalb eines Intervalls und, letztlich, relativer Abweichung zwischen wahrem Populationswert und vom jeweiligen Design erfasstem sozialen oder individuellen Wandel innerhalb eines Intervalls v.

---

[6] Ein Dissimilaritäts-Index (Duncan und Duncan, 1955, S. 211) eignet sich zur Bestimmung von Verteilungsungleichheit. Anwendung findet er hier als:

$$D = \frac{1}{2} \sum_1^i \left| \frac{E_i}{E_{gesamt}} - \frac{A_i}{A_{gesamt}} \right|.$$

Dabei sei E_i die absolute Häufigkeit des Alters i in der Referenz und A_i die absolute Häufigkeit des Alters i der Simulation.

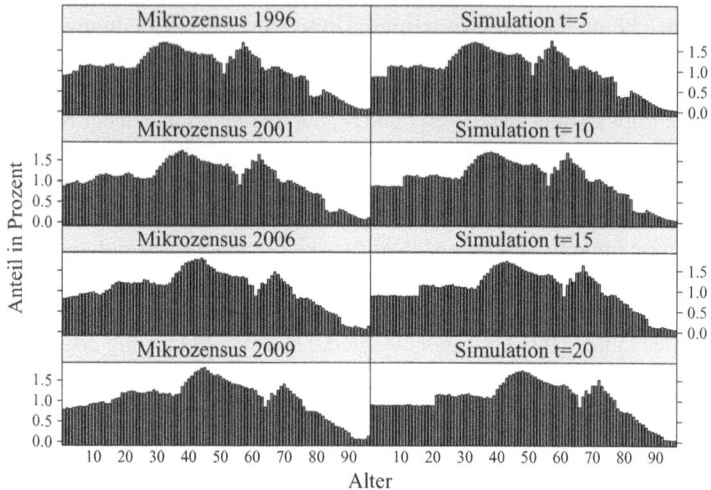

Abb. 3.5: Altersverteilung der Startpopulation im Vergleich zum Mikrozensus, niedrige Dynamik.
Quelle: Mikrozensus 1996, 2001, 2006, 2009, eigene Darstellung.

Es ist anzumerken, dass das analytische Potential in der Simulation anhand von Punktschätzern bewertet wird. Dabei liegt der Fokus auf der Frage, wie gut die Schätzer eines Designs in der Lage sind, die wahren Werte der Population zu treffen. Was hier nicht näher betrachtet wird, ist die Variabilität der Schätzer wie bspw. deren Standardabweichung oder Konfidenzintervalle. Das hat mehrere Gründe:

Erstens könnte die Genauigkeit der Schätzer in der Simulation mit einfachen Mitteln manipuliert werden, indem die Stichprobengröße erhöht wird, um wünschenswerte oder hypothesenkonforme Ergebnisse zu erzielen. Eine Diskussion von Streuungsmaßen oder Ähnlichem wäre daher irreführend.

Zweitens müsste darauf eine weiterführende Diskussion zur Stichprobengröße je nach Design folgen. Die Schätzungen der Designs werden umso genauer, je mehr Fälle sie einschließen können. Das würde allerdings nichts daran ändern, wie gut sie die wahren Werte im Schnitt schätzen können, wenn man normalverteilte Fehler erwartet.

Drittens führt die Berücksichtigung von Abweichungen der Schätzer durch Stichprobengrößen unweigerlich zu einer Diskussion der finanziellen Kosten eines Forschungsdesigns. Bei einer Umfrage ist ein klassisches Panel durch die einmalige Rekrutierung der Befragten in der Regel günstiger als wiederholte Querschnitte (Duncan et al., 1987). Je nach Erhebungsform mag dies allerdings variieren, was eine weitere Randbedingungen in die Analysen der longitudinalen Forschungsdesigns einführt.

Die grundlegende Diskussion analytischer Potentiale bleibt aus diesen Gründen darauf beschränkt, wie gut die Punktschätzer je nach Design die wahren Werte der Population schätzen. Darauf aufbauende Forschungsfragen werden in Abschnitt 8.2 herausgearbeitet.

Es folgt die Darstellung von Indikatoren, die in Kapitel 4 eingesetzt werden. Die Indikatoren dienen der Untersuchung des analytischen Potentials der verschiedenen Forschungsdesigns.

Sozialer und individueller Wandel innerhalb eines Intervalls v

Sozialer Wandel in einer Population sei gleich der Differenz zweier aggregierter Merkmale, die in einer zeitlichen Abfolge stehen:

$$\Delta \bar{X} = \bar{X}_t - \bar{X}_{t-1},$$

wobei $\bar{X}_t$ auf I_t basiert (d.h. auf allen zu t in der Population existierenden bzw. allen durch das Design bei t erfassten Einheiten i).

Individueller Wandel sei die Differenz zweier individueller Merkmale, die in einer zeitlichen Abfolge stehen: $\Delta x_i = x_{it} - x_{it-1}$. Für die Soziologie ist oftmals der individuelle Wandel für eine ganze Population oder Gruppe von Interesse. Im Mittel beträgt der individuelle Wandel innerhalb einer Population:

$$\frac{\sum_1^i \Delta x_i}{n} = \frac{\sum_1^i x_{it} - x_{it-1}}{n}.$$

Berücksichtigt wird nur die Menge an Individuen, für die gilt $I_t \cap I_{t-1}$.[7]

Mittelwert eines Merkmals zum Zeitpunkt t

Die Berechnung des sozialen Wandels basiert auf der Differenz von mehreren Messungen eines aggregierten Merkmals $\bar{X}$. Zur Erklärung designbedingter Über- und Unterschätzung des Wandels kann der Vergleich der Mittelwerte zum selben Zeitpunkt als einfacher Indikator hilfreich sein. Dazu sind lediglich die geschätzten Mittelwerte der verschiedenen Designs und der Population über die Messzeitpunkte abzutragen. Eine genaue Bestimmung der (relativen) Abweichung des aus den Mittelwerten bestimmten Wandels ist nicht möglich, hierzu sind andere Indikatoren notwendig.

---

[7] In der Simulation wird Wandel immer in eine Richtung (i.d.R. als positive Steigung) modelliert, daher müssen keine Beträge gebildet werden.

Durchschnittlicher individueller Wandel innerhalb eines Intervalls

Steht nicht individueller Wandel zu einem bestimmten Zeitpunkt im Fokus einer Analyse, so ist es meist der durchschnittliche individuelle Wandel innerhalb eines beliebigen Intervalls. Das heißt, auf Basis der Beobachtungen im Beobachtungszeitraum wird auf den mittleren individuellen Wandel geschlossen, wie er *durchschnittlich* in einem Intervall auftritt.

Der zur Berechnung verwendete Indikator sei:

$$\frac{\sum_1^i (\Delta x_i \frac{1}{v_i})}{n},$$

wobei v_i die Anzahl an Vergleichsintervallen angibt, für die das Individuum individuellen Wandel erfahren hat oder für die individueller Wandel bestimmt werden konnte.

Relative Abweichung zwischen wahrem Populationswert und gemessenem sozialen sowie individuellen Wandel innerhalb eines Intervalls v

Für jedes Intervall berechnet die Simulation, wie gut die verschiedenen Forschungsdesigns den Wandel in der Population abbilden. Hierzu werden die Messungen der Designs mit den Daten der Population verglichen. Da die korrekten Werte in der Population bekannt sind, müssen sie nicht geschätzt werden. Im Gegensatz zu Realdaten, bei denen oftmals die bestmöglichen verfügbaren Schätzer bemüht werden müssen, geht in den Vergleich kein potentieller Störterm ein.

Da der Vergleich für verschiedene Merkmale durchgeführt wird, ist ein Maß zu verwenden, das auch für verschiedene Skalierungen vergleichbare Ergebnisse liefern kann. Durch die Simulation mehrerer Zeitkontexteffekte innerhalb zweier Konditionen von Dynamik ist eine solche Standardisierung notwendig. Um die verschiedenen Effekte vergleichen zu können, wird ein relatives Maß zur Güte der Messung von Wandel durch die Designs verwendet: relative Abweichung. Die relative Abweichung (*rd*) entspricht dem Quotienten aus der Messung des Designs und dem Populationswert:

$$rd \, \hat{=} \, \frac{Design}{Population}.$$

Nimmt *rd* den Wert 1 an, bedeutet das eine exakte Messung durch das Design. Ein Wert kleiner als 1 deutet auf eine Unterschätzung des Wandels hin, ein Wert über 1 auf eine Überschätzung. *rd* wird für jedes der fünf Messintervalle in jedem Simulationsdurchlauf berechnet. Sowohl für sozialen als auch individuellen Wandel sind eigene Indikatoren zu bestimmen. Es gilt für sozialen Wandel:

$$rd = \frac{\Delta \bar{X}_t^d}{\Delta \bar{X}_t^p},$$

wobei $\bar{X}_t^d$ die Messung mittels eines Designs sei, $\bar{X}_t^p$ dagegen der Wert der Population. Bei individuellem Wandel gilt:

$$rd = \frac{\left(\frac{\sum_1^i \Delta x_i}{n}\right)^d}{\left(\frac{\sum_1^i \Delta x_i}{n}\right)^p},$$

wobei $\left(\frac{\sum_1^i \Delta x_i}{n}\right)^d$ die Messung des jeweiligen Designs sei, $\left(\frac{\sum_1^i \Delta x_i}{n}\right)^p$ dagegen der Wert der Population.

Kapitel 4
Ergebnisse

Nachdem zunächst das Konzept der Simulation vorgestellt wurde, werden in diesem Kapitel die Ergebnisse der Studie hinsichtlich des analytischen Potentials multipler Panels diskutiert. Im Vordergrund steht dabei ein Vergleich mit den idealtypischen Designs (wiederholte Querschnitte und klassische Panels), wenn sozialer bzw. individueller Wandel erfasst werden soll.

Da für die Diskussion der designbedingten Ursachen des analytischen Potentials die Repräsentation der Population durch die Designdatensätze wichtig ist, werden diese in einem ersten Abschnitt dargestellt. Danach folgt die Beschreibung der Ergebnisse für sozialen und individuellen Wandel. Das Kapitel schließt mit einer Zusammenfassung der Befunde zum analytischen Potential der Designs im Allgemeinen und multipler Panels im Speziellen.

4.1 Repräsentation der Population nach Designs

Die Zusammensetzung einer Population wird durch Populationsdynamik gesteuert und hat, vermittelt durch den Zeitkontext des Wandels, einen Einfluss auf das analytische Potential der Designs. Bevor die Rolle der verschiedenen Typen von Wandel (d.h. des Zeitkontexts) diskutiert wird, bietet es sich an, Verteilungsunterschiede zwischen den verschiedenen Datensätzen und der Population zu besprechen. Verteilungsunterschiede, das heißt Unterschiede in der Zusammensetzung, sind die Grundlage zur Erklärung von Designunterschieden.

Wie in Kapitel 2 gezeigt, unterscheiden sich die Designs darin, wie gut sie Populationsdynamik abbilden können, indem Zu- und Abstrom aus der Population durch das jeweilige Design berücksichtigt wird. Gleichzeitig machen die Befunde aus Kapitel 6 deutlich, dass Zustrom in der Regel junge Individuen im Elektorat betrifft, Abstrom dagegen mehrheitlich ältere Individuen. Das bedeutet, im Kontext der

Arbeit wird ein Datensatz als repräsentativ bezeichnet, wenn er die Altersverteilung der Population widergespiegelt.[1]

Das ist insofern eine notwendige Definition, als die Repräsentativität eines Datensatzes ein Element der Erklärung des jeweiligen analytischen Potentials ist: Abweichung zwischen Population und Designdaten zu einem Merkmal X ist das Explanans, Repräsentativität dagegen das Explanandum. Aus diesem Grund kann Repräsentativität nicht einfach als Gleichheit der Verteilung von X zwischen Population und Designdaten definiert werden.

Abbildungen 4.1 zeigt die Abweichung der durchschnittlichen Altersverteilung jedes Designs von der durchschnittlichen Altersverteilung der Population zu den Zeitpunkten $t_0, t_4, t_8, t_{12}, t_{16}$ und t_{20} für niedrige und hohe Dynamik. Die Darstellung entspricht einem für Alterskategorien zerlegten Dissimilaritätsindex. Mit zunehmender Zeit wird immer deutlicher, wie sich beim Panel die fehlende Möglichkeit, jüngere Kohorten in die Daten zu integrieren, ausdrückt. Jahrgänge, welche nach dem Panelstart nachrücken, werden nicht berücksichtigt und es kommt zu einer Überalterung des Panels. Dies zeigt sich in der Unterschätzung jüngerer und der Überschätzung älterer Kohorten. Mit voranschreitender Zeit verliert das klassische Panel immer stärker an Repräsentativität. Dabei stellt die Geburt den zentralen Mechanismus für die Abweichung dar.

In der Altersverteilung bei multiplen Panels zeigt sich im Gegensatz zum klassischen Panel eine geringere Unterschätzung jüngerer und eine geringere Überschätzung älterer Kohorten. Die Erklärung für die Unterschätzung jüngerer und die Überschätzung älterer Kohorten liegt in der Überlappung der multiplen Panels begründet. Während die Zusammensetzung der aktuellsten Panelkomponente repräsentativ ist, sind die anderen aktiven Panelkomponenten das schon nicht mehr. Zu einem bzw. zwei Zeitpunkten waren beide Komponenten nicht in der Lage, jüngere Kohorten zu berücksichtigen. Mangelnde Repräsentativität wird zwar durch die multiplen Panels ausgeglichen, aber nicht in vollem Umfang. In der Forschungspraxis könnten Designgewichte zur Korrektur eingesetzt werden.

Durch den steten Start neuer Panels und die limitierte Beobachtungsdauer in jedem Panel ist es dem MPD möglich, den Grad an Repräsentativität konstant zu halten. Ausgenommen ist dabei lediglich die Anlaufphase des Designs, in der noch nicht die gleiche Anzahl an Komponenten aktiv ist. Ab dem dritten Messzeitpunkt (t_8) werden dann stets die gleichen Altersgruppen unterschätzt. Das betrifft die jüngsten acht Altersgruppen im Datensatz, da diese in einem oder zwei Panelkomponenten nicht repräsentiert sind. Das hier vorgestellte MPD sieht eine limitierte Beobachtungsdauer der Panelkomponenten vor. Daher ist das

---

[1] Wie bereits Kruskal und Mosteller (1979a,b,c, 1980) in einer Serie von Artikeln zeigen, wird der Begriff der Repräsentativität auf verschiedene Art und Weise und mit teils erheblichen Unterschieden in seiner Bedeutung verwendet. Eine Diskussion des Begriffs bei Diekmann (2005, S. 368f) und Schnell et al. (2008, S. 304ff) macht deutlich, dass der Begriff auch aktuell noch problembehaftet ist. Die vorliegende Arbeit verwendet Repräsentativität daher entsprechend der oben gegebenen Definition.

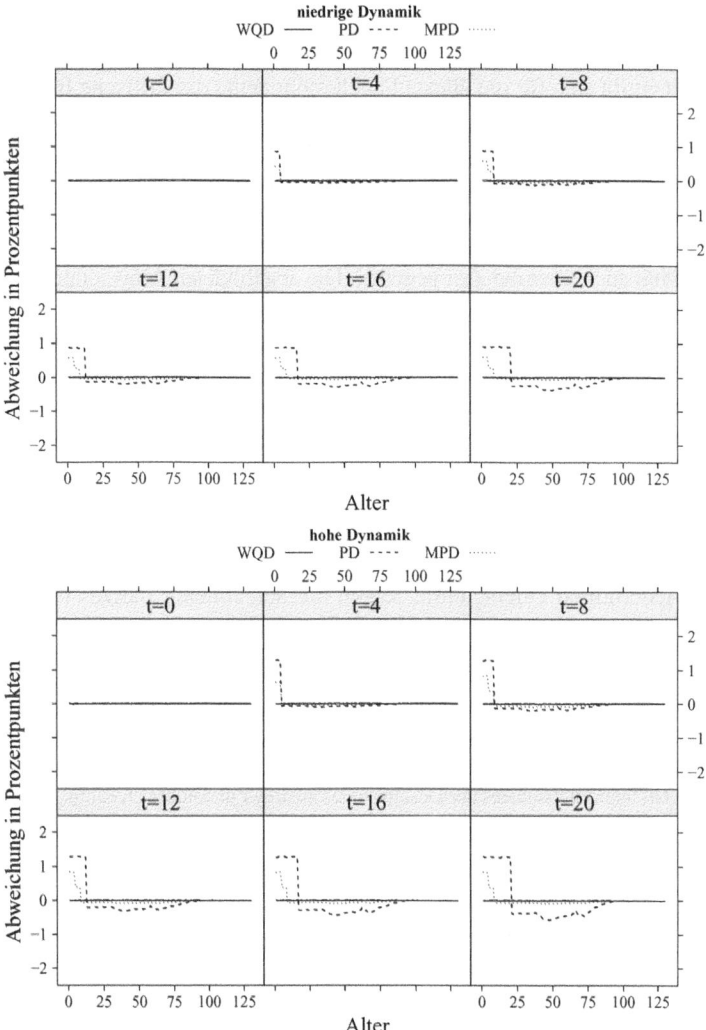

Abb. 4.1: Abweichungen der Altersverteilungen zwischen Designs und Population, niedrige und hohe Dynamik.

maximale Alter der unterschätzten Altersgruppe immer von der am längsten aktiven Komponente abhängig. Mit drei Komponenten bei Messzeitpunkten in vierjährigen Intervallen ergibt sich für die älteste Panelkomponente das kritische Intervall von [1, 8].

In den Abbildungen nehmen die multiplen Panels eine mittlere Position in der designspezifischen Ungleichheit zwischen Panels und WQD ein. Im Fall des WQD ist in jedem durchschnittlichen Querschnitt die Altersverteilung der Population repräsentiert. Durch die wiederholte Ziehung neuer Querschnitte bleibt die Repräsentativität auch über die Zeit gegeben. Die abgebildeten Abweichungen zeigen diese Annahme deutlich.

Da es sich bei den Grafiken um zerlegte Dissimilaritätsindizes handelt, entspricht die halbierte Summe der dargestellten Abweichung dem Index zum jeweiligen Zeitpunkt. Diese sind in Tabelle 4.1 dargestellt und zeigen den Umfang der jeweiligen Abweichung. Die Zerlegung nach Alterskategorien in den Abbildungen verdeutlicht demgegenüber, welche Gruppen genau unter- oder überrepräsentiert sind. Während die Abweichung der Panels im Zeitverlauf auf 17,84 Prozentpunkte (respektive auf 25,63 Prozentpunkte unter hoher Dynamik) ansteigt, pendelt sie sich bei multiplen Panels nach drei Zeitpunkten auf 3,40 (hohe Dynamik: 4,85) Prozentpunkte ein. Für die wiederholten Querschnitte zeigen die berechneten Indizes keine Unterschiede an, die systematisch über zufällige Störgrößen hinausgehen. Wiederholte Querschnitte sind durch ihre wiederholte Stichprobenziehung in der Lage, die Grundgesamtheit stets repräsentativ abzubilden.

Tabelle 4.1: Dissimilaritätsindizes der Designs unter niedriger und hoher Dynamik.

			Zeitpunkte			
Design	0	4	8	12	16	20
niedrige Dynamik						
wiederholte Querschnitte	0,10	0,11	0,12	0,11	0,14	0,11
Panel	0,11	3,42	6,88	10,42	14,04	17,81
multiple Panel	0,11	1,68	3,32	3,36	3,39	3,44
hohe Dynamik						
wiederholte Querschnitte	0,10	0,10	0,12	0,11	0,11	0,09
Panel	0,11	5,17	10,30	15,39	20,47	25,63
multiple Panel	0,12	2,52	4,87	4,85	4,83	4,85
Differenz: hohe — niedrige Dynamik						
wiederholte Querschnitte	0,00	-0,01	0,00	0,00	-0,03	-0,02
Panel	0,00	1,75	3,42	4,97	6,43	7,82
multiple Panel	0,01	0,84	1,55	1,49	1,44	1,41

Anmerkung: Angaben in Prozentpunkten.

Im Vergleich zwischen hoher und niedriger Dynamik fällt die Abweichung in den Panels erwartungsgemäß stärker aus, wenn Fertilität und Mortalität höher liegen (Abbildung 4.1). Da hier eine größere Menge Individuen zu jedem Zeitpunkt in die Population eintritt, ist dieser Effekt nicht weiter überraschend. Die multiplen Panels zeigen ebenfalls eine erhöhte Abweichung im Vergleich zwischen beiden Konditionen. Beim WQD ergibt sich, durch die gegebene Repräsentativität zu jedem Zeitpunkt, auch unter hoher Dynamik keine Abweichung. Abbildung 4.2 verdeutlicht, welche Altersgruppen je nach Design besonders durch die Dynamik beeinflusst werden.

Bei den multiplen Panels können klar die nachrückenden Kohorten zwischen den Erhebungszeitpunkten als Ursache für die erhöhte Abweichung identifiziert werden. Hier ist die Abweichung am stärksten und deutet auf eine stärkere Unterschätzung junger Kohorten unter der Kondition hoher Dynamik hin. Die Abweichung verteilt sich nach diesen Jahrgängen logischerweise gleichmäßig auf die restlichen Altersgruppen. Das bedeutet, lediglich die jungen nachrückenden Jahrgänge sind ursächlich. Auch hier pendeln sich nach zwei Messzeitpunkten die relevanten Altersjahrgänge im Intervall $[0,8]$ ein. Die Limitierung der Verweildauer von Individuen in den Panelkomponenten des MPD führt dazu, dass die Differenz zwischen den beiden Konditionen ab t_8 konstant bleibt (Tabelle 4.1). Der Vergleich zwischen hoher und niedriger Dynamik lässt im Fall der MPD den Schluss zu: Je höher die Dynamik ist, desto geringer wird die Repräsentativität des Designs. Ursächlich hierfür sind die jüngeren Kohorten. Nach einer Anlaufzeit bleibt die Repräsentativität des Designs jedoch zeitkonstant.

Im Fall der klassischen Panels wird im Vergleich der beiden Konditionen deutlich, wie bedeutsam Dynamik für die Repräsentativität des Designs ist. Unter erhöhter Dynamik steigt die Unterrepräsentation der jüngeren Kohorten, da kein Mechanismus implementiert wurde, um diese einzubeziehen. Mit jedem Messzeitpunkt vergrößert sich die Menge an Altersgruppen, die nicht repräsentiert sind. Da die Panel über keine designspezifische Limitierung zur Reduktion laufzeitbedingter Repräsentationsprobleme verfügen, nimmt die Differenz der Dissimilarität über die Zeit zu (Tabelle 4.1). Das bedeutet, unter hoher Dynamik verlieren Panels schneller an Repräsentativität als unter niedriger Dynamik. Der Vergleich zwischen hoher und niedriger Dynamik lässt im Fall des Panels den Schluss zu: Je höher die Dynamik, desto geringer wird die Repräsentativität des Designs.

Beim Vergleich zwischen hoher und niedriger Dynamik zeigen WQDs keine systematischen Differenzen. Die stetige Generierung repräsentativer Querschnitte führt zu stetiger Repräsentativität. Das gilt sowohl unter niedriger als auch hoher Dynamik. In Tabelle 4.1 zeigen sich daher auch keine Differenzen — weder zwischen beiden Konditionen noch systematisch über die Zeit. Der Vergleich zwischen hoher und niedriger Dynamik lässt im Fall des WQD den Schluss zu, dass Dynamik keinen Einfluss auf die Repräsentativität des Designs hat.

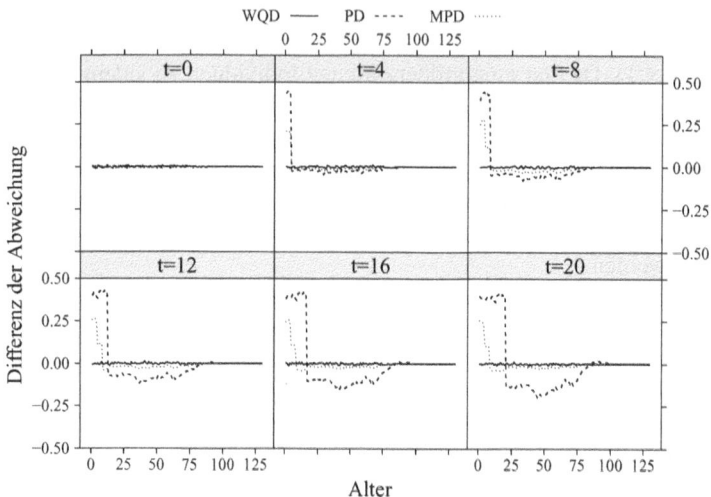

Abb. 4.2: Differenz designspezifischer Abweichung beider Konditionen.

In realen Populationen setzt sich Dynamik nicht nur durch Fertilität und Mortalität zusammen, sondern beinhaltet noch Migration. Wie Kapitel 6 zeigt, stellt gerade die natürliche Bevölkerungsbewegung den quantitativ einflussreichsten Mechanismus der Populationsdynamik im Elektorat dar. Um in der Interpretation der Simulations-ergebnisse eindeutig die Ursache des analytischen Potentials bestimmen zu können, wurde von einer Modellierung der Migration Abstand genommen. Dennoch ergeben sich aus den Befunden des vorliegenden Kapitels Implikationen für die Rolle von Migration in der Dynamik und folglich für das analytische Potential der Designs.

Migration ist ein Mechanismus, der sich grundsätzlich auf die gesamte Spann-breite der Altersverteilung auswirkt. Nimmt man an, dass die Zu- und Abwanderung homogen über alle Altersgruppen verteilt ist, würde Migration die hier ermittelte Abweichung nicht beeinflussen, da die relativen Anteile der Gruppen gleich bleiben würden. Variiert Migration allerdings über das Alter, erhöht sich die Abweichung, wenn das Design keine Berücksichtigung der Dynamik vorsieht und damit bestimm-te Altersgruppen über- und andere unterrepräsentiert werden. Konkret betrifft das hauptsächlich Panels und in geringerem Maß multiple Panels. Während Migrati-on zur zunehmend sinkenden Repräsentativität der Panels beitragen sollte, ist zu erwarten, dass sich bei MPDs zwar die konstante Abweichung erhöht, aber keine weitere Zunahme mit fortschreitender Zeit festzustellen wäre.[2]

---

[2] Es ist anzumerken, dass hier lediglich der Einfluss der Migration auf die Altersverteilung einer Population und damit auf den Zeitkontext eines Merkmals X im Fokus der Analysen steht

4.2 Sozialer Wandel

Alters-, Perioden- und Kohorteneffekte stellen die drei basalen zeitlichen Effekte dar, denen ein Merkmal unterliegt. Wie in Abschnitt 2.2.3 gezeigt, ist bei der Arbeit mit Realdaten in der Regel nicht eindeutig zwischen den drei Effekten zu unterscheiden, was als Identifikationsproblem bekannt ist. Darüber hinaus liegen oftmals Kombinationen der Effekte vor. Das bedeutet, dass nicht nur ein separater Effekt auf ein Merkmal wirkt, sondern ein multikausaler Einfluss besteht. Diese Kombinationen werden anschließend an die Ergebnisse zu den drei basalen Effekten (Alter, Periode, Kohorte) besprochen.

4.2.1 Alterseffekte

Ein Alterseffekt ist der Zusammenhang zwischen einem Merkmal x_i und dem Alter $alter_i$ eines Individuums i. Ein Beispiel sind zunehmend konservative Grundhaltungen mit steigendem Alter (Truett, 1993). Die vorab diskutierte Sterblichkeit eines Menschen ist ebenso ein Alterseffekt: Die Wahrscheinlichkeit des Todes ist eine Funktion des Alters. Wie in Abschnitt 2.2.2 und 2.2.3 gezeigt, drückt sich der Alterseffekt sowohl auf Individual- als auch Populationsebene aus. Aggregiert entspricht der Alterseffekt dem Zusammenhang eines Merkmals X mit der Verteilung des Alters in einer Population.

Alterseffekte sind in der Simulation einmal linear und einmal nonlinear operationalisiert. Dabei steigen beide Charakteristika eines Individuums zu jedem Zeitpunkt nach den folgenden Funktionen:

$$\text{Linear:} \quad x_{it} = x_{it-1} + \Delta alter_i + \varepsilon$$
$$\text{Nonlinear:} \quad x_{it} = x_{it-1} + \Delta alter_i \times alter_i + \varepsilon.$$

Bei ε handelt es sich um eine Funktion, die zufällige Streuung hinzufügt.[3] Der Verlauf beider Funktionen ist exemplarisch in Abbildung 4.3 dargestellt. Der Störterm ist dabei nicht berücksichtigt, da $E(\varepsilon) = 0$. Das linke Diagramm zeigt den Verlauf der linearen Funktion, das rechte dagegen die nonlineare Funktion. Während im linearen Verlauf die Steigung für jedes Individuum gleich ist, nimmt die Steigung

---

und nicht ein Unterschied zwischen Migranten und der restlichen Bevölkerung. Arbeiten der Migrationsforschung legen den Schluss nahe, dass es systematische Unterschiede zwischen beiden sozialen Gruppen gibt (z.B. Kalter, 2008), die zu zusätzlichen Abweichungen in den untersuchten Merkmalen führen sollten. Solche Abweichungen sind hier aber nicht weiter von Interesse, da sie nicht Teil des Zeitkontexts von Wandel sind und der Migrationshintergrund in der Simulation nicht berücksichtigt wird.

[3] Eine genauere Diskussion des Zufallsfehlers findet sich in Appendix A. Generell folgt ε in der gesamten Simulation der Verteilung $N(0,0,1)$.

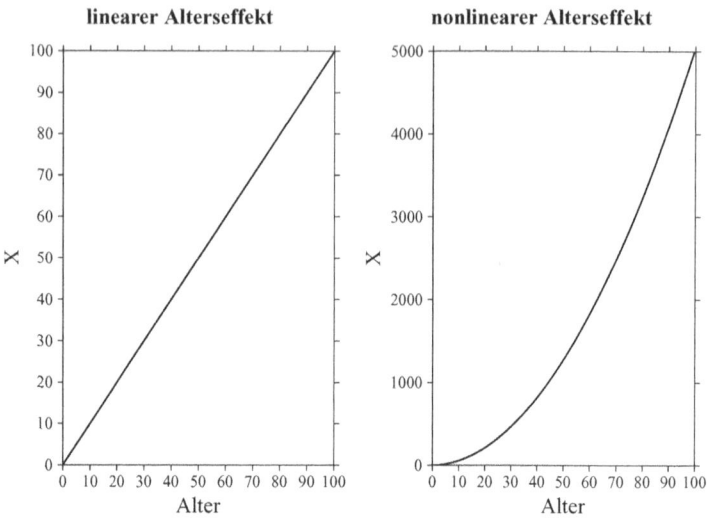

Abb. 4.3: Exemplarischer Verlauf linearer und nonlinearer Alterseffekte.

im nonlinearen Verlauf mit zunehmendem Alter zu. Da im Verlauf der Simulation eine Alterung der Individuen stattfindet, nimmt die Steigung im Zeitverlauf für jedes Individuum zu. Gleichzeitig ist diese Zunahme für ältere Individuen größer als für jüngere.

Linearer Alterseffekt

Abbildung 4.4 zeigt die relative Abweichung (*rd*) der verschiedenen Forschungsdesigns für die Vergleichsintervalle v_1, v_2, v_3, v_4 und v_5, das heißt die Erfassung von sozialem Wandel zwischen den Zeitpunkten $t_0 \to t_4, t_4 \to t_8, t_8 \to t_{12}, t_{12} \to t_{16}$ und $t_{16} \to t_{20}$. Die linke Grafik basiert auf artifiziellen Populationen unter niedriger, die rechte auf Populationen unter hoher Dynamik. Wie der Verlauf der Ergebnisse in beiden Konditionen zeigt, nimmt die Abweichung der Messungen mit Paneldesigns im Vergleich zu den Populationswerten über die Zeit immer mehr zu, unter hoher Dynamik bis zu einer Überschätzung des Wandels von 31%. Die Messung der multiplen Panels dagegen steigt zum zweiten Vergleichspunkt an und pendelt sich dann auf einem einheitlichen Niveau der Überschätzung (etwa 5%) ein. Keine Abweichung zwischen Populationswerten und Messwerten sind dagegen bei wiederholten Querschnitten festzustellen.

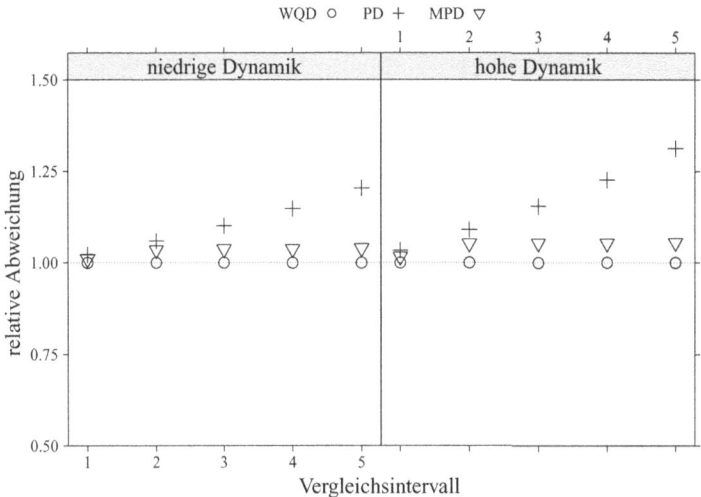

Abb. 4.4: Relative Abweichung der Designs bei einem linearen Alterseffekt.

Ursächlich für das analytische Potential der Designs ist in diesem Fall (sozialer Wandel basierend auf einem linearen Alterseffekt) die Repräsentativität der Daten, auf deren Basis $\bar{X}_t$ und in der Folge $\Delta\bar{X}$ berechnet werden. Die Querschnitte des WQD erlauben, $\bar{X}_t$ stets ohne Abweichung von den Populationswerten zu schätzen. In Abbildung 4.5 sind die durchschnittlichen Schätzer der Designs zu den sechs Zeitpunkten abgetragen, zu denen jeweils $\bar{X}_t$ berechnet werden muss, um fünf Mal $\Delta\bar{X}$ zu bestimmen. Auch hier zeigt sich das beschriebene Muster: Panel messen mit verstreichender Zeit zunehmend ungenau, während sich multiple Panels einpendeln. Da im Panel mit zunehmender Zeit der Anteil an nicht repräsentierten Individuen zunimmt, kumuliert sich auch die Abweichung der Messungen mit der Zeit. „Junge" Individuen mit niedrigen Merkmalsausprägungen werden nicht Teil des Panels und können den Mittelwert nicht nach unten korrigieren. In der Folge steigt $\bar{X}_t$ im Panel im Zeitverlauf vergleichsweise zu stark an. Diese führt schließlich dazu, dass $\Delta\bar{X}$ fehlerhaft erfasst wird.

Im Fall der multiplen Panels zeigt die Analyse der Mittelwerte deutlich den Effekt der Überlappungen. Die Daten der multiplen Panels setzen sich nach einer Anlaufzeit aus mehreren Panelkomponenten zusammen. Diese sind in unterschiedlichem Maß überaltert und repräsentieren nicht mehr die Population zum jeweiligen Zeitpunkt. Im Prinzip leidet jede der aktiven Komponenten unter den gleichen Problemen wie das Paneldesign. Da die Laufzeit der Komponenten limitiert ist, bleibt die Anzahl der aktiven und überalterten Komponenten, nachdem das multiple

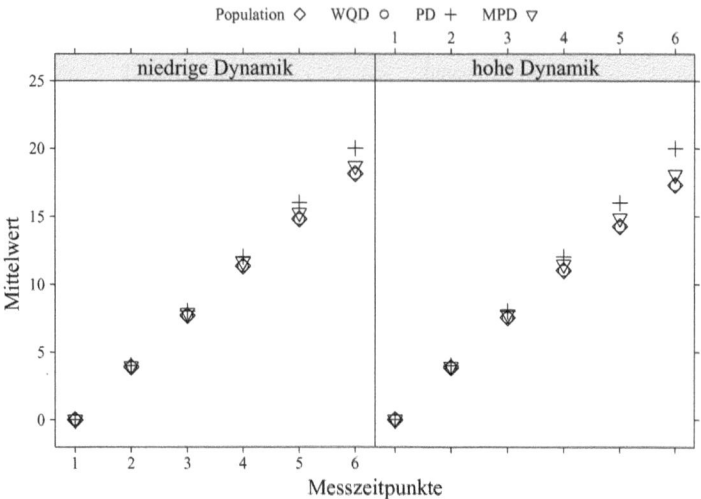

Abb. 4.5: Mittelwertschätzung der Designs bei einem linearen Alterseffekt.

Panel angelaufen ist, gleich. Aggregiert ergibt sich so eine konstante Abweichung. Konstant wird die Abweichung ab dem dritten Messzeitpunkt t_8, das heißt ab v_3. Wie beim Panel führt der erhöhte Anteil der höheren Altersgruppen zu einer Überschätzung des Wandels.

Ein Vergleich der Ergebnisse für beide dynamischen Konditionen bestätigt in diesem Fall die These, dass Dynamik für multiple sowie klassische Panels den Grad der Abweichung bestimmt. Bei Panels zeigt sich weiterhin, dass die relative Abweichung mit zunehmender Zeit unter hoher Dynamik nochmals stärker steigt. Die Erfassung sozialen Wandels durch WQDs hängt nicht vom Grad der Dynamik ab.

Nonlinearer Alterseffekt

Der Mechanismus eines nonlinearen Alterseffekts ist gleich dem eines linearen Alterseffekts: Mit zunehmendem Alter steigt oder sinkt ein Merkmal X. Im Gegensatz zum linearen Effekt ist die Form allerdings eine andere. So steigt das Merkmal beispielsweise in hohem Alter stärker an. Es ist zu erwarten, dass durch die stärkere Relevanz von spezifischen Altersgruppen in der Berechnung der Mittelwerte, und in der Konsequenz des Wandels, die Repräsentativität eine bedeutsamere Rolle spielt als im linearen Fall.

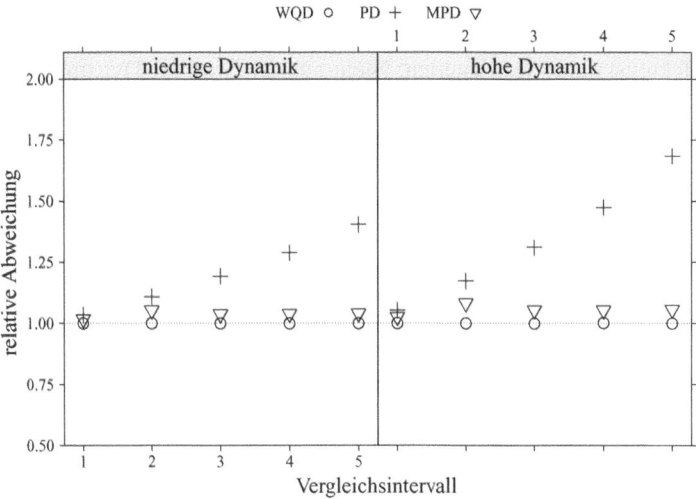

Abb. 4.6: Relative Abweichung der Designs bei einem nonlinearen Alterseffekt.

Abbildung 4.6 zeigt die relative Abweichung (*rd*) der verschiedenen Forschungsdesigns für die fünf Vergleichsintervalle. Beide dynamischen Konditionen sind
abgetragen. Auf beiden Abbildungen ist zu erkennen, dass die relative Abweichung
der erwarteten Form folgt. Panels verlieren über die Zeit an Repräsentativität und
überschätzen den Wandel immer stärker (niedrige Dynamik bis zu 40%, hohe Dynamik bis zu 68%). Je mehr Zeit vergeht, desto überalterter ist das Panel. Gerade die
älteren Individuen sind beim hier modellierten nonlinearen Alterseffekt besonders
einflussreich in der Berechnung des Wandels. Bei den multiplen Panels wird die
sinkende Repräsentativität der aktiven Panelkomponenten durch das Ende des Be-
obachtungsfensters, eine Ergänzungsstichprobe und die resultierende Überlappung
korrigiert. Nach einer Anlaufzeit bleibt die Abweichung ab t_8 (v_3) konstant bei
4% bzw. 5%. Das WQD weist durch die stetig gegebene Repräsentativität keine
Abweichung von den wahren Werten auf.

Ein Vergleich der Ergebnisse für beide dynamischen Konditionen bestätigt ebenfalls die These, dass Dynamik für multiple sowie klassische Panels den Grad der
Abweichung bestimmt. Bei Panels zeigt sich weiter, dass die relative Abweichung
mit zunehmender Zeit unter hoher Dynamik nochmals stärker steigt. Die Erfassung
sozialen Wandels durch WQDs hängt nicht vom Grad der Dynamik ab.

Vergleicht man den linearen mit dem nonlinearen Alterseffekt, wird deutlich,
dass trotz gleicher Repräsentativität in beiden Konditionen bei nonlinearer Operationalisierung eine stärkere Abweichung vorliegt. Durch den stärkeren Einfluss

bestimmter Altersgruppen (hier der älteren) wird der Grad des analytischen Potentials zur Erfassung von Wandel der verschiedenen Designs beeinflusst. Für die beiden
Alterseffekte ist daher festzustellen: Nicht nur der Grad der Dynamik bestimmt,
wie gut ein Design geeignet ist, Wandel zu erfassen, sondern auch wie das Merkmal
mit dem Alter der erfassten Individuen zusammenhängt.

Die Erfassung des Wandels, der durch einen Alterseffekt gesteuert wird, gelingt
in den untersuchten Konditionen am besten mit wiederholten Querschnitten. Multiple Panels sind in der Lage, mit einer gewissen konstanten Abweichung die hier
modellierten Alterseffekte zu erfassen, und erreichen dabei eine Güte, die nahe am
Referenzdesign (WQD) liegt. Das setzt allerdings auch voraus, dass das Design
erstmal angelaufen sein muss. Panels weisen dagegen eine deutliche Abweichung
auf, die sich mit der Zeit verstärkt. Was betont, wie wichtig Auffrischungsstichproben sind, wenn Paneldesigns wirklich eingesetzt werden sollen, um sozialen
Wandel zu bestimmen.

4.2.2 Periodeneffekte

Den Zusammenhang eines Merkmals x_i mit der Zeit t bezeichnet man als Periodeneffekt. Alle Individuen, die zurzeit Teil der Population sind, erfahren den Effekt,
unabhängig davon, wie alt sie sind. Periodeneffekte können historische Ereignisse
sein, deren Einfluss Individuen betrifft, die dem historischen Ergebnis ausgesetzt
sind und es erleben. Zum Beispiel führte das Reaktorunglück in Fukushima bei
zeitgleich durchgeführten Umfragen zu einer erhöhten Perzeption von Kernkraft
als wichtiges Problem der Gesellschaft (Bieber und Scherer, 2014).

In der Simulation ist ein diskreter Periodeneffekt für ein Merkmal implementiert.
Zu den Zeitpunkten $t_2, t_5, t_8, t_{11}, t_{14}, t_{17}$ und t_{20} erfahren die Individuen der jeweiligen Population einen Merkmalswandel. Abbildung 4.7 zeigt einen Zeitstrahl über
die gesamte Simulation, mit Messzeitpunkten, Vergleichsintervallen und Periodeneffekten. Alle Individuen erhalten den gleichen Startwert, auch neu eintretende

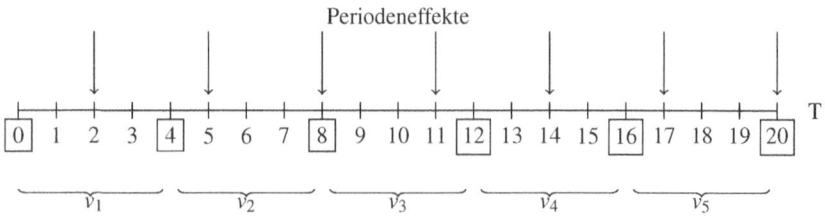

Abb. 4.7: Zeitkonzept der Simulation mit Periodeneffekten.

Individuen. Das Merkmal wird also so operationalisiert, dass die Population die Veränderung nicht an Neugeborene weitergibt. Es mag sein, dass bspw. periodische Anstiege des generellen Erwerbsniveaus auch für nachrückende Erwerbspersonen gelten, das bedeutet, sie profitieren durch erhöhte Einstiegsgehälter von vorangegangenen generellen Lohnerhöhungen. Allerdings liegt in einem solchen Fall weniger Gewicht auf dem Ereignis des Effekts. Individuen verpassen das Ereignis, sind aber dennoch vom Effekt betroffen. Aus diesem Grund werden hier stets gleiche Startwerte vergeben.

Durch die unterschiedlichen Schritte der Intervalle enthalten die verschiedenen Vergleiche in unterschiedlichem Maß Periodeneffekte. So tritt in v_2 zweimal Wandel auf (zu t_5 und t_8), während in v_3 nur einmal Wandel stattfindet (zu t_{11}), dafür allerdings recht spät im Intervall. Der Periodeneffekt ist mit der folgenden Funktion umgesetzt:

$$x_{it} = \begin{cases} x_{it-1} + 10 + \varepsilon & \text{für } t \in \{2,5,8,11,14,17,20\} \\ x_{it-1} + \varepsilon & \text{für Rest.} \end{cases}$$

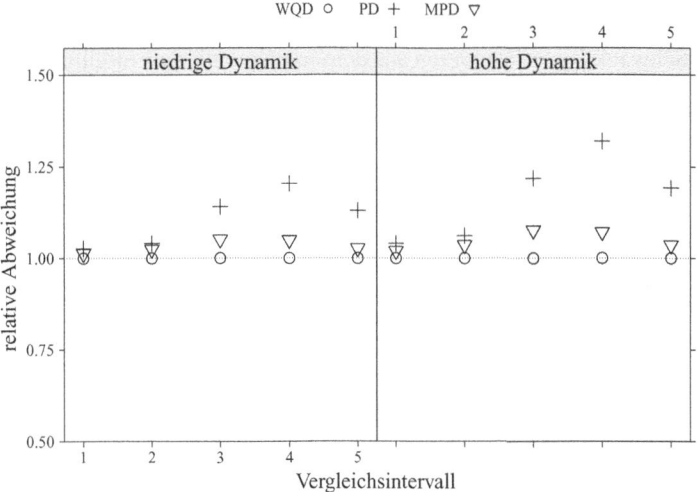

Abb. 4.8: Relative Abweichung der Designs bei einem diskreten Periodeneffekt.

Die relativen Abweichungen schwanken für Panels und multiple Panels drastisch über die Zeit (Abbildung 4.8), während das Referenzdesign für sozialen Wandel (WQD) keine Abweichung anzeigt. Bei beiden Forschungsdesigns ist ein kurvilinearer Verlauf festzustellen, im Fall der Panels aber wesentlich ausgeprägter. Auch hier liegt die Erklärung in der nicht an Neueintritte angepassten Stichprobe der Panels. In der Population wirkt sich ein diskreter Periodeneffekt, der zwischen zwei Messzeitpunkten auftritt, lediglich auf die Individuen aus, die bis dahin der Population beigetreten sind. Neueintritte, die später erfolgen, erfahren keinen Wandel. Tritt recht früh im Vergleichsintervall ein Periodeneffekt auf, zum Beispiel zu t_1 in $v_1([t_0,t_4])$, erfahren die Fälle, die zwischen t_2 und t_4 in die Population eintreten, den Periodeneffekt nicht. Im Panel sind dagegen alle Individuen vom Periodeneffekt betroffen. Die Messung berücksichtigt also nicht die Wirkung eines, im Intervall früh oder spät auftretenden, Periodeneffekts. So schwankt für die Panel der gemessene mittlere Wandel pro Periodeneffekt um 10, wie Tabelle 4.2 darstellt. In Vergleichsintervallen mit zwei Periodeneffekten beträgt der durchschnittlich geschätzte Wandel entsprechend 20. Wie die Populationswerte im Vergleich zeigen, ist der wahre Wandel, bedingt durch unbeeinflusste Neueintritte, niedriger. Beim multiplen Panel ist in den beiden älteren Panelkomponenten der gleiche Effekt zu beobachten. Die neue Panelkomponente sorgt im Zusammenspiel aber dafür, dass die Verzerrung reduziert wird und die multiplen Panel auch beim diskreten Periodeneffekt eine Position zwischen WQD und Panels hinsichtlich der relativen Abweichung des gemessenen Wandels zu den Populationswerten einnehmen. Die zu jedem Messzeitpunkt gegebene Repräsentativität der WQDs hat zur Folge, dass der Wandel korrekt geschätzt wird und die relative Abweichung konstant auf 1 liegt. Leichte Schwankungen resultieren aus dem implementierten zufälligen Störterm der Simulation.

Tabelle 4.2: Wandel des Periodeneffekts in den Vergleichsintervallen.

Vergleichs-intervall	Population	WQD	PD	MPD
niedrige Dynamik				
v_1	9,74	9,74	10,00	9,87
v_2	19,22	19,22	20,00	19,68
v_3	8,77	8,77	10,00	9,22
v_4	8,31	8,31	10,00	8,71
v_5	17,71	17,71	20,00	18,17
hohe Dynamik				
v_1	9,61	9,61	10,00	9,80
v_2	18,84	18,85	20,00	19,52
v_3	8,21	8,21	10,00	8,83
v_4	7,58	7,59	10,00	8,12
v_5	16,79	16,79	20,00	17,39

Im Vergleich zwischen niedriger und hoher Dynamik fällt, wie schon bei den Alterseffekten, eine erhöhte relative Abweichung für klassische und für multiple Panels auf, wenn die Fertilität zunimmt. Treten mehr Individuen in die Population ein, nimmt auch die Anzahl an Individuen zu, die in einem Vergleichsintervall eintreten, allerdings keinen Periodeneffekt erfahren. Der soziale Wandel innerhalb der Population ist unter hoher Dynamik geringer als unter niedriger. Während $\Delta\bar{X}$ bspw. in v_3 unter niedriger Dynamik einen Wert von durchschnittlich 8,77 annimmt, beträgt der soziale Wandel unter hoher Dynamik durchschnittlich 8,21. Hier scheiden vermehrt Individuen aus bzw. es treten vermehrt Individuen in die Population ein, folglich steigt die Zahl der Menge derer, die in einem Intervall keinen Periodeneffekt erfahren und zu einem geringeren Mittelwert beitragen. Die Messungen des Wandels durch Panels bleiben auf gleichem Niveau wie unter niedriger Dynamik, da hier stets alle berücksichtigten Individuen den Periodeneffekt erfahren. Da $\Delta\bar{X}_{PD}$ in beiden Konditionen gleich ist, $\Delta\bar{X}_{Pop}$ aber sinkt, steigt die relative Abweichung im Vergleich. Im Fall der multiplen Panels zeigt sich ein partiell ähnlicher Effekt: Durch die innerhalb einer Panelkomponente berücksichtigten Neueintritte ist $\Delta\bar{X}_{MPD}$ unter hoher Dynamik leicht geringer als unter niedriger. Die Differenz entspricht allerdings nicht dem Unterschied der wahren Populationswerte zwischen den Konditionen. Auch hier ergibt sich unter hoher Dynamik eine erhöhte Abweichung. Wiederholte Querschnitte erfassen den Periodeneffekt am besten, es lassen sich mit Ausnahme des Störterms keine Abweichungen zwischen niedriger und hoher Dynamik feststellen.

Treten diskrete Periodeneffekte, das heißt periodische Schocks, auf, sind wiederholte Querschnitte am besten geeignet, den sozialen Wandel zu erfassen. Klassische Panels zeigen eine Überschätzung des Wandels durch die mangelnde Möglichkeit, Populationsveränderungen zu berücksichtigen. Im Gegensatz zu den beiden Alterseffekten kumuliert sich die Verzerrung allerdings nicht über die Zeit, sondern ist spezifisch für jedes Vergleichsintervall. Die multiplen Panels sind in der Lage, die Schwäche der Panels etwas abzumildern, und weisen in geringerem Umfang Verzerrung auf als die PDs. Die Berücksichtigung neuer Panelkomponenten korrigiert die Verzerrung. Die Dynamik einer Population determiniert allerdings sowohl das Ausmaß der Abweichung von Panels als auch multipler Panels vom wahren Populationswert.

4.2.3 Kohorteneffekte

Hängt ein Merkmal x_i mit der Kohorte des Individuums zusammen, spricht man von einem Kohorteneffekt. Kohorten werden in der Regel über das Geburtsjahr bestimmt. Unterschiede zwischen Kohorten finden sich beispielsweise im Bildungsniveau. Da über die Zeit das Wissen zunimmt, wird immer spezielleres Wissen an Schüler vermittelt. Der allgemeine Grad der Bildung nimmt also über die Kohorten zu. Dies ist unabhängig vom Zugewinn des persönlichen Wissens durch Lernen mit der Zeit — einem klaren Alterseffekt. In der Simulation ist ein reiner Kohorteneffekt als Niveauunterschied zwischen verschiedenen Jahrgängen implementiert. Die einzelnen Kohorten entsprechen Gruppen von 10 Altersjahren. Handelt es sich um eine alte Kohorte, ist ihr Merkmalsniveau höher als bei jungen Kohorten.

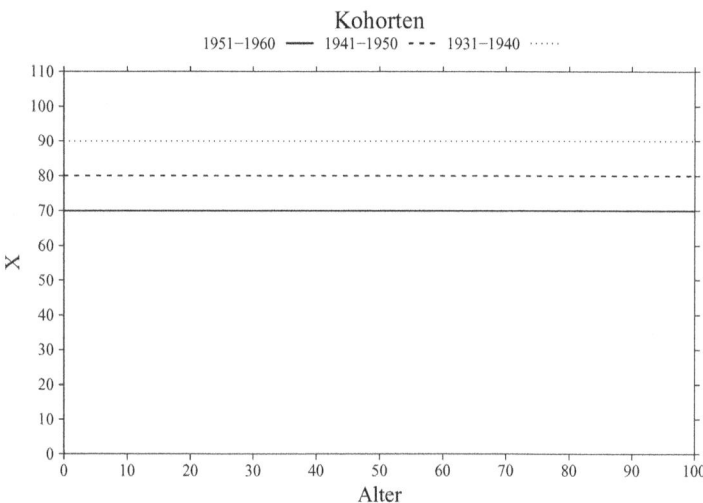

Abb. 4.9: Exemplarischer Verlauf eines Kohorteneffekts für sechs Geburtskohorten.

In der Simulation sind Kohorteneffekte mit folgender Funktion implementiert, ältere Kohorten erhalten dabei einen höheren Wert in der Variablen *kohorte*, jüngere einen niedrigeren:

$$x_{it} = \begin{cases} kohorte_i \times 10 & \text{für } t = 0 \\ x_{it-1} + \varepsilon & \text{für } t > 0. \end{cases}$$

Eine exemplarische Darstellung für Individuen aus drei Kohorten ist in Abbildung 4.9 gegeben. Was einen reinen Kohorteneffekt ausmacht, ist der graduelle Unterschied in der Merkmalsausprägung — unabhängig vom zunehmenden Alter der Individuen.

Abbildung 4.10 zeigt die relative Abweichung der Designs im Zeitverlauf unter niedriger und hoher Dynamik. Im Gegensatz zum Alters- und Periodeneffekt ist hier eine deutliche Unterschätzung des Wandels zu beobachten — sowohl bei

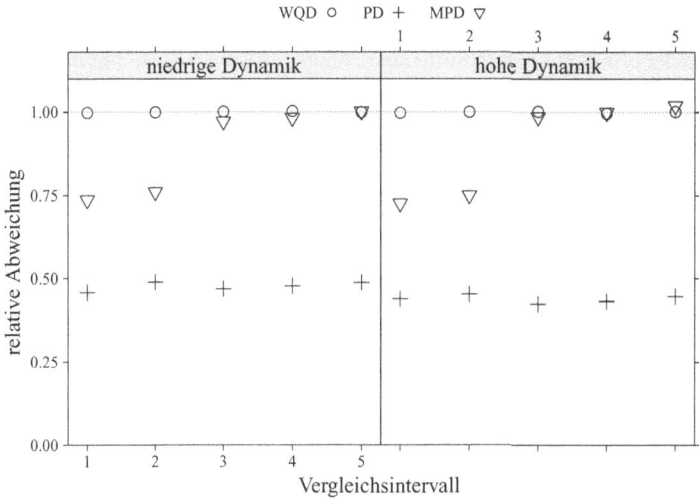

Abb. 4.10: Relative Abweichung der Designs bei einem Kohorteneffekt.

klassischen als auch bei multiplen Panels. Da es beim simulierten Kohorteneffekt mit Ausnahme eines zufälligen Fehlers keine Veränderung innerhalb der Individuen über die Zeit gibt, würde sich ohne Fertilität und Mortalität das Populationsmittel nicht verändern. Kohortensukzession ist hier die einzige Quelle von Wandel. Durch die fehlende Auffrischung der Panelstichprobe wird die, ab t_1 neu in die Population eintretende, Kohorte nicht im Panel erfasst. Der im Panel gemessene Wandel schwankt daher sehr gering. Die in Abbildung 4.11 abgetragenen sechs Mittelwerte über die gesamte Beobachtungsdauer bestätigen die Interpretation. Im Gegensatz zu den anderen Designs sinken die mit Paneldaten geschätzten Mittelwerte nur leicht über die Zeit. In der Population treten dagegen recht homogen neue Individuen ein, wie die bereits gezeigten Altersverteilungen deutlich machen. Entsprechend ist auch hier der Wandel auf einem konstanten Niveau. In der Konsequenz unterschätzen die Panels den tatsächlich stattfindenden Wandel erheblich, wenn man diesen relativ zur Population setzt. Demgegenüber gelingt es, diese Schwäche des Panels mit multiplen Panels etwas abzumildern. Nach drei Messungen pendelt sich die relative Abweichung bei v_3 ein und verbleibt auf konstantem Niveau. Interessant ist, dass ab diesem Vergleichsintervall nur noch geringfügige Unterschiede zwischen multiplen Panels und wiederholten Querschnitten festzustellen sind. Da zu den späteren Zeitpunkten schon eine gewisse Menge an Individuen der jüngsten Kohorte im MPD enthalten sind, wird die Überalterung der aktiven Panelkomponenten etwas korrigiert. So liegt der durchschnittliche Mittelwert im MPD zu t_{20} unter niedriger Dynamik bei 61,23 (hoch: 58,16), beim WQD etwas niedriger bei 59,70 (55,17). Wie der Mittelwertvergleich zeigt und die relative Abweichung bestätigt, sind die wiederholten Querschnitte erwartungsgemäß am besten in der Lage, den Kohorteneffekt zu messen. Dennoch zeigt sich auch hier, dass die multiplen Panels sich — nach einer Anlaufzeit — dem Idealtyp zur Erfassung von sozialem Wandel annähern können.

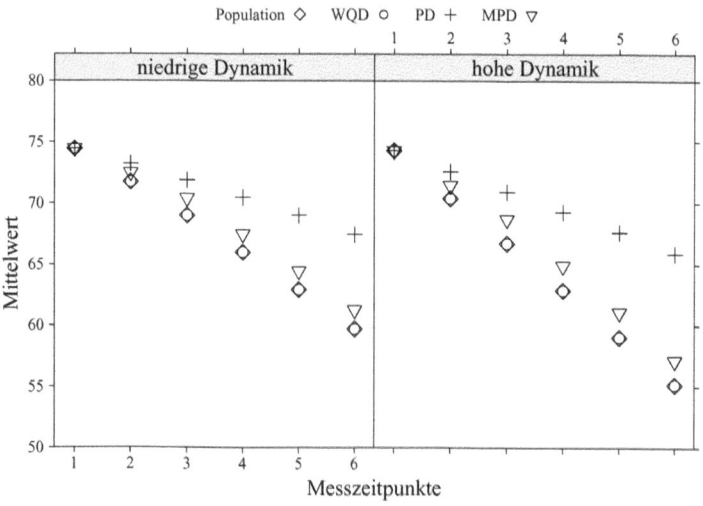

Abb. 4.11: Mittelwerteschätzung der Designs bei einem Kohorteneffekt.

Das diskutierte Muster der relativen Abweichung zeigt sich in beiden Konditionen der Dynamik. Durch die erhöhte Fertilität in hoher Dynamik nimmt auch der Anteil an Neueintritten in die Population zu. Das führt zu einer niedrigeren relativen Abweichung der Panels. Da hier gilt $\Delta \bar{X}_{PD} \sim 0$ und im Fall hoher Dynamik der Wandel in der Population im Vergleich zu niedriger Dynamik erhöht sein sollte, steigt der Nenner in der Berechnung von rd. Die relative Abweichung ist im Fall des Panels kleiner. Unter hoher Dynamik wird der Wandel noch stärker unterschätzt als unter niedriger Dynamik. Eine stärkere Unterschätzung findet sich in sehr geringem Umfang bei v_1 und v_2 der multiplen Panels. Der modellierte Kohorteneffekt scheint nicht salient genug, um gegen die Wirkung der Überlappung zu bestehen.

WQDs erfassen den durch Kohorteneffekte gesteuerten Wandel am besten. Klassische Panels sind nicht in der Lage, die simulierte Kohortensukzession zu berücksichtigen. Systematische Unterschätzung des Wandels ist die Folge. Multiple Panels sind dagegen geeignet, den Wandel nach einer Anlaufzeit beinahe so gut wie

WQDs zu erfassen. Dieser Zustand wird allerdings erst erreicht, wenn die gleiche Anzahl an Panelkomponenten gleichzeitig im Feld ist (ab v_3).

4.2.4 Kombinationen der Effekte

Das Auftreten reiner Alters-, Perioden- oder Kohorteneffekte ist in der Realität unwahrscheinlich. Es ist anzunehmen, dass verschiedene Effekte des Zeitkontexts gemeinsam mit weiteren Drittvariablen die Merkmalsveränderung beeinflussen. Durch die Möglichkeit, Stärke, Art und Richtung der Kombination zu variieren, ergibt sich eine theoretisch infinite Menge an Kombinationen. Aus diesem Grund werden drei Wirkungsprinzipien von Kombinationen anhand exemplarisch simulierter Merkmale erläutert: zum Ersten die generelle Wirkung von Kombinationen. Hier wird dargestellt, wie sich das Zusammenspiel zweier oder mehrerer Effekte auf das analytische Potential von Forschungsdesigns auswirkt. Zum Zweiten die Absorbtions- und Multiplikatorwirkung von mehreren Effekten. Es wird gezeigt, dass Effekte sich nicht notwendigerweise verstärken, sondern sich auch gegenseitig negieren können. Zum Dritten stellt sich die Frage, in welcher Art und Weise Effekte kombiniert werden. Daher werden verschiedene funktionale Verbindungen zwischen mehreren Effekten untersucht.

Kombinationswirkung: Linearer Alterseffekt mit Periodeneffekten

Grundsätzlich ist davon auszugehen, dass Alters-, Perioden- und Kohorteneffekte nicht separiert voneinander auftreten. Üblicherweise treten kombinierte Effekte auf. Ein einfaches Beispiel für die Kombination zweier Effekte stellt das Wahlverhalten in einem Elektorat über die Zeit dar. So zeigen Analysen eine zunehmend konservative Haltung mit steigendem Alter (Truett, 1993). Gleichzeitig ergeben sich allerdings Unterschiede in Wertorientierungen zwischen Kohorten (Klein und Pötschke, 2004). Gerade in der Entwicklung der grünen Programmatik spiegelt sich die Kombination beider Effekt wider: Die vormals durchaus revolutionäre Anti-Partei wandelt sich zu einer etablierten Partei der Bürgerschaft (Haas, 2005), die dennoch weiterhin jüngere, eher postmaterialistische, Wähler anspricht. Probst (2007) weist in einer Analyse der Partei auf die Verbindung von Alters- und Kohorteneffekt hin: „Junge und gebildete Menschen gehörten und gehören zu ihrer bevorzugten Klientel" (Probst, 2007, S. 186) — in der Entwicklung der Partei „vollzog sich allerdings eine erhebliche Fluktuation der Mitglieder- und Wählerschaft, die inzwischen leicht ergraut ist, politisch in die Mitte vorrückt und überwiegend aus gesellschaftlichen Leistungsträgern besteht" (Probst, 2007, S. 187). Entsprechend stellt Weßels (2011, S. 112) 2009 eine Überrepräsentation von jüngeren gebildeten Wählern bei den Grünen fest, während Langguth (2004, S. 142) 2002 die Kernwählerschaft im Alter von 35 bis 45 identifiziert.

Die Beurteilung der Grünen kann dazu dienen, nicht nur eine Kombination von Alters- und Kohorteneffekten, sondern auch von Alters- und Periodeneffekten zu veranschaulichen. Wie bereits dargelegt, trägt die Programmatik der Partei durchaus dem Alterseffekt einer zunehmend konservativen Einstellung ihrer Anhängerschaft Rechnung. Gleichzeitig führen ökologische Unglücke, beispielsweise der Zwischenfall des Atomkraftwerks Fukushima, zu veränderten Wahrnehmungen der Partei. Umweltpolitik (d.h. die Kernkompetenz der Grünen) wird in zeitlicher Nähe zu solchen Geschehnissen als wichtiger wahrgenommen gegenüber Zeitpunkten, an denen andere Themen im Fokus der öffentlichen Aufmerksamkeit stehen (Bieber und Scherer, 2014).

Exemplarisch werden der bereits vorgestellte lineare Alterseffekt mit dem ebenfalls analysierten Periodeneffekt kombiniert. Der modellierte Effekt entspricht:

$$x_{it} = \begin{cases} x_{it-1} + \Delta alter_i + 10 + \varepsilon & \text{für } t \in \{2,5,8,11,14,17,20\} \\ x_{it-1} + \Delta alter_i + \varepsilon & \text{für Rest.} \end{cases}$$

Zur Kontrolle der Kombination ist in Abbildung 4.12 der geschätzte soziale Wandel der verschiedenen Vergleichszeitpunkte als Punkt im Fall des kombinierten Effekts abgetragen. Die Balken stellen dagegen die in den Abschnitten 4.2.1 (Alterseffekt) und 4.2.2 (Periodeneffekt) diskutierten Veränderungen dar. Wie sich zeigt, entspricht die Summe der separaten Effekte in diesem Fall exakt dem kombinierten Effekt. Fälle, in denen eine kumulative Kombination nicht möglich ist, werden weiter unten diskutiert.

Eine Analyse der relativen Abweichung der verschiedenen Designs zeigt eine ähnliche Form wie bereits beim Periodeneffekt (Abbildung 4.13). Dies ist nicht weiter verwunderlich, schließlich geht der Periodeneffekt bei Auftreten stärker in den sozialen Wandel ein als der Alterseffekt zu einem einzelnen Zeitpunkt. Die Ergebnisse der relativen Abweichungen folgen den Befunden der einzelnen Effekte: Wiederholte Querschnitte stellen die Referenz zur Erhebung von sozialem Wandel dar, während Paneldesigns gerade im Zeitverlauf deutliche Verzerrungen (niedrige Dynamik: max. 19%, hohe Dynamik: max. 29%) aufweisen. Multiple Panels sind in der Lage, die Verzerrung auf ein vergleichsweise geringes Niveau zu reduzieren (max. 5% resp. 7%).

In diesem Fall ist es aufschlussreich, die Differenz zwischen dem durch die Designs beobachteten und dem tatsächlichen Wandel zu untersuchen. Tabelle 4.3 zeigt die Werte für die bereits vorgestellten reinen linearen Alters- und Periodeneffekte sowie den hier simulierten kombinierten Effekt. Erstens entsprechen die Summen der Abweichungen bei den individuellen Effekten der Kombination, was den kumulativen Charakter der Effekte zeigt. Zweitens machen die Befunde deutlich, dass

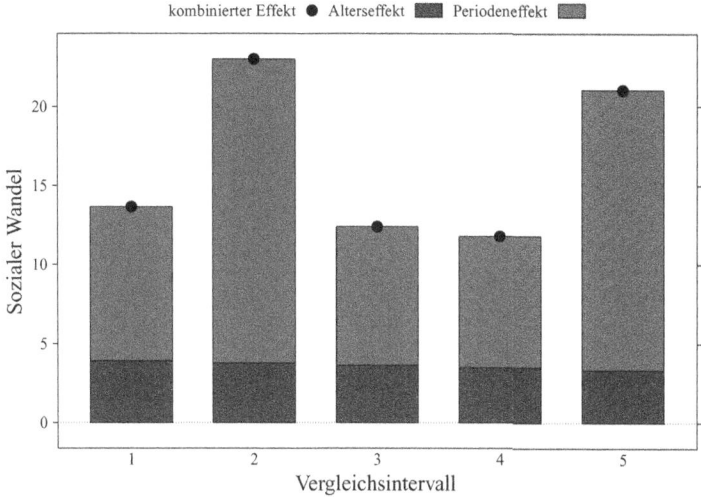

Abb. 4.12: Kombination eines linearen Alterseffekts mit einem diskreten Periodeneffekt.

das analytische Potential sich ändert, wenn mehrere Determinanten gleichzeitig auftreten.

Absorptions- und Multiplikatorwirkung von Kombinationen: Linearer Alterseffekt mit Kohorteneffekten

Neben einem kumulativen Effekt, wie er oben gezeigt wird, ist denkbar, dass mehrere Effekte auftreten und sich in ihrer Wirkung gegenseitig ganz oder teilweise aufheben. Eine solche Kombination hat Absorptionswirkungen. Auch hier kann der Wahlforschung ein Beispiel zur Illustration entliehen werden: Die SPD als eine der beiden alten Volksparteien besitzt eine Anhängerschaft, die sich vermehrt aus Wählern älterer Kohorten zusammensetzt. Jüngere Kohorten neigen im Vergleich nicht mehr so stark den beiden großen Parteien zu, sondern verteilen sich etwas homogener auf die restliche Parteienlandschaft. Die Sympathie für die SPD oder die Entscheidung, sie auch zu wählen, kann daher teilweise über einen Kohorteneffekt erklärt werden, auch wenn hier natürlich weitere Gründe *kausal* sein mögen (z.B. Klassenzugehörigkeit). Dem steht die Entwicklung konservativerer Haltungen mit zunehmendem Alter gegenüber. Verteidigung der eigenen sozialen Position und des materiellen Wohlstands gewinnen zunehmend an Bedeutung. Setzt die SPD nun auf idealtypisch sozialdemokratische Themen, wie den Abbau sozialer Ungleichheit,

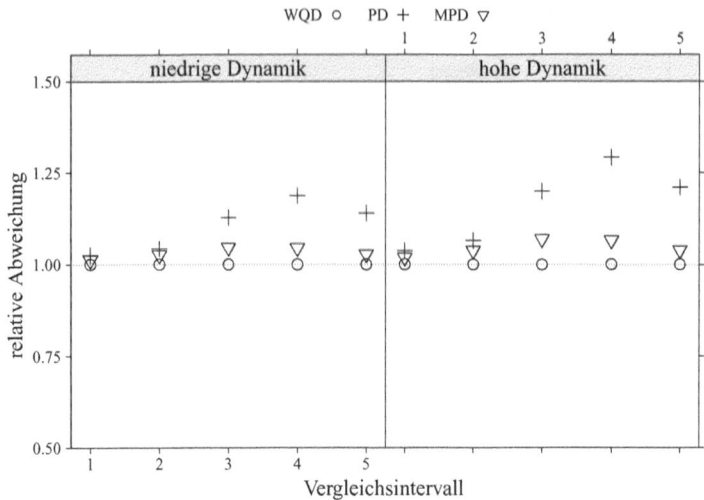

Abb. 4.13: Relative Abweichung der Designs bei einem linearen Alterseffekt und diskretem Periodeneffekt.

stehen sie vor dem Dilemma, dass die treue Anhängerschaft der älteren Kohorten hier Reibungspunkte findet, denn schließlich ist der Grad an Konservatismus gerade in dieser Gruppe am höchsten. Die Zugehörigkeit zu einer älteren Kohorte hat also einen positiven Effekt auf die Wahrscheinlichkeit, die SPD zu wählen, das zunehmende Alter dagegen einen vermeintlich negativen.

Um Absorptionswirkungen in der Simulation zu untersuchen, ist eine Kombination des linearen Alterseffekts und des Kohorteneffekts (beide oben besprochen) implementiert. Umgesetzt ist er wie folgt:

$$x_{it} = \begin{cases} kohorte_i \times 10 & \text{für } t = 0 \\ x_{it-1} + \Delta alter_i + \varepsilon & \text{für } t > 0. \end{cases}$$

Für den separaten Kohorteneffekt konnte ein leicht monoton negativer Verlauf nachgewiesen werden (vgl. Abschnitt 4.2.3, Abbildung 4.11). In Verbindung mit einer positiven Steigung durch den Alterseffekt ist nicht auszuschließen, dass die Veränderung sich auf einem sehr geringen Niveau bewegt. Um aussagekräftige Schlüsse ziehen zu können, bietet es sich an, auf die Mittelwerte der Populationen zurückzugreifen und den Fokus weniger auf die relativen Abweichungen zu legen. Gerade die relativen Abweichungen sind ein Indikator, der sehr sensitiv reagiert, wenn geringfügige Abweichungen verglichen werden, die sich im Bereich der Störgröße bewegen. Gilt beispielsweise $E(\bar{X}) = 0$ für einen Zeitpunkt t und die

Tabelle 4.3: Absolute Abweichung der Designs bei einem linearen Alterseffekt mit diskretem Periodeneffekt.

Vergleichs-intervall	linearer Alterseffekt	Perioden-effekt	Kombination
WQD			
v_1	0,000	0,001	0,001
v_2	-0,001	-0,002	-0,002
v_3	0,000	-0,001	-0,001
v_4	0,001	0,003	0,004
v_5	0,001	0,002	0,002
PD			
v_1	-0,086	-0,257	-0,342
v_2	-0,225	-0,778	-1,002
v_3	-0,369	-1,229	-1,598
v_4	-0,516	-1,691	-2,207
v_5	-0,678	-2,289	-2,966
MPD			
v_1	-0,042	-0,126	-0,168
v_2	-0,131	-0,462	-0,593
v_3	-0,133	-0,445	-0,578
v_4	-0,130	-0,403	-0,533
v_5	-0,130	-0,463	-0,593

Population, bedingt durch ε, weist $\bar{X} = 0,001$ auf, das Paneldesign misst dagegen, ebenfalls aufgrund von ε, $\bar{X} = 0,022$, würde *rd* auf eine 11-fache Abweichung hindeuten. Folglich bietet sich hier ein anderer Indikator an.

Die Mittelwerte der Population und der designbasierten Messungen zu den Zeitpunkten $t_0, ..., t_{20}$ sind in Abbildung 4.14 abgetragen. Im linken Teil der Grafik sind die Verläufe für die Kondition niedriger Dynamik, im rechten Teil für hohe Dynamik abgetragen. Die Simulation zeigt einige erstaunliche Ergebnisse.

Erstens wird die Bedeutung der Dynamik für Alters-, Perioden- und Kohorten-effekte deutlich. Unter niedriger Dynamik kommt es durch zu geringe natürliche Bevölkerungsbewegung zu einem zunehmenden Populationsmittel. Das bedeutet, der Kohorteneffekt wird durch einen stärkeren Alterseffekt überlagert. Zu wenige Individuen mit hohen Ausprägungen (aus alten Kohorten) sterben und zu wenige Individuen mit geringen Ausprägungen (aus jungen Kohorten) kommen nach, um dem Alterungseffekt entgegenzuwirken. Ganz anders stellt sich der Verlauf unter hoher Dynamik dar: Der erhöhte Austausch der Individuen führt nicht nur dazu, dass sich Alters- und Kohorteneffekt einfach absorbieren, sondern sich $\bar{X}$ leicht negativ entwickelt. Genug alte Individuen verlassen die Population und genug neue treten ein, um den Mittelwert im Zeitverlauf tatsächlich sinken zu lassen.

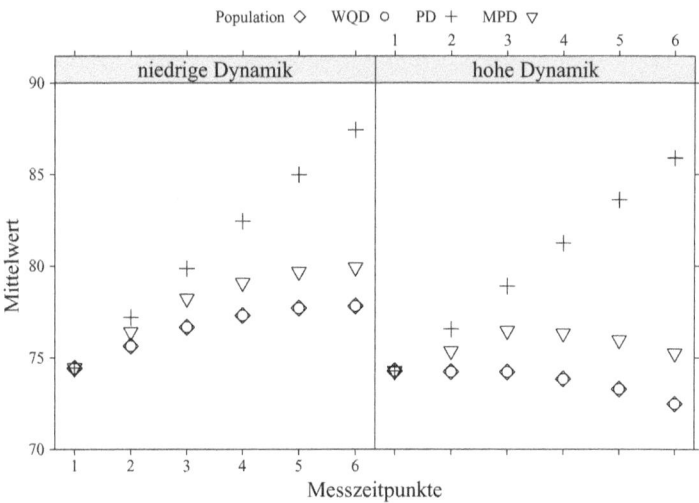

Abb. 4.14: Mittelwertschätzung der Designs bei einem linearen Alterseffekt mit Kohorteneffekt.

Zweitens zeigt sich abermals der Vorteil des WQD mit stetigem Sampling, wenn es darum geht, sozialen Wandel im Zeitverlauf zu erfassen. Die Messungen des WQD entsprechen hier den wahren Mittelwerten der Population. Ursächlich sind die wiederholten Stichprobenziehungen des Designs. Hierdurch wird zu jedem Zeitpunkt eine genaue Darstellung der Zielpopulation erreicht. Ebenfalls die korrekte Verlaufsrichtung erfasst das MPD. Im Vergleich zum WQD fällt eine gewisse Fehlmessung auf, die durch die Überlappung der Panelkomponenten zu erklären ist. Ältere Teilnehmer sind im MPD überrepräsentiert und beeinflussen somit die geschätzten Mittelwerte nach oben.

Drittens ist der Verlauf der geschätzten Mittelwerte im PD zu nennen. Sowohl unter niedriger als auch hoher Dynamik ist die Steigung positiv. Im Vergleich zu WQD und MPD ist das PD nicht in der Lage, den abnehmenden Verlauf der Population zu erfassen. Dies ist durch die mangelhafte Kontrolle der Kohortensukzession (d.h. des Kompositionseffekts) zu erklären. Die Individuen, die Teil des Panels sind, werden zunehmend älter. Der Alterseffekt kann ganz normal einfließen. Die neu in die Population eintretenden Fälle bleiben allerdings gänzlich unberücksichtigt. Im Vergleich beider Konditionen fällt daher auch nur ein kleiner Unterschied zwischen den Messungen der PDs auf: Unter hoher Dynamik sind $\bar{X}_t$ etwas geringer. Ursächlich ist die höhere Mortalität älterer Individuen, die damit unter hoher Dynamik weniger in $\bar{X}$ eingehen.

Zusammenfassend zeigt sich, dass Kombinationen nicht nur rein kumulativ wirken können, sondern auch von Absorptionswirkungen auszugehen ist. Dabei gilt stets eine Kombination der Stärken und Schwächen der longitudinalen Designs bei der Messung der separaten Effekte. Ein Panel misst nur den Alters- und nicht den Kohorteneffekt, bildet den Wandel daher unzureichend ab. Die multiplen Panels sind in der Lage, die Schwäche des Panels abzumildern und den korrekten Trend des sozialen Wandels abzubilden, ähnlich den Befunden der wiederholten Querschnitte.

Wirkung der Kombinationsfunktion: Linearer Alterseffekt, moderiert durch Kohorteneffekte

Nach Kombinations- und Absorptionseffekten bleibt die Frage, in welcher Form die funktionale Verbindung in einer Kombination einen Einfluss auf das analytische Potential von Designs haben kann. Bisher wurde stets eine simple Addition der Effekte als funktionale Verbindung angenommen. Denkbar sind allerdings auch andere Verbindungen, beispielsweise im Stil eines moderierenden Effekts, multiplikativer Wirkungen oder anderer Zusammenhänge. Ein anschauliches Beispiel in diesem Kontext ist ein Moderatoreffekt der Kohorten auf einen linearen Alterseffekt. Konkret umgesetzt wird dies in der Simulation durch einen linearen Alterseffekt, der nur für bestimmte Kohorten eintritt. Alle anderen Kohorten erfahren keine Veränderung mit Ausnahme eines zufälligen Störterms. Der simulierte Effekt ist spezifiziert als:

$$x_{it} = \begin{cases} x_{it-1} + \Delta alter_i + \varepsilon & \text{für } kohorte_8, ..., kohorte_{13} \\ x_{it-1} + \varepsilon & \text{für } kohorte_1, ..., kohorte_7. \end{cases}$$

Die ältesten sechs von insgesamt 13 Kohorten erfahren einen Alterseffekt, die restlichen Kohorten bleiben stabil. Der Verlauf sollte etwa dem eines separaten Alterseffekts folgen. Durch die geringe Anzahl an betroffenen Individuen ist allerdings ein geringeres Populationsmittel zu erwarten. Aus Vergleichsgründen bietet sich hier sowohl ein Blick auf die geschätzten Mittelwerte als auch auf den Indikator rd an.

Abbildung 4.15 zeigt den erwartet positiven Verlauf der Mittelwerte für die Populationen und Designs. Im Vergleich der beiden Konditionen liegt $\bar{X}$ im Schnitt niedriger für hohe Dynamik. Die Modellierung des Effekts hat zur Folge, dass ältere Kohorten höhere Merkmalsausprägungen aufweisen als jüngere. Durch die zunehmende Mortalität bei hohem Alter sinkt der Mittelwert mit voranschreitender Laufzeit der Simulation ab. Die absolute Höhe der Effekte liegt ebenfalls (wie erwartet) unter den Mittelwerten eines separaten Alterseffekts. Alle Designs tragen dem Rechnung. Sowohl Richtung als auch Niveauunterschied werden zwischen den beiden Konditionen tendenziell richtig erfasst. Wie beim Alterseffekt nähert sich das WQD dem wahren Wert am besten an, es folgt das MPD und danach

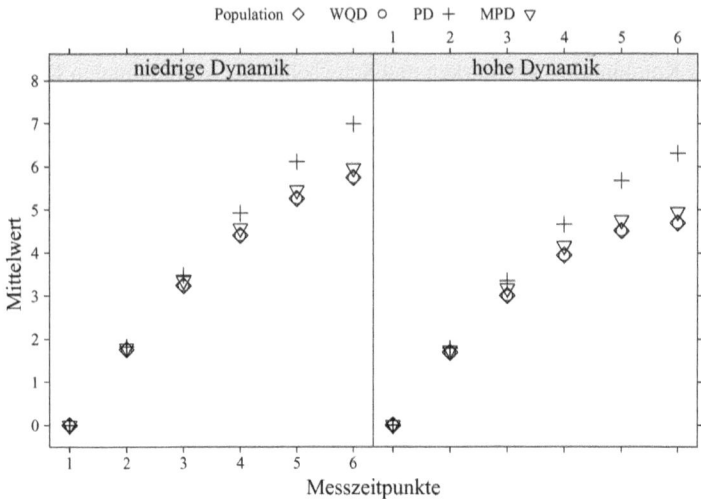

Abb. 4.15: Mittelwertschätzung der Designs bei einem linearen Alterseffekt mit moderierendem Kohorteneffekt.

das PD. Die Verzerrungen von MPD und PD liegen auch hier in der Überlappung beim MPD und in der mangelnden Fähigkeit, Fertilität zu berücksichtigen, beim PD. Die Mittelwerte sind zwar geeignet, diesen grundlegenden Befund zu liefern, eine Aussage, ob die funktionale Verbindung von Alters- und Kohorteneffekt einen stärkeren Einfluss auf das analytische Potential bestimmter Designs besitzt, ist nicht zu treffen. Hierzu ist ein Standardisierung der Befunde notwendig, wie sie von *rd* geleistet wird.

Die relative Abweichung zeichnet ein klares Bild von den Potentialen der verschiedenen Designs. WQD und MPD weisen die geringste Abweichung auf, wobei das MPD (max: 6% [niedrige Dynamik] / 9% [hohe Dynamik]) vergleichsweise nah an den Werten des WQD liegt. Überraschend stark ausgeprägt ist *rd* im Fall des PD. Zwar bildet das Panel durchaus den Prozess der Mortalität der älteren Kohorten ab, allerdings nicht das Nachrücken jüngerer Individuen in die Population. Nach einigen Zeitpunkten entspricht das Verhältnis von Individuen im Panel, die einen Alterseffekt erfahren, zu jenen, die keinen Alterseffekt erfahren, nicht mehr dem Verhältnis in der Population. Dies nimmt einen solchen Umfang an, dass *rd* weit über dem eines separaten Alterseffekts liegt (vgl. Abbildung 4.4). Steuernd greift auch hier die Dynamik der Population ein. Mit zunehmender Fertilität kippt der genannte Proporz im Panel noch stärker, verglichen mit der Population. Dies mündet schließlich in einem $rd > 3,5$, daher einer Überschätzung von 256% in v_5 unter hoher Dynamik.

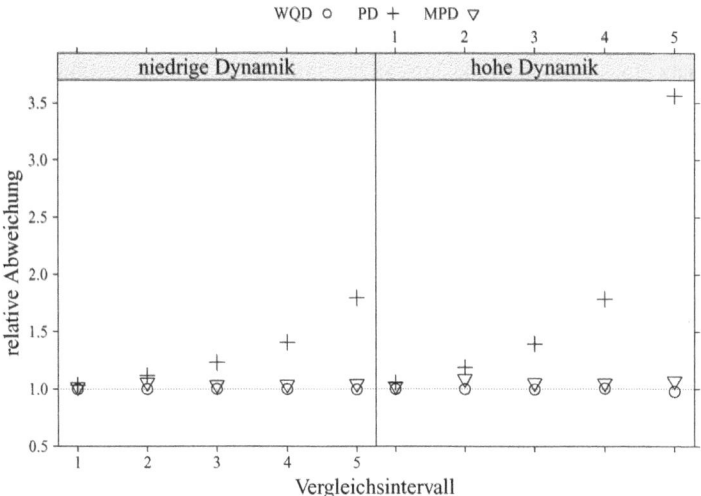

Abb. 4.16: Relative Abweichung der Designs bei einem linearen Alterseffekt mit moderierendem Kohorteneffekt.

Alters- und Kohorteneffekt wurden hier nicht additiv wie in den oben vorgestellten Merkmalen verbunden, sondern in Form eines Moderatoreffekts. Die Befunde sind erheblich anders und in ihrem Verlauf kaum vergleichbar. Mit einfachen Mitteln zeigt die Simulation, welchen Einfluss die funktionale Verbindung mehrerer Effekte auf das analytische Potential von Forschungsdesigns haben kann. Gerade das klassische Panel leidet besonders unter der Einbeziehung von Kohorteneffekten. Der Einsatz multipler Panels stellt auch im hier simulierten Fall eine Möglichkeit dar, um die Schwäche der PDs abzumildern und sozialen Wandel beinahe mit der Güte eines WQDs zu erfassen.

4.3 Individueller Wandel

Die Betrachtung einer Gesellschaft oder Gruppe von Individuen über die Zeit muss nicht zwangsläufig auf die Untersuchung sozialen Wandels limitiert sein. Auch individueller Wandel kann in aggregierter Form analysiert werden (vgl. Abschnitt 2.4). Dabei könnte man argumentieren, dass individueller Wandel in verschiedener Form bei Analysen eingesetzt wird: erstens zur Bestimmung kausaler Effekte mittels Panelregressionsverfahren (statt vieler Allison, 2002) oder zweitens als Merkmal für die gesamte Population. Beide Fälle sind insofern miteinander verbunden, als sowohl für die Schätzung mittels entsprechender Regressionsmodelle als auch für die Berechnung von Populationswerten zunächst der individuelle Wandel durch den Einsatz eines Forschungsdesigns zu bestimmen ist. Je nach gewähltem Design ergeben sich unterschiedliche Ergebnisse für die jeweiligen Analysen.

Der individuelle Wandel in einer Population zwischen zwei Zeitpunkten beträgt im Schnitt (vgl. Abschnitt 2.4):

$$\frac{\sum_1^i \Delta x_i}{n} = \frac{\sum_1^i x_{it} - x_{it-1}}{n}.$$

Es ist anzumerken, dass individueller Wandel nicht mit wiederholten Querschnitten zu erfassen ist, da für ein Individuum i lediglich zu einem einzigen Zeitpunkt t eine Messung vorliegt. Wiederholte Querschnitte sind daher prinzipiell nicht in der Lage, individuellen Wandel zu erfassen.[4] Um genau diese zentrale Schwäche von WQDs zu überwinden und dennoch die Möglichkeit zu erhalten, sozialen Wandel adäquat zu erfassen, kann ein hybrides Design eingesetzt werden. Die Ergebnisse zum analytischen Potential hinsichtlich individuellen Wandels können allerdings nur zwischen Panels als Idealtyp und multiplen Panels als hybride Lösung verglichen werden.

Ein gebräuchliches Beispiel für individuellen Wandel in der Wahlforschung ist die Wechselwahl. Diese ist eine zentrale Variable der Wahlforschung und wird gleichfalls im öffentlichen Diskurs gern bei der Besprechung von Wahlen angeführt. Unter Wechselwahl versteht man die Wahl unterschiedlicher Parteien zu aufeinanderfolgenden Wahlen, was in aggregierter Form die Volatilität der Wählerschaft ausdrückt. Im Zeitvergleich kann diese Variable identifizieren, wie stark die Parteien auf eine feste Masse an Stammwählern zurückgreifen können bzw. wie viele Wähler potentiell durch Wahlkampf zu erreichen sind.

4.3.1 Messung von individuellem Gesamtwandel

Der individuelle Wandel, wie er hier definiert wird und wie er in die Untersuchung des analytischen Potentials longitudinaler Designs eingeht, ist bezogen auf den Wandel zwischen zwei aufeinanderfolgenden Zeitpunkten. Es ist allerdings auch möglich, individuellen Wandel über sehr lange Perioden, bspw. den gesamten Beobachtungszeitraum, zu untersuchen. Dies ist eine Perspektive, wie sie vor allem bei Lebensverlaufsstudien im Vordergrund steht. Bei einer solchen Operationalisierung geht es darum, das gesamte Ausmaß des Wandels und weniger den durchschnittlichen Wandel innerhalb eines zeitlich engeren Intervalls zu erfassen.

---

[4] Wie in Abschnitt 1.1 erläutert, klammert die vorliegende Arbeit den Einsatz retrospektiver Befragungsinstrumente explizit aus.

Multiple Panels sind durch die begrenzte Laufzeit der Panelkomponenten nur beschränkt in der Lage, Gesamtwandel für bestimmte Individuen zu erfassen. Je nachdem wie lange eine Panelkomponente aktiv ist, ergibt sich das maximale Intervall einer solchen Beobachtung. Dem stehen Panels gegenüber, die in der Lage sind, Fälle über ihren gesamten Verbleib in der Erhebung (i.d.R. den Beobachtungszeitraum) zu verfolgen.

Soll der Gesamtwandel erfasst werden, steht der Forschende vor einem Trade-off, ein klassisches Panel einzusetzen oder eine eingeschränkte Messung zu bevorzugen, wie sie das multiple Panel bietet. Im Gegensatz zum Paneldesign ergeben sich beim MPD, wie bereits gezeigt, Vorteile bei der Erhebung sozialen Wandels. Gleichzeitig stellt sich die Frage, ob der Gesamtwandel für die Beantwortung der Forschungsfrage notwendig ist. So kann durch Standardisierung sowohl mit Daten eines PDs als auch eines MPDs das Ausmaß des durchschnittlichen Wandels in einem Intervall bestimmt werden (vgl. Abschnitt 3.3). Die mittleren Verweildauern sollten Schlussfolgerungen auf den Gesamtwandel in einem bestimmten Zeitraum erlauben. Die folgenden Analysen berücksichtigen diese Form der Messung von individuellem Wandel mit Perspektive auf den gesamten Beobachtungszeitraum und prüfen die Einsatzmöglichkeit von PDs und MPDs zur Messung. Steht allerdings wirklich der individuelle Gesamtwandel im Vordergrund, ist das multiple Panel nicht das Design der Wahl.

4.3.2 Alterseffekte

Der Zusammenhang eines Merkmals x_i mit dem Alter eines Individuums entspricht denselben Variablen, die auch zur Bestimmung des sozialen Wandels unter einem Alterseffekt verwendet wurden. Allerdings werden hier nun auf Basis des individuellen Wandels Aggregatmerkmale für die Population berechnet. In der Folge wird im vorliegenden Abschnitt ebenfalls zwischen linearem und nonlinearem Alterseffekt unterschieden. Zu einer genaueren Diskussion und exemplarischen Darstellung der Effekte vergleiche Abschnitt 4.2.1.

Linearer Alterseffekt

Das analytische Potential von PD und MPD bei der Erfassung eines linearen Alterseffekts ist in Abbildung 4.17 dargestellt. Beide Designs scheinen geeignet, den durchschnittlichen individuellen Wandel zwischen zwei Zeitpunkten adäquat zu erfassen. Die Abweichung zum wahren Wert tendiert gegen null. Jedes Individuum, das zu beiden Vergleichszeitpunkten Teil der Population oder der Samples war, erfährt die gleiche Steigung über die Zeit. Es besteht kein Unterschied zwischen jüngeren oder älteren Individuen, die Zusammensetzung der Samples spielt daher keine Rolle und wirkt sich nicht auf die simulierte relative Abweichung aus. Bei diesem Indikator ist die Dynamik der Population nicht von Bedeutung.

Da bei individuellen Wandel oftmals noch weitere Forschungsinteressen zu berücksichtigen sind, beispielsweise die Veränderung über sehr lange Zeiträume oder die durchschnittliche Veränderung über lange Zeiträume, ist es sinnvoll, weitere Indikatoren anzuführen (vgl. Abschnitt 3.3). In Tabelle 4.4 sind die Indikatoren für den durchschnittlichen individuellen Wandel im Beobachtungszeitraum $(t_0, ..., t_{20})$ für Population, Panel und multiples Panel ausgewiesen.

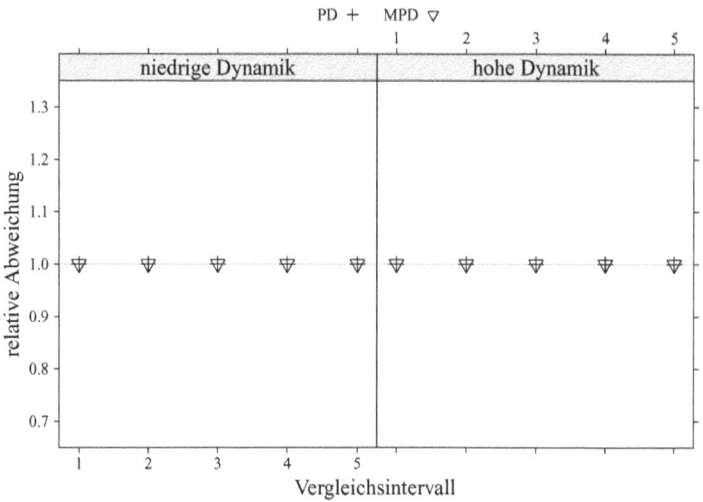

Abb. 4.17: Relative Abweichung der Designs bei einem linearen Alterseffekt.

Steht der durchschnittliche Wandel über den gesamten Beobachtungszeitraum im Fokus einer Analyse, ist festzuhalten, dass beide Designs in der Lage sind, diesen korrekt festzustellen. Wie Tabelle 4.4 zeigt, ergeben sich sowohl für das PD als auch das MPD keine Abweichungen vom wahren Wert. Da Populationsdynamik beim linearen Wandel keine Rolle spielt, ist es in diesem Fall unerheblich, ob das PD und Teile der aktiven Komponenten des MPD überaltert sind.

Zusammenfassend ist zu sagen, dass beide Designs geeignet sind, individuellen Wandel eines linearen Alterseffekts von Zeitpunkt zu Zeitpunkt zu messen. Ebenfalls erlauben beide Designs verlässliche Aussagen über den durchschnittlichen Wandel pro Intervall. Dem MPD gelingt es bei dieser Operationalisierung, die fundamentale Schwäche des WQD, keinen individuellen Wandel erfassen zu können, zu korrigieren und das Niveau des PD zu erreichen.

Tabelle 4.4: Individueller Wandel im Intervalldurchschnitt nach Designs für lineare und nonlineare Alterseffekte.

Dynamik Population	PD	MPD
linearer Alterseffekt		
niedrig 4,00	4,00	4,00
hoch 4,00	4,00	4,00
nonlinearer Alterseffekt		
niedrig 168,76	188,75	175,41
hoch 157,44	185,47	165,83

Nonlinearer Alterseffekt

Wie die Abbildung 4.18 zeigt, weichen die relative Abweichung zwischen linearen und nonlinearen Alterseffekten (wie schon beim sozialen Wandel) voneinander ab. Im Gegensatz zum linearen Effekt weist das PD eine zunehmende Abweichung auf. Das MPD folgt dem bereits mehrfach vorgefundenen Muster: Beginnend mit wenig Abweichung erreicht diese bei v_2 ihr Maximum, um sich danach (v_3) auf konstantem Niveau einzupendeln, wenn die maximale Anzahl an gleichzeitig aktiven Panelkomponenten erreicht ist.

Ursächlich ist ein zentraler Mechanismus des nonlinearen Alterseffekts: Ältere Individuen erfahren höheren individuellen Wandel als jüngere Individuen. Da im Panel keine jüngeren Individuen aufgenommen werden und das Sample mit der Zeit, verglichen mit der Population, immer stärker überaltert, wird ein durchschnittlich höherer Wandel für die Intervalle geschätzt. Im MPD schlägt sich der Einfluss älterer und jüngerer Individuen auf die Überlappung nieder. Die teilweise überalterten Panelkomponenten verzerren die Ergebnisse etwas, allerdings auf einem konstanten Niveau, da die Komponenten systematisch herausrotieren.

Da die Diskrepanz zwischen der Altersverteilung in der Population und im klassischen Panel mit hoher Dynamik steigt und so auch die Überalterung des Panels im Vergleich stärker hervortritt, nimmt unter der Kondition hoher Dynamik die relative Abweichung nochmals zu (beim PD bis zu einer Abweichung von rund 21% bei v_5). Das trifft auch auf die Überlappungen des MPD zu, allerdings in weitaus geringerem Ausmaß (max. 2,5%). Für die Populationsdynamik zeigt sich abermals eine moderierende Wirkung auf das analytische Potential der beiden longitudinalen Designs.

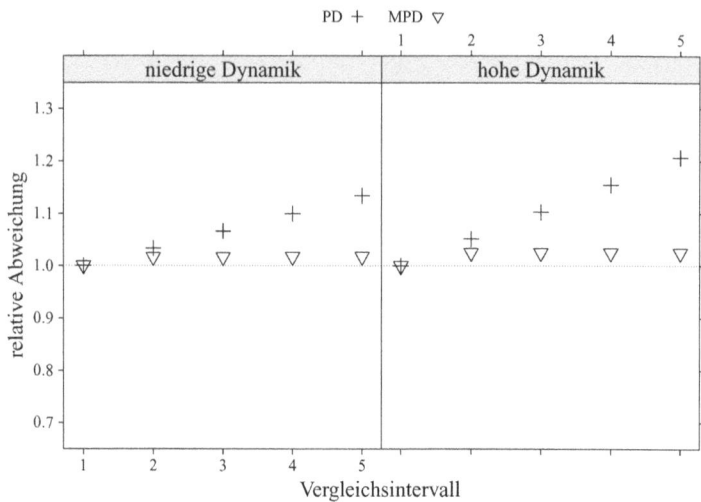

Abb. 4.18: Relative Abweichung der Designs bei einem nonlinearen Alterseffekt.

In Tabelle 4.4 sind beide Indikatoren zu Wandel über den gesamten Beobachtungszeitraum aufgeführt. Es wird deutlich, wie Panels den durchschnittlichen Wandel pro Intervall als Folge der Überalterung der Stichprobe überschätzen. Im Gegensatz dazu bietet das MPD Messungen, die erheblich näher am wahren Populationswert liegen. Durch die stetige Auffrischung der Stichprobe wird die Schätzung in Richtung des wahren Wertes korrigiert.

Die grundlegenden Befunde bleiben für beide Konditionen gleich. Da unter hoher Dynamik der Effekt von Fertilität und Überalterung für das PD nochmals stärker auftritt, nimmt die Abweichung auch hier zu. Gleichfalls betroffen ist das MPD, da die Überalterung von Teilen der aktiven Komponenten unter hoher Dynamik stärker ausgeprägt ist.

Die Ergebnisse der Simulation zu nonlinearen Alterseffekten machen deutlich, dass auch das PD, üblicherweise als das ideale Design zur Erfassung von individuellem Wandel gehandelt, keine perfekten Messungen garantiert. Im Gegenteil zeigt sich unter der hier gewählten Operationalisierung, dass eine hybride Lösung (MPD) durchaus bessere Messungen zu liefern vermag, da die Populationsdynamik zumindest in Teilen vom Forschungsdesign berücksichtigt wird.

4.3.3 Periodeneffekte

Periodeneffekte basieren in der Simulation, wie auch die Alterseffekte, auf demselben Merkmal, aus dem auch der soziale Wandel berechnet wird (vgl. Abschnitt 4.2.2). Dennoch ergibt sich durch die Berechnung auf individueller Ebene eine erhebliche Abweichung der Befunde. Während Panels am wenigsten geeignet sind, sozialen Wandel auf Basis eines diskreten Periodeneffekts abzubilden, zeigt die relative Abweichung in Abbildung 4.19, dass sowohl PD als auch MPD den individuellen Wandel zwischen zwei Zeitpunkten ideal abbilden. Da der Periodeneffekt Individuen unabhängig von ihrem Alter betrifft, ist es unerheblich, wie stark das Sample des Panels oder die Komponenten des MPD überaltert sind. In die Berechnung des wahren Populationswertes gehen ebenfalls nur die Fälle ein, die in einem Vergleichsintervall zu beiden Messzeitpunkten Teil der Population waren. Die für die Abweichung der klassischen Panels vom wahren Wert bei sozialem Wandel ursächlichen Fälle (d.h. die nach dem Periodeneffekt eintretenden Fälle) gehen hier nicht in die Bestimmung des Aggregatmerkmals ein. Der Effekt wird vom PD also korrekt geschätzt, wenn auch mit einer abweichenden Repräsentation der Grundgesamtheit. Da die Zusammensetzung der Samples und der Grundgesamtheit hier keinen Einfluss auf das analytische Potential besitzt, ergeben sich auch keine Unterschiede zwischen niedriger und hoher Populationsdynamik. Beide Designs sind geeignet, diese Art von Messung durchzuführen.

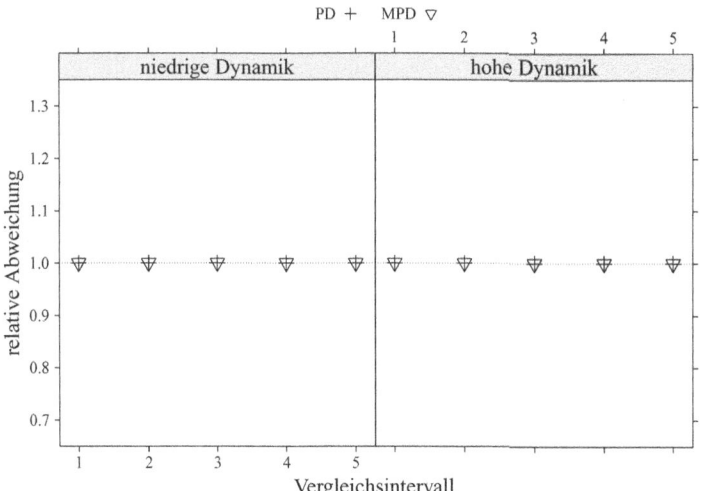

Abb. 4.19: Relative Abweichung der Designs bei einem diskreten Periodeneffekt.

Beide Designs unterscheiden sich nicht im Indikator *rd*. Bei der Erfassung des Wandels über den gesamten Beobachtungszeitraum ergeben sich allerdings Diskrepanzen im analytischen Potential (vgl. Tabelle 4.5). Der durchschnittliche Wandel in einem Intervall wird dabei sowohl von PDs als auch MPDs nicht vollständig korrekt geschätzt. Das PD unterschätzt den Wandel, da die Zeitpunkte für Periodeneffekte ungleich über den Beobachtungszeitraum verteilt sind. Fälle, die ab v_2 in die Population eintreten (als Folge von Fertilität), erfahren im Durchschnitt mehr Wandel in kürzerer Zeit. Da diese Fälle nicht in das Panel eingehen, ist der durchschnittliche individuelle Wandel in der Population höher als im PD. Dem steht das MPD gegenüber: Hier wird genau jenes Merkmal überschätzt. Durch die Überlappung der Komponenten sind die angesprochenen Fälle überrepräsentiert. Praktisch implizieren die Befunde, dass beide Designs durchaus geeignet sind, Periodeneffekte zu messen. Wenn diese allerdings ungleich über einen Zeitraum auftreten (und dieser Fall erscheint in der Realität plausibel), ist ein Panel nicht in der Lage Fälle, zu berücksichtigen, die in einem kürzen Zeitraum nur dem eintretenden Periodeneffekt ausgesetzt waren. Das MPD erfasst diese Fälle zwar, macht aber eine Korrektur der Überlappungen notwendig.

Für den Einfluss der Populationsdynamik findet sich nur ein marginal negativer Effekt. Das ist wenig verwunderlich, rücken schließlich vermehrt junge Individuen in die Population nach und ältere Individuen, die viele Periodeneffekte sammeln können, verlassen eher früher die Population.

Tabelle 4.5: Individueller Wandel im Intervalldurchschnitt nach Designs für einen diskreten Periodeneffekt.

Dynamik Population	PD	MPD
niedrig	14,03	13,78	14,93
hoch	14,10	13,73	14,94

Der hier simulierte Periodeneffekt lässt unterschiedliche Interpretationen des analytischen Potentials der Designs zu. Je nachdem welche Indikatoren man der Bewertung zugrunde legt, variieren die Designs in ihrer Leistung. Wird lediglich der Wandel zwischen zwei Zeitpunkten gemessen, leisten beide gute Schätzungen. Geht es allerdings darum, Aussagen über den gesamten Beobachtungszeitraum zu treffen, schneidet das PD besser ab. Demgegenüber berücksichtigt das MPD zwar die kritischen Fälle, allerdings (in der hier vorgenommenen Operationalisierung) in Form einer Überrepräsentation. Die Ergebnisse unterstreichen die Notwendigkeit, klare Annahmen darüber aufzustellen, mit welchen Effekten zu rechnen ist, und das Design entsprechend individuell anzulegen.

4.3.4 Kohorteneffekte

Im Gegensatz zu sozialem Wandel ist ein einfacher Kohorteneffekt in Form eines Niveauunterschieds nicht als individueller Wandel zu messen. Die betroffenen Individuen weisen möglicherweise unterschiedliche Ausgangswerte in einem Merkmal x_i auf, zwischen den zwei Zeitpunkten erfährt der Wert aber keine weitere Zu- oder Abnahme. Es gilt daher: $x_{it} = x_{it-1}$, daraus folgt für die Berechnung des Wandels: $\Delta x_i = 0$. In der Simulation ist demnach der durchschnittliche Wandel je Intervall gleich 0 (vgl. Tabelle 4.6). Das gilt auch unter Kontrolle des Störterms. Die Berechnung der relativen Abweichung erübrigt sich demnach.

4.3.5 Kombinationen der Effekte

Wie auch beim sozialen Wandel ist zu prüfen, ob das gemeinsame Auftreten von mehreren Effekten spezifische Einflüsse auf das analytische Potential der Designs hat. Zunächst wird die Kombinationswirkung, danach die Absorptionswirkung und die funktionale Verbindung der Effekte mittels dreier simulierter Beispiele dargestellt. Besonders interessant sind hier die Ergebnisse zu Kombinationen mit Kohorteneffekten, schließlich sind diese in separater Form nicht als individueller Wandel zu messen. In Kombination mit anderen Effekten werden allerdings partiell Einflüsse sichtbar.

Kombinationswirkung: Linearer Alterseffekt mit Periodeneffekten

Für sozialen Wandel konnte die Wirkung einer Kombination am Beispiel eines linearen Alterseffekts mit einem Periodeneffekt in Form einer additiven Verbindung beider Effekte nachgewiesen werden. In diesem Fall wird dieselbe Variable verwendet, nur operationalisiert im Sinne individuellen Wandels. Eine genauere Darstellung der Parametrisierung sowie ein Beispiel sind in Abschnitt 4.2.4 gegeben.

Tabelle 4.6: Individueller Wandel im Intervalldurchschnitt nach Designs für einen Kohorteneffekt.

Dynamik Population	PD	MPD
niedrig	0,00 0,00	0,00
hoch	0,00 0,00	0,00

Abbildung 4.20 zeigt den Indikator *rd*. Sowohl MPD als auch PD sind augenscheinlich geeignet, den individuellen Wandel zwischen zwei Zeitpunkten zu erfassen. Wie schon bei den separaten Effekten des linearen Alters- und des diskreten Periodeneffekts ergibt sich kein Unterschied im analytischen Potential für diesen konkreten Fall. Beide Designs berücksichtigen die Individuen, die im Intervall Wandel erfahren haben und dabei die Population exakt abbilden. Eine Kombinationswirkung auf die relative Abweichung kann dabei nicht nachgewiesen werden.

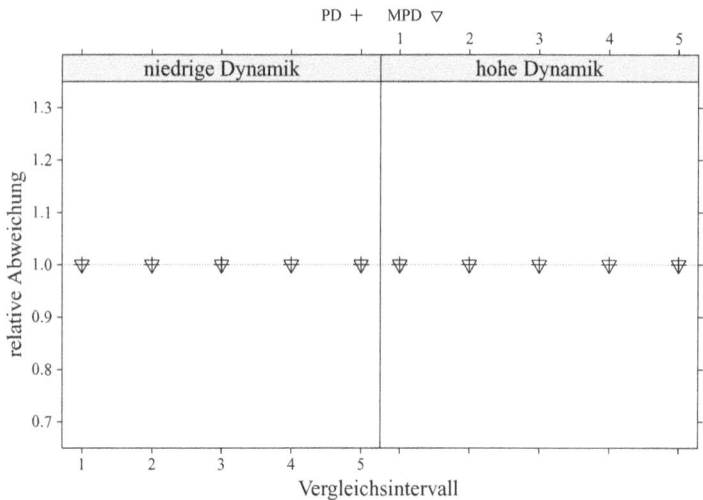

Abb. 4.20: Relative Abweichung der Designs bei einem linearen Alterseffekt mit diskretem Periodeneffekt.

Neben der Diskussion der Potentiale zur Erfassung des durchschnittlichen Wandels pro Intervall können die in Tabelle 4.7 gelisteten Indikatoren helfen, einen möglichen Kombinationseffekt nachzuweisen. Die Werte der Tabelle entsprechen einer Kumulation der in den Tabellen 4.4 und 4.5 dargestellten reinen Alters- und Periodeneffekte. Wie schon beim sozialen Wandel bestätigt das die korrekte Operationalisierung des kombinierten Effekts.

Entsprechend einem kumulativen (oder auch additiven) Kombinationseffekt ist auch die Abweichung der Designs zu interpretieren: Beide sind ideal in der Lage, den durchschnittlichen individuellen Wandel auf Basis des linearen Alterseffekts zu schätzen. Aus diesem Element ergibt sich keine Abweichung. Dagegen führt beim PD die Nichtberücksichtigung von Fällen, die später in die Population eintreten und in kurzer Zeit viel Wandel erfahren, zu einer Unterschätzung des Wandels. Das MPD berücksichtigt solche Fälle in der Überlappung überproportional. Die Folge ist eine Überschätzung des Wandels durch das MPD. In der Kombination basiert eine mögliche Abweichung vom wahren Populationswert auf dem Element des Periodeneffekts.

Tabelle 4.7: Individueller Wandel im Intervalldurchschnitt nach Designs für einen linearen Alterseffekt mit diskretem Periodeneffekt.

Dynamik	Population	PD	MPD
niedrig	18,03	17,78	18,93
hoch	18,10	17,73	18,94

Auch beim individuellen Wandel kann eine mögliche Kombinationswirkung für die Verbindung zweier Effekte nachgewiesen werden. Im genannten Beispiel handelt es sich um einen kumulativen Effekt, was sich sowohl in der Addition des Wandels für die Individuen als auch in der Addition der Abweichung ausdrückt. Liegt der Fokus nur auf dem Wandel zwischen zwei Zeitpunkten, scheinen beide Designs geeignet, diesen darzustellen. Rückt der individuelle Gesamtwandel (d.h. der durchschnittliche Wandel in einem Intervall) in den Fokus der Betrachtung, weisen beide Vor- und Nachteile auf. Während das PD dazu tendiert, den durchschnittlichen Wandel in einem Intervall zu unterschätzen, zeigt das MPD eine Überschätzung dieses Indikators. Ursächlich ist hier das Element des Periodeneffekts, bei dem sich das gleiche Muster zeigt: Fälle, die später in die Population eintreten und tendenziell mehr Wandel in kürzerer Zeit erfahren, sind in den beiden Designs entweder unter- (PD) oder überrepräsentiert (MPD).

Absorptions- und Multiplikatorwirkung von Kombinationen: Linearer Alterseffekt mit Kohorteneffekten

Die Kombination eines linearen Alters- und eines Kohorteneffekts in der hier gewählten Form zeigt bei sozialem Wandel Überraschendes: Beide Effekte verlaufen gegensätzlich und absorbieren sich teilweise in ihrer Wirkung. Da der Kohorteneffekt hier dominanter als der Alterseffekt modelliert wird, sind Probleme bei einer Erfassung durch PDs die Folge. Die Umsetzung des Effekts in Form von individuellem Wandel basiert auf denselben Variablen, eine detaillierte Beschreibung ist Abschnitt 4.2.4 zu entnehmen.

Die Analyse der relativen Abweichung (Abbildung 4.21) wie auch des durchschnittlichen Wandels innerhalb eines Intervalls (Tabelle 4.8) weist die gleichen Befunde auf wie die Ergebnisse des separaten linearen Alterseffekts (Abbildung 4.17 und Tabelle 4.4). Da die funktionale Verbindung der Effekte in diesem Fall eine Addition ist, der separate Effekt der Kohorte allerdings 0 beträgt, folgt, dass der kombinierte Effekt wiederum dem linearen Alterseffekt entspricht. In der Konsequenz sind auch die Ergebnisse zu interpretieren wie beim linearen Alterseffekt in Abschnitt 4.3.2.

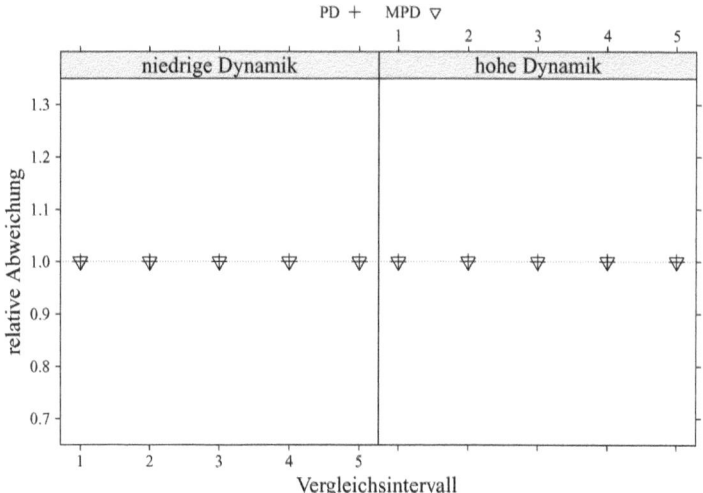

Abb. 4.21: Relative Abweichung der Designs bei einem linearen Alterseffekt mit Kohorteneffekt.

Überraschend ist an diesen Ergebnissen vor allem der Vergleich mit dem sozialen Wandel. Waren bisher vor allem andere Befunde für die relative Abweichung bei Effekten aufgefallen, so zeigt sich hier eine komplett andere Wirkung der Kombination. Je nachdem ob dieselbe Variable in individuellen oder sozialen Wandel transformiert wird, entsteht eine Duplikation eines Effekts oder ein Absorptionseffekt. Dieser Befund macht deutlich, wie wichtig es ist, für die Beurteilung des analytischen Potentials eines Designs nicht nur ein Merkmal oder die zugrunde liegenden Merkmalskombinationen zu unterschieden, sondern auch zu berücksichtigen, wie sich das Potential bei der Erfassung von sozialem und individuellen Wandel ausdrückt.

Wirkung der Kombinationsfunktion: Linearer Alterseffekt, moderiert durch Kohorteneffekte

Kombinationseffekte treten nachweislich auch bei individuellem Wandel auf. Dabei unterscheiden sich die Ergebnisse der Kombination teilweise erheblich von Ergebnissen des sozialen Wandels. Als dritte Charakteristik einer Kombination steht nun

Tabelle 4.8: Individueller Wandel im Intervalldurchschnitt nach Designs für einen linearen Alterseffekt mit einem Kohorteneffekt.

Dynamik Population	PD	MPD
niedrig	4,00 4,00	4,00
hoch	4,00 4,00	4,00

die funktionale Verbindung mehrerer Effekte im Zentrum der Analyse. Hierzu wird abermals dieselbe Variable wie bei sozialem in individuellen Wandel transformiert. Eine detaillierte Beschreibung findet sich in Abschnitt 4.2.4.

Sowohl separat als auch in additiver Verbindung mit einem linearen Alterseffekt zeigt die Existenz von Kohorteneffekten keinen Einfluss auf das analytische Potential von klassischen und multiplen Panels. Moderiert der Kohorteneffekt einen Alterseffekt, zeigt sich ein anderes Ergebnis (Abbildung 4.22). Würde auch hier kein Kohorteneffekt wirken, sollten sich die Befunde zum linearen Alterseffekt wiederfinden. Im vorliegenden Beispiel ist das nicht der Fall. Mit zunehmender Zeit steigt die relative Abweichung des PD. Das MPD weist den üblichen Effekt bei einer Abweichung durch Überlappungen auf: Bis v_2 steigt die Abweichung an, danach folgt das Einpendeln auf ein konstantes Niveau.

Für die gemessene relative Abweichung ist ursächlich, dass lediglich die Individuen der älteren Kohorten den Alterseffekt erfahren. Jüngere Kohorten weisen dagegen keinen systematischen Merkmalswandel auf. Je länger das PD läuft, desto stärker weicht die Altersverteilung des Samples von der Population ab. Für einen höheren Anteil an Individuen wird individueller Wandel gemessen, während tatsächlich ein weitaus geringerer Anteil diesen Wandel erfährt. Die Konsequenz ist eine Überschätzung des individuellen Wandels zwischen zwei Messzeitpunkten für das PD. Beim MPD drückt sich der gleiche Effekt wesentlich abgeschwächt in der Überlappung aus. In den überalterten noch aktiven Panelkomponenten ist die Altersverteilung abweichend von der Population, was zu einer geringfügigen Überschätzung führt. Da die Komponenten in ihrer Laufzeit limitiert sind, pendelt sich die Abweichung auf einem konstanten Niveau ein. Je höher die Dynamik ist, desto stärker tritt die Abweichung gerade beim PD auf.

Die Folgen der Unterrepräsentation jüngerer Kohorten im PD und in Teilen der aktiven Panelkomponenten eines MPD findet man auch in den Indikatoren zu Wandel im Intervalldurchschnitt (Tabelle 4.9). Bedingt durch die überproportionale Anzahl von älteren Individuen im Sample des PD werden vergleichsweise zu viele Individuen in die Berechnung von Wandel einbezogen, die tatsächlich auch einen Wandel erfahren haben. In der Population ist ihre Anzahl geringer, was zu einem niedrigeren durchschnittlichen Wandel pro Intervall führt. Das MPD zeigt dagegen eine leichte Unterschätzung, da mehr Panelkomponenten in die Berechnung eingehen, wenn das Design erstmal angelaufen ist. Diese enthalten mehr Individuen, die

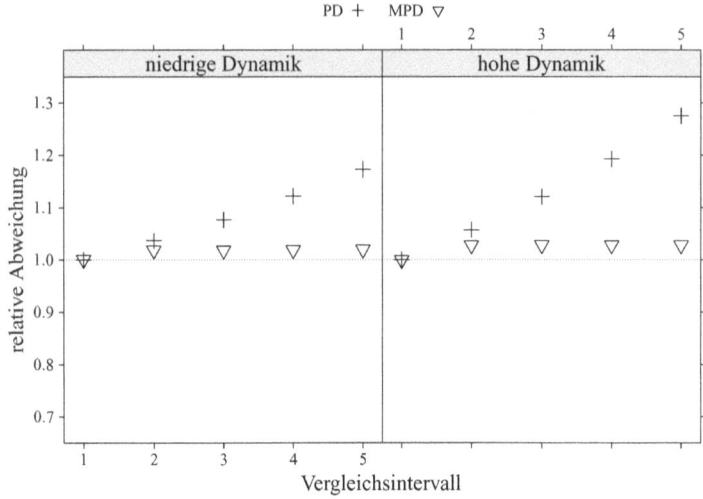

Abb. 4.22: Relative Abweichung der Designs bei einem linearen Alterseffekt mit moderierendem Kohorteneffekt.

keinen Wandel erfahren, was in der Folge zu einer Unterschätzung des durchschnittlichen Wandels über den gesamten Beobachtungszeitraum führt. An dieser Stelle wird deutlich, dass multiple Panels durchaus eine Anlaufzeit benötigen, da sonst die Anzahl an aktiven Panelkomponenten einen Einfluss auf die erzielten Ergebnisse hat.

Tabelle 4.9: Individueller Wandel im Intervalldurchschnitt nach Designs für einen linearen Alterseffekt mit einem moderierenden Kohorteneffekt.

Dynamik	Population	PD	MPD
niedrig	1,60	1,82	1,52
hoch	1,47	1,79	1,39

Das simulierte Beispiel macht deutlich, dass die funktionale Verbindung notwendigerweise berücksichtigt werden muss, wenn Kombinationen von Effekten diskutiert werden sollen. Wie weiter oben gezeigt, ist ein separater Kohorteneffekt nicht als individueller Wandel zu fassen und beeinflusst auch nicht das analytische Potential der Designs. Tritt der Effekt allerdings in einer entsprechenden funktionalen Verbindung auf, wie in diesem Fall als Moderator, kann sich der Kohorteneffekt im

Potential der jeweiligen Designs abzeichnen. Das multiple Panel ist in diesem Fall in der Lage, die Probleme des PD bei der Berücksichtigung von Kohortensukzession abzumildern und eine Schätzung des individuellen Wandels nah am wahren Wert zu liefern.

4.4 Zusammenfassung

Das vorliegende Kapitel erschließt die analytischen Potentiale der drei longitudinalen Forschungsdesigns empirisch. Dadurch können Alters-, Perioden- und Kohorteneffekte isoliert untersucht werden. Durch die infinite Anzahl an möglichen Effekten und Kombinationen liefern die Simulationsergebnisse allerdings nur einen ersten Anhaltspunkt, was weitere Forschung in diesem Feld notwendig erscheinen lässt. Aus den Ergebnissen lässt sich dennoch eine Reihe an praktischen Implikationen ableiten.

Der Aussage, wiederholte Querschnitte seien das Design der Wahl, wenn sozialer Wandel erhoben werden soll, kann auf Basis der Simulationsstudie zugestimmt werden. Die wiederholten Querschnitte zeigten durchgängig die optimalen Resultate bei der Erfassung sozialen Wandels — unabhängig sowohl von Populationsdynamik als auch von Effekttypen oder Kombinationen.

Panels erscheinen im Vergleich weniger geeignet, sozialen Wandel zu erfassen. Gerade wenn Effekte nicht homogen über alle Altersgruppen verlaufen oder es kohortenspezifische Unterschied gibt, bestehen erhebliche Abweichungen. Dies mag prinzipiell mit Gewichtungsverfahren zu korrigieren sein, allerdings fehlt in einem klassischen Paneldesign systematisch eine bestimmte Gruppe von Fällen. Wenn diese nicht im Datensatz vertreten ist, kann schlichtweg auch nicht für sie gewichtet werden. Es ist in einem solchen Fall fraglich, wie gut, erstens, die Gewichtungsverfahren funktionieren und, zweitens, wie sinnvoll der Einsatz der Daten ist, schließlich liegt eine systematische Diskrepanz zwischen longitudinaler Grundgesamtheit und den Daten vor.

Multiple Panels vermögen sozialen Wandel durchweg gut zu erfassen und die Schwächen des Panels auszugleichen. Die so gesammelten Daten setzen aber Kenntnisse in Gewichtung oder ähnlichen Verfahren voraus, um mit der designseitig implementierten Überlappung und deren Folgen umzugehen. Diese führt zu einer ständigen Verzerrung der Daten relativ zur Population, die sich, nachdem das multiple Panel angelaufen ist, auf einem konstanten Niveau einpendeln. Weiter verdeutlicht die Simulation die Notwendigkeit, einem multiplen Panel eine gewisse Anlaufzeit zu gewähren. Erst mit einer gleichen Anzahl an aktiven Panelkomponenten werden die Messungen stabil und pendeln sich mit einer konstanten Abweichung von den wahren Werten der Population ein.

Grundsätzlich erscheint das klassische Panel als gute Möglichkeit, individuellen Wandel zu erfassen, gerade wenn Gesamtwandel, das heißt das Ausmaß des individuellen Wandels über ganze individuelle Lebensabschnitte, bzw. den Beobachtungszeitraum, verfolgt werden soll. Multiple Panels können hier, bedingt durch limitierte Laufzeiten der Panelkomponenten, nur einen unzureichenden Ausschnitt bieten. Panels stoßen allerdings bei Kohorten- oder nicht über alle Altersgruppen homogene Effekte (zum Beispiel nonlineare Alterseffekte) schnell an ihre Grenzen. Soll nicht der Gesamtwandel, sondern bspw. der durchschnittliche Wandel zwischen zwei Zeitpunkten bestimmt werden, so schneiden Paneldesign und multiple Panels ähnlich gut ab. Klassische Paneldesigns leiden auch hier unter nicht über alle Altersgruppen homogenen Effekten und Kohorteneinflüssen. Multiple Panels wären in diesem Fall die sicherere Wahl, sofern keine Erfassung des gesamten Wandels über den Beobachtungszeitraum notwendig ist.

Der Einfluss spezifischer Altersgruppen bei nicht homogener Verteilung von Effekten über Altersgruppen oder Kohorteneffekte kann auch als Kohortensukzession interpretiert werden. Diese wird in Populationen durch Populationsdynamik gesteuert. Da Paneldesigns besonders anfällig für diese Effekte sind, moderiert die Dynamik in einer Population den Einfluss der Effekte auf das analytische Potential der Panels. Im multiplen Panel zeigt sich der Einfluss in der überlappungsbedingten Verzerrung. Dieser ist aber weit geringer als beim Panel und nach einer Anlaufzeit auf einem konstanten Niveau.

Multiple Panels sind demnach, erstens, in der Lage, die fundamentale Schwäche wiederholter Querschnitte, prinzipiell keinen individuellen Wandel erfassen zu können, auszugleichen und, zweitens, Messungen zu liefern, die teilweise dieselbe oder eine höhere Güte als klassische Paneldesigns liefern. Lediglich bei der Erfassung von längeren Lebensverläufen zeigt das Design Schwächen, da keine *sehr* langfristige Verfolgung von einzelnen Individuen vorgesehen ist.

Zusammenfassend wird deutlich, dass es für die Entscheidung zwischen Designs nicht nur notwendig sein kann zu wissen, welche Alters-, Perioden- und Kohorteneffekte auf die zentralen zu erfassenden Merkmale wirken, sondern auch, ob diese in Kombination auftreten und, wenn ja, in welcher funktionalen Verbindung. So kann bspw. ein Kohorteneffekt durch ein gemeinsames Auftreten mit anderen Effekten plötzlich individuellen Wandel beeinflussen, was dazu führt, dass das klassische Panel nicht mehr in der Lage ist, adäquate Ergebnisse zu liefern.

Umgang großer Panelstudien mit Problemen klassischer Paneldesigns

Die Ergebnisse der Simulation deuten besonders auf eine Reihe von Problemen bei Paneldesigns hin, wenn sie in idealtypischer Form umgesetzt werden und lange Laufzeiten aufweisen. Es stellt sich daher die Frage, wie reale Panelstudien diesen

Herausforderungen begegnen. Als Beispiel dienen mit dem SOEP und dem IAB-Betriebspanel zwei große und lange laufende deutsche Panelstudien.

Zum Ersten, das zeigt die Simulation, ist einer Überalterung des Panels entgegenzuwirken. Das SOEP ist als Haushaltpanel angelegt, das bedeutet, Geburten innerhalb der Haushalte werden berücksichtigt. Setzt man voraus, dass die erste Stichprobe repräsentativ war, ist es möglich, adäquat die Anzahl an neu eintretenden Fällen zu berücksichtigen. Wie Rendtel (1995, S. 41ff) ausführlich darlegt, bleiben zugewanderte Haushalte und deren Geburten dabei unberücksichtigt. Es ist anzunehmen, dass diese Haushalte sowohl in Bezug auf Fertilität als auch in ihren Ausprägungen hinsichtlich zentraler inhaltlicher Merkmale von der abgedeckten Panelpopulation abweichen. Als Konsequenz werden im SOEP Auffrischungsstichproben erhoben (und bilden sogenannte Subsamples).[5] Diese werden allerdings weder in zeitlich konsistenter Weise hinzugefügt (Wagner et al., 2007, S. 151f) noch handelt es sich um die stets gleiche Population, die aufgefrischt wird: Subsample G erhöht die Anzahl an Haushalten mit hohem Einkommen, Subsamples E, F und H sind Stichproben auf Basis aller privaten Haushalte Deutschlands. Die Erfassung sozialen Wandels wird zwar durch die Anlage als Haushaltpanel erleichtert, ein positiver Beitrag der Auffrischungsstichproben erreicht allerdings nicht das Niveau, wie es im simulierten Fall durch die neu erhobenen Komponenten eines multiplen Panels geleistet wird. Im Gegensatz zum klassischen Panel, wie es für die Simulation modelliert wurde, liegen aber im SOEP einige der systematisch unterrepräsentierten Gruppen vor, was den Einsatz von (bspw.) Gewichtungsverfahren zur Korrektur gestattet.

Im Gegensatz zum SOEP stellt das IAB-Betriebspanel eine Studie auf Basis von individuellen Elementen dar. Dabei entsprechen einzelne Betriebe den Individuen, die man üblicherweise in personenbezogenen Stichproben erwarten würde. Um Repräsentativität über die Zeit zu gewährleisten und die Analyse sozialen Wandels unverzerrt zu erlauben, werden jährlich Auffrischungsstichproben durchgeführt (Fischer et al., 2009, S. 137). Da die Stichprobenziehung auf Basis der Betriebsdatei der Bundesagentur für Arbeit gezogen wird (Alda et al., 2006, S. 6), können neue Betriebsidentifikationsnummern identifiziert werden. Dabei handelt es sich *in der Regel* um neu gegründete Betriebe. Das entspräche neu in die Population eintretenden Individuen. In diesem Moment wäre es möglich, die Überalterung des Panels zu verhindern. Leider zeigt sich, dass auch ältere Betriebe eine neue Betriebsidentifikationsnummern erhalten können, wenn sie einen Eigentümerwechsel verzeichnen oder die Definition ihres Endprodukts und damit ihre Brancheneinordnung ändern (Fischer et al., 2009, S. 135). Eine Auffrischung anhand der Identifikationsnummer erscheint demnach auch nicht als umfassende Lösung der Überalterung.

---

[5] Diese dienen natürlich auch dazu, Panelattrition auszugleichen und entsprechende Fallzahlen zu erhalten. Die Korrektur von Attrition ist dabei durchaus fraglich, da die Auswahlquoten nicht den Ausfallprozess erklären können (Rendtel, 1995, S. 45).

Zum Zweiten ist fraglich, in welchem Zusammenhang zentrale Merkmale mit Alters-, Perioden- und Kohorteneffekten stehen. Dabei wäre je nach Studie eine merkmalsspezifische Prüfung notwendig. Derzeit befasst sich die Literatur jedoch hauptsächlich im Rahmen von Diskussionen um Nonresponse und Repräsentativität mit der Zusammensetzung von (longitudinalen) Stichproben (z.B. für Attrition: Kroh und Spieß, 2008; Vandecasteele und Debels, 2006). Die funktionale Verbindung mittels zeitbezogener Effekte wird dabei nur mangelhaft diskutiert. Folglich finden sich auch nur inhaltliche Studien zu diesen Zusammenhängen, wie in Kapitel 5 für die Wahlsoziologie gezeigt wird. Das ist natürlich auch der Multithematik großer Studien geschuldet: Für eine Vielzahl verschiedenster Merkmale müssten entsprechende Analysen durchgeführt werden, die wiederum mit dem Identifikationsproblem konfrontiert wären. Es bleibt also beim individuellen Forschenden die Verbindung zwischen Populationsdynamik, zeitbedingten Effekten und Merkmalen zu untersuchen und das analytische Potential der Daten im individuellen Fall zu bewerten. Hier wäre es natürlich sehr hilfreich, wenn die Studien zumindest rudimentär Indikatoren zum Vergleich zwischen erfasster und realer Populationsdynamik zur Verfügung stellen würden. Dies ist bisher nicht der Fall.

Teil III
Wandel am Beispiel der Wahlsoziologie

Kapitel 5
Das Beispiel der Wahlsoziologie

Die Wahlforschung dient als Basis der Simulationsstudie und dazu, grundlegende Annahmen der Arbeit (Populationsdynamik und den Zeitkontext des Wandels interessierender Merkmale) an einem Fallbeispiel nachzuvollziehen. Für die Wahl des Beispiels spricht eine Reihe von Argumenten:

Erstens ist politisches Verhalten eine signifikante Analysedimension der Soziologie. Zum einen gehen zentrale inhaltliche (z.b. Lipset und Rokkan, 1967) und methodische Arbeiten (z.b. Lazarsfeld et al., 1968) auf dieses Feld zurück. Zum anderen wird die Allokationsfunktion politischer Positionen in demokratischen Gesellschaften durch Wahlen erfüllt (Schmitt, 2005, S. 9ff). Daher stellt die Untersuchung des Wahlverhaltens eine notwendige Voraussetzung dar, um gesellschaftstheoretische Überlegungen nachzuvollziehen, wie sie sich natürlich auch in den Frühwerken der Soziologie finden (z.b. Weber, 1947 [1922]).

Zweitens sind für die Entwicklung der empirischen Sozialforschung frühe Meinungsbefragungen zu den Präsidentschaftswahlen in den USA von besonderer Relevanz, da sie die Bedeutung von Zufallsstichproben aufzeigten (Schnell et al., 2008, S. 38ff).

Drittens nimmt Forschung zum Wahlverhalten in der öffentlichen Wahrnehmung der Sozialwissenschaften, bedingt durch das Interesse der Bürger und damit verbundener breiter medialer Rezeption, eine exponierte Position ein (Kaase, 2011, S. 5ff).

Viertens liegt in der Wahlforschung der Fokus auf einer Population, die mit anderen typischen Zielpopulationen der Soziologie deckungsgleich ist oder ähnlichen Mechanismen unterliegt: Das Elektorat ist eine Teilmenge der deutschen Gesellschaft. Folglich ist es möglich, die Befunde auf Basis des Fallbeispiels auf weitere Populationen anzuwenden, die üblicherweise als Grundgesamtheiten soziologischer Forschung dienen.

Das Kapitel gliedert sich in drei Teile. Zunächst werden kurz die gängigen theoretischen Ansätze im Feld der Wahlforschung aufgeführt. Die Darstellung geht über rein soziologische Ansätze hinaus, da neuere Befunde darauf hindeuten, dass eine Synthese verschiedener Strömungen gewinnbringend ist (z.b. Debus, 2010). In Anbetracht des soziologischen Hintergrunds der Arbeit bleiben diese Ansätze aber der Kern der Darstellung.

Im Folgenden wird eine Reihe an typischen longitudinalen Fragestellungen vorgestellt und die Rolle von sozialem wie auch individuellem Wandel bei diesen Forschungsfragen diskutiert. Es wird gezeigt, welche Anforderungen die Forschung an longitudinale Daten hat. Abschließend werden die zurzeit verfügbaren Datenbestände der deutschen Wahlforschung dargestellt und in das Anforderungsprofil der Forschung eingeordnet.

5.1 Theoretische Ansätze der Wahlsoziologie

Die soziologische Theorie der Wahlforschung lässt sich in mikro- und makrosoziologische Ansätze unterteilen (Roth, 2008, S. 29ff; Rudi und Schoen, 2005, S. 306).

Im *mikrosoziologischen* Ansatz, auch als Columbia School bezeichnet, wird das Wahlverhalten durch homogene Gruppen erklärt. Dabei besteht die Annahme, dass Personen Teil einer sozialen Gruppe sind, die sich durch homogene Merkmale von anderen Gruppen unterscheiden. Innerhalb der Gruppen werden politische Einstellungen geteilt. Dies führt zur vielzitierten Aussage im Hauptwerk des Ansatzes: „A person thinks, politically, as he is, socially. Social characteristics determine political preference" (Lazarsfeld et al., 1968, S. 27).[1] In der aktuellen Debatte spielt dieser Ansatz allerdings eine eher geringe Rolle, da das Erklärungsmodell nur direkt auf kleine regionale Gebiete anwendbar ist (Kohler, 2002, S. 47ff). Die Kritik basiert auf der Annahme, dass die Interaktion innerhalb der Gruppe nur in einem eingrenzbaren regionalen Rahmen stattfinden kann und das Modell somit nicht für Erklärungen auf gesellschaftlicher Ebene geeignet sei.

Der *makrosoziologische* Ansatz basiert vornehmlich auf der Arbeit von Lipset und Rokkan (1967). Die Autoren nehmen an, dass Parteien die Interessenvertretung von gesellschaftlichen Großgruppen übernehmen. Diese Gruppen sind durch Spaltungslinien, sogenannte Cleavages, getrennt. Wie Schoen (2005, S. 145-149) detailliert zusammenträgt, handelt es sich hier um langfristig stabile Konfliktlinien, die sich in sozialstrukturellen Merkmalen ausdrücken. In Deutschland werden üblicherweise die ökonomische und die konfessionelle Konfliktlinie sowie die Spaltung zwischen Stadt und Land thematisiert.[2] Die Cleavage-Theorie wurde in Folge immer wieder kritisiert. Im Zentrum der Kritik steht dabei die angenommene

---

[1] Als zweites Hauptwerk der Columbia School ist Berelson et al. (1954) zu nennen.
[2] Wie Wolf (1996) zeigt, kann es sich bei der konfessionellen Spaltung mittlerweile um eine religiöse Spaltung handeln.

Abnahme des Zusammenhangs zwischen Sozialstruktur und Wahlentscheidung (z.B. Brooks et al., 2006; Dalton, 2000, 2006; De Graaf et al., 1995, 2001; Gattig, 2006; Nieuwbeerta und Ultee, 1999; van der Brug, 2010). Allerdings zeigen für Deutschland etliche Arbeiten, dass sozialstrukturelle Merkmale noch immer einen signifikanten Beitrag zur Erklärung von Wahlverhalten leisten (Elff, 2007; Kohler, 1996; Lux, 2011; Müller, 1997, 1998; Pappi und Brandenburg, 2008, 2010). Im Lichte dieser Befunde erscheint der makrosoziologische Ansatz weit davon entfernt, obsolet zu sein. Vielmehr sind umfassendere Erklärungsmodelle zu konstruieren, bspw. durch die Kombination verschiedener Ansätze (z.B. Debus, 2010; Knutsen, 1988).

In der Wahlforschung werden darüber hinaus weitere Ansätze diskutiert, die allerdings nicht genuin soziologisch sind.

Das Ann-Arbor-Modell, oder auch der *sozialpsychologische* Ansatz, ist der aktuell populärste Ansatz der politikwissenschaftlichen Verhaltensforschung. An der Universität Michigan in Ann Arbor entstanden die Hauptwerke Campbell et al. (1954) und Campbell et al. (1960). Wahlverhalten wird hier durch langfristige und kurzfristige politische Einstellungen erklärt. Als langfristige politische Einstellung gilt die Parteiidentifikation (PID). Kurzfristige Parameter sind Kandidaten- und Issue-Orientierungen. Die PID wird im Rahmen der Sozialisation erworben, relevant seien dabei Familie und Peer-Group (Schoen und Weins, 2005, S. 210ff). Eine Weiterentwicklung der PID über die Zeit wird dabei nicht ausgeschlossen. Wie Pappi und Shikano (2002, S. 447) in einer Untersuchung der Normalwahl in Deutschland zeigen, findet die PID als intervenierende Variable im Zusammenhang von Sozialstruktur und Wahlabsicht statt.[3]

Über einen rational handelnden Akteur erklären *ökonomische* Ansätze das Wahlverhalten. Der rationale Akteur versucht bei seiner Wahlentscheidung seinen Nutzen zu maximieren (Downs, 1968). Er verwendet dazu das Parteiendifferential, das sich als Differenz des erwarteten Nutzens $E(U)$ einer von Partei B geführten Regierung mit und dem einer von Partei A weitergeführten Regierung, nach ihrer Legislatur, ergibt: $U^A - E(U^B)$ (Arzheimer und Schmitt, 2005, S. 251f). Verschiedene Autoren zeigen, dass der ökonomische Ansatz kein alternatives Konzept zu den vorab genannten ist, sondern ergänzend eingesetzt werden kann (Falter et al., 1990; Fiorina, 1981). Der Rational-Choice-Ansatz liefert hierbei eine Erklärung auf Handlungsebene, die von den anderen Ansätzen nur indirekt berücksichtigt wird.

---

[3] Negieren sich die kurzfristigen Parameter oder spielen sie in einer Wahl keine Rolle, spricht man von einer Normalwahl (statt vieler Converse, 1966).

5.2 Anforderungen an Forschungsdesigns

Neben methodischen Argumenten, die für oder wider die Erfassung von individuellem oder sozialem Wandel sprechen, gibt es Fragestellungen, die einen bestimmten Typ von Wandel voraussetzen. Methodische Argumente umfassen beispielsweise die Möglichkeit von Kausalanalysen (vgl. Abschnitt 2.2.4). Lässt man diese Diskussion außen vor und beschränkt sich auf die Fragestellung, das heißt die zentrale abhängige Variable, ergeben sich auch hier Anforderungen an die Forschungsdesigns. Bei einer theoretisch infiniten Anzahl an möglichen Forschungsfragen werden in der Folge einige *übliche* Fragen der (insbesondere: deutschen) Wahlforschung angeführt.

Das Wahlverhalten stellt wohl die zentrale Merkmalsgruppe der Wahlforschung dar. Gerade aus makrosoziologischer Perspektive wird der Wahlausgang oft über lange Zeiträume und in Abhängigkeit von der Sozialstruktur untersucht. Ziel der Analysen ist oftmals die Erklärung dafür, warum sich politische Mehrheitsverhältnisse verändern. Hierzu werden Elektorate über die Zeit verglichen. Beispiele sind unter anderem Analysen zum Einfluss der Altersstruktur und von Kohorteneffekten auf den Wahlausgang (Konzelmann et al., 2012; Rattinger, 1992) oder auch die Wahlbeteiligung (Wagner et al., 2012). Einige andere Arbeiten untersuchen den sozialen Wandel der Wahlentscheidung stärker in Bezug auf die Cleavage-Theorie (Arzheimer und Schoen, 2007; Debus, 2010; Pappi und Brandenburg, 2008, 2010). Diese Fragestellungen bauen allesamt auf der Messung des sozialen Wandels eines Merkmals auf. Der individuelle Wandel von Personen über mehrere Wahlen hinweg steht hier nicht im Vordergrund.

Auf der anderen Seite ist die Volatilität von Wahlverhalten ein Thema, das vermehrt in jüngeren Arbeiten Aufmerksamkeit findet (Rattinger, 2007; Rudi und Steinbrecher, 2011; Schoen, 2004, 2005). Wechselwahl basiert auf der Messung von individuellem Wandel. Eine Abweichung der Wahlentscheidung des Individuums zwischen zwei Zeitpunkten entspricht volatilem Wahlverhalten. Soziologisch ist dabei natürlich die Aggregation interessant, das heißt der Grad an Wechselwahl im Elektorat. Wie Schoen (2000, S. 99) ausführt, verwendet eine Vielzahl an Forschungsarbeiten Querschnitte. Diese bedienen sich eines Behelfskonstrukts, um individuellen Wandel zu messen: Rückerinnerungsfragen. Solche Fragen unterliegen einer Reihe von möglichen Problemen wie Erinnerungslücken, nachträglicher Rationalisierung oder speziell bei Wahlentscheidungen dem *Bandwagon*-Effekt (Schoen, 2000, 2005; Schoen und Kaspar, 2009). Die zitierten Arbeiten zeigen in diesem Zusammenhang eine deutliche Diskrepanz zwischen der nachträglich berichteten und der tatsächlichen Wahlentscheidung. Dazu verwenden sie Panels, die in den späteren Wellen zusätzliche Rückerinnerungsfragen beinhalten.

Recht nah an der Diskussion zu volatilem Wahlverhalten liegt der Zusammenhang von sozialer Mobilität und verändertem Wählen. Die Annahme ist, dass durch den Aufstieg in eine andere soziale Gruppe die dort vorhandenen Einstellungen, in der Konsequenz auch die Parteibindungen, übernommen werden (z.b. Mays und Leibold, 2009, S. 452f). Mobilität kann dabei sowohl inter- als auch intragenerational stattfinden. In Verbindung mit volatilem Wahlverhalten ist natürlich die Mobilität zwischen zwei Wahlentscheidungen interessant, weniger die Unterschiede zum Wahlverhalten der Eltern. Paterson (2008) gelingt der partielle Nachweis für (politische) Einstellungen aufwärtsmobiler Personen in England. Analysen intragenerationaler Mobilität setzen wiederum die Messung individuellen Wandels voraus, möchte man die zu erwartende Verzerrung durch Retrospektivfragen vermeiden.

Zusammenfassend machen die ausgewählten Fragestellungen deutlich, dass die Wahlforschung sowohl die Messung sozialen als auch individuellen Wandels erfordert.

5.3 Datenbestände zur Analyse von Wandel

Die verschiedenen longitudinalen Fragestellungen der Wahlforschung stellen hohe Anforderungen an Designs und Daten. Zur Bearbeitung ist sowohl die Messung von sozialem als auch individuellem Wandel notwendig. Der verfügbare Korpus an Daten lässt darauf schließen, dass der Bedarf von den Verantwortlichen der maßgeblichen Erhebungsprojekte ebenfalls erkannt wurde.

Die Datenbestände der Wahlforschung schließen amtliche und für die Forschung erhobene Daten ein.[4] Die amtliche Wahlstatistik publiziert neben wahlkreisspezifischen Wahlergebnissen auch die repräsentative Wahlstatistik. Es handelt sich dabei um eine Stichprobenerhebung, bei der rund 3.000 der 90.000 Wahlbezirke ausgewählt werden und das Wahlverhalten der Wähler gruppiert nach Geschlecht und Alterskategorien erfasst wird (Werner, 2003, S. 173). In den Jahren 1994 und 1998 liegen Brüche in der wiederholten Erhebung vor, da aufgrund gesetzlicher Bedenken die repräsentative Wahlstatistik ausgesetzt wurde. Für die darauffolgenden Jahre liegen wieder Daten vor, die durch die enthaltenen Alterskategorien quasi eine Kohortenstudie darstellen. Die Repräsentativerhebung dient anderen Studien als Mittel zur Validierung, lässt durch ihren aggregierten Charakter allerdings keine Analysen auf Individualebene zu und berücksichtigt nur sehr wenige Parameter, was die Kontrolle von Kovariaten erheblich einschränkt.

Longitudinale Umfrageprojekte der Forschung umfassen zwei Reihen an wiederholten Querschnitten. Zum einen das kumulierte Politbarometer seit 1977 mit einem Fragekern von 80 Items und zum anderen die gesamten Bundestagswahlstudien

---

[4] Kommerzielle Daten sollen in diesem Zusammenhang nicht diskutiert werden. Auch soll der Unterschied zwischen prozessproduzierten und für die Forschung produzierten Daten, wie ihn Schoen (2005, S. 91) macht, in der vorliegenden Arbeit nicht diskutiert werden. Es erscheint für die hier geführte Diskussion unerheblich, aus welcher Quelle die Daten stammen, im Fokus der Untersuchung steht das analytische Potential.

seit 1949.[5] In diesen wies das Projekt German Election Data (GED) „identische oder funktional äquivalente Fragestellungen über den Zeitverlauf hinweg [nach]" (Uhler, 1989, S. 19). Als Konsequenz entstand mit dem *Continuity Guide* ein Harmonisierungsprojekt zu den Bundestagswahlstudien in Deutschland (Zenk-Möltgen und Mochmann, 2000). Auch wenn hier bereits seit 1949 Daten aufgeführt werden, kann durch Diskrepanzen in Erhebungszeitraum und Forschungsperspektive sowie fehlende Daten zur Bundestagswahl 1957 erst ab 1961 von einer systematischen, lückenlosen Reihe an Studien zu Bundestagswahlen gesprochen werden (Mochmann et al., 1998, S. 4ff; Kaase, 2000, S. 19f; Schmitt, 2000, S. 530). Im Jahr 1961 wurde die Kölner Wahlstudie durchgeführt, die eine klassische Rolle in der deutschen Wahlforschung einnimmt und aus deren Umfeld eine Reihe renommierter deutscher Wahlforscher hervorging (Scheuch, 2000, S. 49). Gleichzeitig markiert die Wahlstudie den Beginn der wiederholten Querschnitte, bestehend aus Bundestagswahlstudien.

Der Continuity Guide gibt eine gute Übersicht über die dezentrale Struktur der Datenlandschaft in Deutschland. Tabelle 5.1 listet die Primärforscher der verschiedenen Bundestagswahlstudien auf. Dabei wird vor allem deren starke Fluktuation deutlich. Als Folge ergeben sich Abweichungen in den Erhebungsdesigns und methodischen Umsetzung der Studien. So ist die Befragung im Jahr 2005 bspw. lediglich als Nachwahlstudie angelegt; demgegenüber wurden die Respondenten 1969 in der Vorwahlzeit angegangen und in der Nachwahlzeit einer wiederholten Befragung unterzogen, hier liegt ein Kurzfrist-Panel vor. Der Continuity Guide zeigt, dass es eine Reihe an Studien zu Bundestagswahlen gibt, die durchaus einige gemeinsame Kernfragen aufweisen, sich allerdings auch erhebliche methodische Anpassungen im Lauf der Zeit abspielten. Dies kann einen Einfluss auf die Messung von Veränderungen über die Zeit haben und als Folge einer nicht existierenden Institutionalisierung der Studien verstanden werden.

Die dezentrale Struktur der deutschen Wahlstudien, verglichen mit institutionalisierten Studien in anderen Ländern (Schmitt, 2000), soll durch die 2009 gestartete German Longitudinal Election Study (GLES) beendet werden. Ziel der seit 2007 geplanten GLES ist die mittelfristige Schaffung einer deutschen nationalen Wahlstudie (Schmitt-Beck et al., 2010b, S. 144).

Die GLES zeichnet sich durch ein komplexes Studiendesign mit verschiedenen Komponenten aus. Abbildung 5.1 zeigt eine schematische Einordnung der Komponenten in langfristige und kurzfristige Perspektive. Hierbei ist anzumerken, dass durch die Wiederholung der GLES-Komponenten zu mehreren Wahlen die Komponenten per Definition einen longitudinalen Charakter erhalten. In diesem Fall sind mit langfristigen Beobachtungen Komponenten gemeint, die unabhängig von der GLES als longitudinal angelegt sind. Das sind der Querschnitt (Komponente 1), die Langfrist-Panels (Komponente 7) und die Langfrist-Online-Trackings (Komponente 8 & X). Diese sind mit vorangegangenen und nachfolgenden Wahlen verbunden,

---

[5] Siehe zum Politbarometer auch Abschnitt 2.3 und Appendix D.

Tabelle 5.1: Deutsche Nationale Wahlstudien (1949-2009).

Studien-nummer	Jahr	Primärforscher	Vor-wahl	Nach-wahl	Quer-schnitt	Kurzfrist-Panel	Grundgesamt-heit	Modus
2324,2361	1949	Institut für Demoskopie	x	x	x		Dt. ab 18	PAPI
0145	1953	Reigrotzki	x		x		Dt. 18-79	PAPI
3272	1957	Institut für Demoskopie	x	x	x		Dt. ab 16	PAPI
0055-57	1961	Scheuch, Wildemann, Baumert	x	x	x		Dt. 16-70	PAPI
0556	1965	Kaase, Wildemann	x		x		Dt. ab 21	PAPI
0426	1969	Klingemann, Pappi	x	x		x	Dt. ab 21	PAPI
0635	1972	Berger, Gibowski, Kaase, Roth, Schleth, Wildemann	x	x		x	Dt. ab 18	PAPI
0823	1976	Berger, Gibowski, Gruber, Roth, Schulte, Kaase, Klingemann, Schleth	x	x		x	Dt. ab 18	PAPI
1275-76	1983	Berger, Gibowski, Roth, Schulte	x	x	x		Dt. ab 18	PAPI
1537	1987	Berger, Gibowski, Roth, Schulte, Kaase, Klingemann, Pappi, Küchler	x	x		x	Dt. ab 18	PAPI
1919	1990	Kaase, Klingemann, Küchler, Pappi, Semetko	x	x		x	Dt. ab 18	PAPI/CATI
2599	1994	Berger, Jung, Roth, Gibowski, Kaase, Klingemann, Küchler, Pappi, Semetko	x		x		Dt. ab 18	CATI
2600-1	1994 div. > 20		x		x		Dt. ab 18	CAPI
3065	1994	Falter, Gabriel, Rattinger, Schmitt	x	x	x		Dt. ab 16	CAPI/CATI
3066	1998	Falter, Gabriel, Rattinger	x	x	x		Dt. ab 16	CAPI
3861	2002	Falter, Gabriel, Rattinger	x	x	x		Dt. ab 16	CAPI
4332	2005	Kühnel, Niedermayer, Westle		x	x		Dt. ab 18	CAPI
5302	2009	Rattinger, Roßteutscher, Schmitt-Beck, Weßels	x	x	x		Dt. ab 16	CAPI

Quelle: Continuity Guide der deutschen nationalen Wahlstudien 1949-2005, ZA4332, ZA5302, eigene Darstellung.
Anmerkung: CATI = Computer Assisted Telephone Interview, CAPI = Computer Assisted Personal Interview, PAPI = Paper and Pencil Interview.

indem sie sich in die Reihe der Bundestagswahlstudien einfügen (Querschnitt), Panelisten weiterführen (Langfrist-Panel) oder kontinuierlich auch zwischen den Wahlen erhoben werden (Langfrist-Online-Tracking). Für die Analysen der vorliegenden Arbeit sind nur der Querschnitt und das Langfrist-Panel von Relevanz (für eine ausführliche Beschreibung der anderen Designs siehe Schmitt-Beck et al. (2010b), zur Datenqualität der GLES siehe Blumenberg et al. (2013b) sowie zur Diskussion einer möglichen Institutionalisierung Schmitt-Beck (2011)).

Demgegenüber sind die Rolling Cross-Section (Komponente 2), das Kurzfrist-Wahlkampfpanel (Komponente 3), die Wahlkampf-Medieninhaltsanalyse (Komponente 4), die TV-Duell-Analyse (Komponente 5) und die Kandidatenstudie (Komponente 6) GLES-Komponenten mit kurzfristigem Fokus. Sie erfassen Daten direkt zur Wahl und sind zeitlich nicht über die GLES-Runde hinaus in einen weiteren Kontext eingebunden (oder lediglich mit einzelnen Studien).

Der Querschnitt ist die Hauptkomponente der GLES. Er stellt dabei nicht nur einen weiteren Querschnitt in der Reihe der Wahlstudien und damit ein Element der wiederholten Querschnitte dar, sondern auch die Ausgangswelle der deutschen Langfrist-Panels. Ausgehend von der Bundestagswahl 1994 wurden die Befragten der Bundestagswahlstudien an den jeweils folgenden beiden Wahlen nochmals befragt, es ergeben sich hierdurch dreiwellige Langfrist-Panels. Diese Panels dienen der Messung langfristiger Stabilität und Wandels in politischen Einstellungen und Verhalten, sie folgen mit ihrem dreiwelligen Design Vorbildern aus den USA (Pappi und Shikano, 2007, S. 25). Neben Deutschland fand das Konzept auch in Großbritannien (Butler und Stokes, 1969) und in Frankreich (Converse und Pierce, 1986) Anwendung. Dreiwellige Langfrist-Panels starteten in Deutschland in den Jahren 1994, 1998, 2002, 2005 und 2009. Sie werden seit 2009 im Rahmen der GLES erhoben (vgl. zur detaillierten Beschreibung Blumenstiel und Gummer, 2012, 2013). Als Intervall zwischen den Wellen ergibt sich $\Delta t = 4$, mit Ausnahme der Intervalle zur vorgezogenen Bundestagswahl 2005, hier gilt $\Delta t = 3$. In der Folge sind die Laufzeiten ΔT der beendeten Panels: $\Delta T_{1994} = 8$, $\Delta T_{1998} = 7$ und $\Delta T_{2002} = 7$.

Abbildung 5.2 zeigt die fünf Panels, ihren Modus sowie die Panel-Response-Rate, das bedeutet den Anteil der Querschnittsfälle, welche mindestens zweimal befragt werden konnten. In dieser Darstellung entsprechen die Langfrist-Panels einem multiplen Panel: Die Einzelstudien stellen die Panelkomponenten dar ($k = 5$). Mit jeder Panelkomponente ist eine neuerliche Stichprobenziehung verbunden, die Menge der berücksichtigten Populationen ist demnach $P_{1994}, P_{1998}, P_{2002}, P_{2005}$ und P_{2009}, bei einem zeitlichen Gesamtumfang zwischen 1994 und 2009 von $\Delta T = 15$. Die Darstellung zeigt auch die Überlappung des multiplen Panels. Im Ideal überlappen sich pro Zeitpunkt drei Komponenten. Die Gesamtanzahl der Befragten beträgt im multiplen Paneldesign $N = 18.893$. Als Grundvoraussetzung der Kumulation müssen die Panelkomponenten methodisch homogen sein. Andernfalls, kann nicht

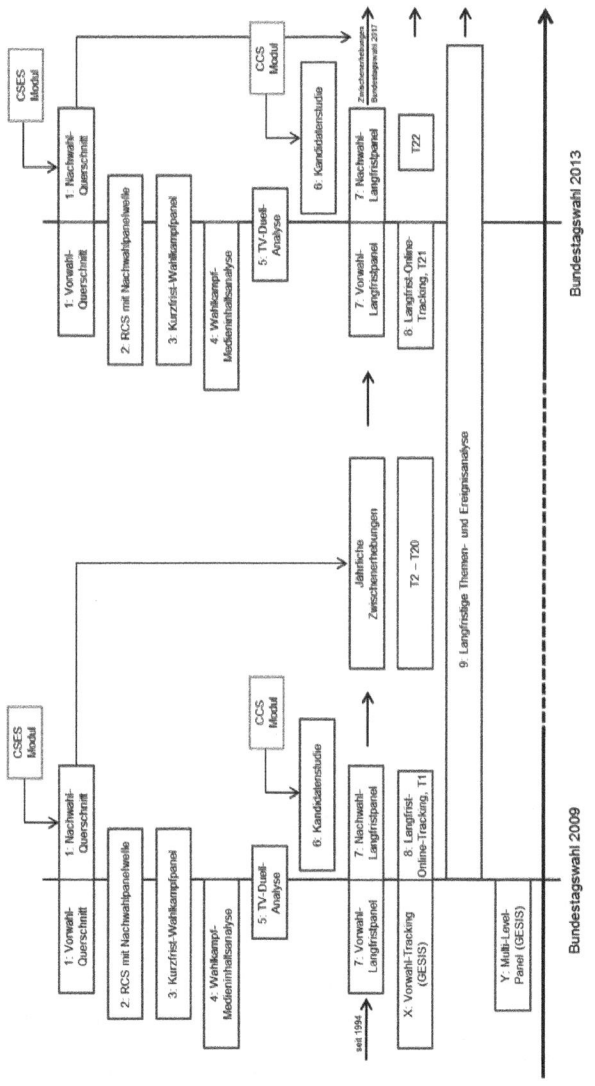

Abb. 5.1: Konzeptionelle Darstellung der German Longitudinal Election Study. Quelle: entnommen aus GLES (2013).

von einem multiplen Paneldesign gesprochen werden, da zentrale Annahmen wie die Möglichkeit, Wandel zu messen, nicht mehr erfüllt sind.

Wie Abbildung 5.2 und Tabelle 5.2 zeigen, sind Stichprobenziehung, Grundgesamtheit und Befragungsmodus mit Ausnahme der 1994 und der 2005 durchgeführten Erhebungen meist ähnlich. Dennoch weisen die Panels methodische Un-

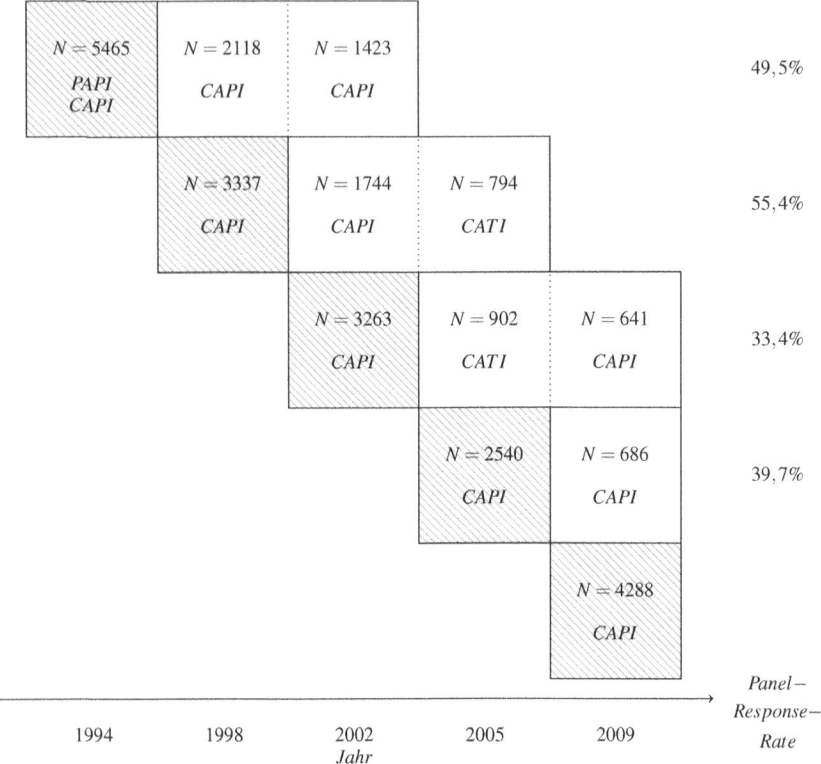

Abb. 5.2: Langfrist-Panels der deutschen Wahlforschung (1994-2009).
Quelle: ZA4301, ZA4662, ZA5320, ZA5321, ZA5322, eigene Darstellung.
Anmerkung: CATI = Computer Assisted Telephone Interview, CAPI = Computer Assisted Personal Interview, PAPI = Paper and Pencil Interview.

terschiede auf, die schon bei den Querschnittstudien aufgefallen sind — wenn auch in erheblich geringerem Umfang. So wurden die Wiederholungsbefragungen zur Bundestagswahl 2005 telefonisch erhoben, ein Teil des Querschnitts 1994 dagegen schriftlich. Folglich können Moduseffekte den Vergleich verschiedener Panelkomponenten beeinflussen. Weiter ergeben sich über die Zeit leichte Veränderungen im Frageprogramm, welche allerdings im Querschnitt 2005 am stärksten ausgeprägt sind. Auffallend sind dort vor allem große Fragebatterien zum Thema „Gender". Das ist für die hier präsentierten Analysen allerdings größtenteils unproblematisch, da ein gewisser Kern an Fragen gleich ist oder sich zumindest anpassen lässt.

Auch in der Definition der Grundgesamtheit weicht das 2005 gestartete Panel von den anderen Panels ab. Während ansonsten (theoretisch) Wahlberechtigte ab dem 16.

Lebensjahr befragt wurden, waren 2005 nur volljährige Personen als Zielpopulation definiert. Zusammen mit dem teilweise abweichenden Fragebogen ergibt sich durch den Querschnitt 2005 ein Bruch in der Kontinuität der Langfrist-Panels. Im Rahmen der GLES wurde versucht, dies zumindest teilweise zu korrigieren, indem die Fragebögen der Wiederholungsbefragungen des 2005 gestarteten Panels an die Fragebögen der anderen Panelkomponenten angepasst wurden.

Tabelle 5.2: Methodik der Langfrist-Panels (1994-2009).

Start	Grundgesamtheit	Primärforscher (Querschnitt und Panels)
1994	Deutsche ab 16	Falter, Gabriel, Rattinger, Schmitt
1998	Deutsche ab 16	Falter, Gabriel, Rattinger
2002	Deutsche ab 16	Falter, Gabriel, Rattinger, Roßteutscher, Schmitt-Beck, Weßels
2005	Deutsche ab 18	Kühnel, Niedermayer, Rattinger, Roßteutscher, Schmitt-Beck, Weßels, Westle
2009	Deutsche ab 16	Rattinger, Roßteutscher, Schmitt-Beck, Weßels

Quelle: ZA4301, ZA4662, ZA5320, ZA5321, ZA5322, eigene Darstellung.

Zusammenfassend ist den Datenbeständen der deutschen Wahlforschung zu attestieren, dass sie durchaus Potential erkennen lassen, um Wandel zu erfassen. Sozialer Wandel erscheint in Anbetracht einer langen Reihe von wiederholten Querschnitten besser mit den vorhandenen Daten zu analysieren als individueller Wandel. Für das analytische Potential der aktuellen Datenbestände der Wahlforschung folgen drei Punkte:

Erstens geht die Reihe an wiederholten Querschnitten bis fast zur Gründung der Bundesrepublik zurück. Eine Kumulation der Querschnitte wäre nahezu lückenlos. Es bleibt aber das große Problem der dezentral durchgeführten Studien: Je nach Primärforscher und bedingt durch den jeweiligen Zeitkontext weichen die Frageprogramme und Erhebungsdesigns der Studien teilweise über die Zeit ab. Wiederholte Querschnitte setzten allerdings die kontinuierliche Messung der gleichen Merkmale voraus.[6]

Zweitens ist die Laufzeit der Panelstudien limitiert. Im Vergleich zu langen Panelstudien wie dem SOEP oder dem IAB-Betriebspanel fehlt es der Wahlforschung an der Möglichkeit, individuellen Wandel über *sehr* lange Zeiträume (oder

---

[6] An dieser Stelle ist anzumerken, dass eine Anpassung der Fragestellung erforderlich werden kann, wenn die Frage in späteren Jahren einfach nicht mehr das misst, was sie vormals gemessen hat. Die vollständige, zeitliche Homogenität einer Frage muss nicht gleichbedeutend mit Vergleichbarkeit sein.

Lebensverläufe) zu analysieren. Hierdurch können Analysen nur auf die Langfrist-Panels und daher nur auf dreiwellige Panels zugreifen. Das schmälert natürlich die analytischen Potentiale in Bezug auf individuellen Wandel.

Drittens verfügt die deutsche Wahlforschung über ein multiples Panel. Wenn auch die Möglichkeit, individuellen Wandel über lange Beobachtungszeiträume zu analysieren, eingeschränkt sein mag, ergeben sich dennoch die Vorteile eines solchen Designs: Individueller Wandel kann für eine sich verändernde Grundgesamtheit (theoretisch) erfasst werden.[7] Dabei kann auch Wandel reliabel erfasst werden, der in einem klassischen Panel verzerrt erscheinen würde, z.b. weil er durch Kohorteneffekte beeinflusst wird. Zusätzlich gestattet es die wiederholte Stichprobenziehung, sozialen Wandel adäquat zu erfassen.

Da die multiplen Panels auf den Querschnitten beruhen, sind auch sie (partiell) von deren Problemen betroffen: Die dezentrale Struktur führt zu größeren Herausforderungen bei der Anpassung der Fragebögen und Kumulierbarkeit der Panelkomponenten. Der Querschnitt 2005 weist viele Genderfragen auf. Diese wurden sowohl in den vorangehenden als auch folgenden Panels nicht gestellt, was die Anzahl an vergleichbaren Merkmalen reduziert. In weit geringerem Umfang trifft die Diskrepanz der Fragebögen auch auf die anderen Panels zu. Gleichzeitig zeigt sich besonders in den Panels der Trend abnehmender Ausschöpfungsquoten von Umfragen (Schnell, 1997, S. 130f) in Form sinkender Fallzahlen, vor allem in späteren Wellen. Die in Abbildung 5.2 aufgeführten Panel-Response-Raten machen genau das deutlich: In Nachbefragungen werden immer weniger Personen erreicht. In der Konsequenz sinken die Fallzahlen, was gerade in den neueren Panels dramatische Ausmaße annimmt. Die Möglichkeit, komplexere multivariate Modelle zu berechnen, sinkt und es ist nicht auszuschließen, dass durch den initialen Nonresponse sowie Attrition ein Nonresponse Bias entsteht (Peytchev, 2013, S. 94).

Eine Integration der einzelnen Panels in ein multiples Panel führt zum vorab diskutierten Problem der Überlappung: Eine reliable Erfassung eines Merkmals wird durch überalterte Panelkomponenten erschwert. Wie die Simulation zeigt, handelt es sich hier um einen stets auftretenden Störfaktor im multiplen Panel. Im Realbeispiel ist aber nicht auszuschließen, dass zusätzliche Effekte wie Conditioning und Attrition auftreten. Eine Möglichkeit, dieser Verzerrung zu begegnen, könnte Gewichtung sein. Dabei stellen sich zwei Herausforderungen: Erstens müssen drei unterschiedlich überalterte Komponenten zu jedem Zeitpunkt gewichtet werden. Das bedeutet, dass drei Verteilungen an eine Referenz anzupassen sind. Getrennte Anpassungsverfahren wären eine denkbare Lösung hierfür. Zweitens startet mit jedem Zeitpunkt ein Panel mit neuer Grundgesamtheit. Infolgedessen müssen nicht nur Referenzwerte für eine Zielpopulation vorliegen, sondern für alle im multiplen Panel abgedeckten.

---

[7] Die Bewertung bezieht sich lediglich auf das Design, es ist nicht auszuschließen, dass methodische Verzerrungen wie *Nonresponse Bias* oder Ähnliches auftreten.

In Bezug auf die multiplen Panels ist überraschend, dass in der Wahlforschung praktisch keine Anstrengungen zu erkennen sind, die einzelnen Panels zu kombinieren und als multiples Panel zu verwenden. Hier bleibt analytisches Potential ungenutzt, denn sicherlich sind die oben genannten Einschränkungen weder unbehebbar noch für jede mögliche Analyse und Fragestellung ein Hindernis.

Kapitel 6
Elektorate als dynamische Populationen

Die bisherigen Analysen zeigen, dass Populationsdynamik steuert, wie stark sich longitudinale Forschungsdesigns in ihrem analytischen Potential unterscheiden. Weiter kann der zu beobachtende Wandel im Zusammenhang mit dieser Dynamik stehen, bspw. aufgrund vorliegender Kohorteneffekte oder sich nicht linear entwickelnder Alterseffekte. Für verschiedene solcher Szenarien zeigt Kapitel 4, wie gut multiple Panels geeignet sind, die Limitierungen wiederholter Querschnitte oder klassischer Panels zu beseitigen. Im Folgenden wird mittels realer Daten geprüft, wie stark die Populationsdynamik tatsächlich ausgeprägt ist. Hierzu wird das Elektorat als Zielpopulation der Wahlsoziologie verwendet. Das Beispiel erlaubt es, die Befunde der Simulation besser in die Realität einzuordnen und geeignete Empfehlungen für Forschungsprojekte der Soziologie abzuleiten.

6.1 Dynamik des deutschen Elektorats 1994-2009

Legislaturperioden, das heißt die Zeitspanne zwischen zwei Wahlen, können als abgeschlossener Zeitraum betrachtet werden, in dem eine Regierung ihre Arbeit ausübt, bevor sie sich einer weiteren Legitimierung durch die Wahlberechtigten stellen muss. Im Folgenden werden vier Legislaturperioden im Zeitraum von 1994 bis 2009 analysiert; diese schließen fünf Wahlen ein. Für die Begrenzung des Untersuchungszeitraums spricht eine Reihe von (methodischen) Argumenten:

Erstens decken die Langfrist-Panels der deutschen Wahlforschung denselben Zeitraum ab. Da diese für spätere Analysen verwendet werden, ist es sinnvoll, den gleichen Zeitraum zu wählen, um Populationsdynamik zu untersuchen. Das erlaubt Rückschlüsse von der Dynamik des Elektorats auf spätere Ergebnisse zum individuellen Wandel.

Zweitens stehen Veränderungen der Population zwischen zwei Wahlen im Vordergrund der Analysen, da Wahlen der übliche Zeitpunkt für Datenerhebungen sind. Wenn die ausgewählten Legislaturperioden die typische Dynamik einer Population abbilden, kann von diesen auf die durchschnittliche Dynamik in einer Population geschlossen werden. Lange Untersuchungszeiträume sind daher nicht zwingend notwendig.

Drittens ist gerade die aktuelle Veränderung in Populationen interessant, um Empfehlungen für Forschungsprojekte ableiten zu können. Dehnt man den Untersuchungszeitraum weit in die Vergangenheit aus, fließt auch die Dynamik älterer Populationen in die Ergebnisse ein, was einen Transfer der Befunde hin zur aktuellen Bedeutung von Populationsdynamik für Forschungsdesigns erschweren kann.

Das statistische Bundesamt stellt amtliche Daten über die Bevölkerung in Deutschland zur Verfügung, die ein probates Mittel sind, um die Dynamik der Bevölkerung nachzuvollziehen. Definiert man die Bevölkerung Deutschlands als die Menge aller Individuen, die zu einem Zeitpunkt t in Deutschland wohnhaft sind, stellt das Elektorat zu t eine Teilmenge der Bevölkerung dar. Wie bereits definiert, handelt es sich beim Elektorat im Falle einer Bundestagswahl um alle Wahlberechtigten.[1] Bevölkerungsdaten bieten somit die Möglichkeit, (approximiert) die Veränderung des Elektorats zu berechnen. Da die verfügbaren Daten nicht explizit für diesen Zweck erfasst werden und auch meist nur in Form von aggregierten Verteilungen vorliegen, handelt es sich hier um Näherungswerte. Um etwaige Verzerrungen transparent zu machen, werden bei den Analysen stets die verwendeten Daten und Methoden diskutiert.

6.1.1 Veränderung der Zusammensetzung

Das grundlegende Problem eines Panels bei der Erfassung von Wandel ist die sinkende Repräsentativität mit verstrichener Zeit seit der ersten Erhebung. Wie die Simulation zeigt, kann auch ein multiples Panel diese Verzerrung der Ergebnisse nicht vollständig beseitigen. Formal entspricht das Problem, wenn Elektorate E_t die interessierenden Populationen sind, dem Komplement $E_{t+1} \setminus E_t$ (vgl. Abschnitt 2.2.3). Die gesamte Dynamik des Elektorats sind alle Fälle, die aus der Population ausscheiden, und alle Fälle, die in die Population eintreten ($(E_{t+1} \setminus E_t) \wedge (E_t \setminus E_{t+1})$). Dabei ist zwischen der gesamten Dynamik und ihrer Zerlegung auf einzelne Mechanismen der Bevölkerungsentwicklung (Tod, Geburt und Migration), die Teilmengen der gesamten Dynamik ausmachen, zu unterscheiden.

---

[1] Eine Übersicht über die Anzahl der Wahlberechtigten findet sich zwar auch beim Bundeswahlleiter (2009), diese gibt allerdings keinen Aufschluss über die anteilige Veränderung des Elektorats durch Tod, Geburt und Migration.

Demographische Arbeiten thematisieren die Mechanismen der Bevölkerungsentwicklung. Dabei steht allerdings mehr die Auswirkung der Alterung einer Population auf verschiedene Teilsysteme der Gesellschaft, wie bspw. Bildung (z.b. Nutz, 2006; Weishaupt, 2006) und Gesundheit (z.b. Schwarz und Sommer, 2009), im Vordergrund der Analysen. Den Einfluss oder das Ausmaß der Dynamik thematisiert die Literatur gerade für Teilmengen oder Subpopulationen der Gesamtgesellschaft — wie dem Elektorat — nicht in vertiefter Form. Um allerdings beurteilen zu können, welche Bedeutung die Populationsdynamik für den Einsatz von longitudinalen Forschungsdesigns in soziologischen Forschungsprojekten hat, ist dies ein notwendiger Schritt.

Tod und Geburt werden auch als *natürliche Bevölkerungsbewegung* und Migration als *räumliche Bevölkerungsbewegung* bezeichnet (Krack-Roberg und Grobecker, 2011, S. 419, 422). Die auftretenden Mechanismen der Dynamik in der deutschen Bevölkerung sind übertragbar auf das Elektorat, da es sich um eine Teilmenge der Bevölkerung handelt.

Formal stellt sich das Ausmaß der Veränderung in der Zusammensetzung des Elektorats zwischen zwei Wahlen als ΔE dar. Die Veränderung kann als lineare Funktion der Mechanismen mit divergierenden Wirkungsrichtungen dargestellt werden, das heißt als Kombination von Zu- und Abstrom aus dem Elektorat:

$$\Delta E = (-T) + G + EB + (-F).$$

Dabei sei T die Anzahl der gestorbenen Wahlberechtigten (Tode), G repräsentiert die Anzahl der Erstwähler (Geburten)[2], EB sei die Anzahl der Einbürgerungen und F die Anzahl der Fortzüge[3] aus dem Elektorat ins Ausland. Zur Bestimmung der jeweiligen Komponenten dient stets die Zeitspanne zwischen den beiden zu vergleichenden Wahlen. Die Formalisierung erlaubt, die Populationsdynamik in verschiedene Komponenten zu zerlegen. Es ergeben sich dabei unterschiedliche Möglichkeiten, die Komponenten zu gruppieren. Am sinnvollsten scheinen einerseits die Gruppierung der natürlichen und räumlichen Bevölkerungsbewegung (6.1) und andererseits die Gruppierung nach Wirkungsrichtung (6.2).

$$\Delta E = (G - T) + (EB - F) \tag{6.1}$$
$$= (G + EB) - (T + F) \tag{6.2}$$

---

[2] Bei Erstwählern handelt es sich selbstverständlich nicht um neugeborene Wähler, der grundlegende Mechanismus ihres Eintritts in die Population ist jedoch eine Folge der Fertilität der Population. Dementsprechend wird das Eintreten von Erstwählern in das Elektorat auch als zeitverzögerter Geburtseffekt interpretiert.

[3] Auch im Ausland lebende deutsche Staatsbürger sind wahlberechtigt (Bundeswahlleiter, 2013). Da diese allerdings einen Antrag auf Aufnahme ins Wählerverzeichnis stellen müssen und weiterer Zugangsbeschränkungen unterliegen, kann ihre Zahl nicht verlässlich bestimmt werden. Aus diesem Grund werden nachfolgend alle Fortzüge aus Deutschland als Austritte aus dem Elektorat verstanden.

In Tabelle 6.1 ist die Anzahl aller deutschen Staatsbürger über 18 Jahre innerhalb der Bevölkerung Deutschlands in den Wahljahren 1994 bis 2009 dargestellt. Diese sollte der Größe des Elektorats entsprechen. Alle Daten der Tabelle sind statistischen Jahrbüchern und anderen frei zugänglichen Publikationen des Statistischen Bundesamtes (DESTATIS) entnommen. Im Vergleich zu der vom Bundeswahlleiter veröffentlichten Anzahl an Wahlberechtigten ergeben sich Abweichungen im Bereich von 0,001% bis 0,18%. Ein Unterschied der, erstens, durch die Nichtberücksichtigung von Strafgefangenen mit entzogener Wahlberechtigung in den Daten des Statistischen Bundesamtes sowie, zweitens, der abweichenden Stichtage der Erhebungen zu erklären ist. Der Stichtag der Daten des Bundeswahlleiters ist offensichtlich der Wahltag, im Fall der Bevölkerungszählung der 31.12. des jeweiligen Jahres.

Für die absolute Größe der Bevölkerung ist eine leichte Zunahme von 60,343 Mio. Wahlberechtigten 1994 auf 62,195 Mio. im Jahr 2009 erkennbar — eine durchschnittliche Zunahme um 463.152 Personen pro Wahl. Die Veränderung der Größe kann aber nicht dazu dienen, das Ausmaß der Dynamik zu erfassen. Ein einfaches Gedankenspiel veranschaulicht dies: Wenn alle der 60,343 Mio. Wahlberechtigten aus dem Jahr 1994 bis 2009 sterben, aber 62,195 Mio. neue Wahlberechtigte in das Elektorat eintreten würden, würde die tatsächliche Dynamik absolut 122,538 Mio. betragen. Die Veränderung der Größe des Elektorats würde aber nur auf eine Zunahme um 0,77% (0,46 Mio. Wahlberechtigte) hindeuten. Daher wird die Dynamik in der Folge zerlegt untersucht.

Tabelle 6.1: Dynamik des Elektorats (1994-2009).

Elektorat	Größe	Tode seit E_{t-4}	Erstwähler seit E_{t-4}	Einbürgerung seit E_{t-4}	Fortzüge seit E_{t-4}
1994	60.342.696	3.135.492	3.543.779	780.147	286.711
		5,87%	5,20%	1,29%	0,48%
1998	60.731.398	3.249.215	3.451.915	1.186.429	374.884
		5,72%	5,38%	1,97%	0,62%
2002	61.437.466	3.324.018	3.331.319	767.539	368.902
		5,49%	5,47%	1,26%	0,61%
2005	61.866.417	2.504.344	2.486.809	385.125	344.773
		4,05%	4,08%	0,63%	0,56%
2009	62.195.305	3.475.595	3.330.268	428.188	515.705
		5,38%	5,62%	0,69%	0,83%

Quelle: DESTATIS Genesis-Online (2012a,e,b,d,g); DESTATIS (1993, 1994, 1995, 1996, 1997, 1998, 1999, 2000, 2001, 2002, 2003, 2004, 2005, 2006, 2007, 2008, 2009, 2010, 2011), eigene Berechnung.
Anmerkung: Angaben pro Jahr in absoluten Häufigkeiten und als prozentuale Veränderung zum vergangenen Elektorat, Werte für 2005 berechnet auf Basis von E_{t-3}.

Tabelle 6.1 zeigt die kumulierten Häufigkeiten des Auftretens der vier Mechanismen in den vergangenen vier Jahren vor jeder Wahl bzw. der vergangenen drei Jahre im Fall der Bundestagswahl 2005. Die dargestellten Summen sind als Größe der Veränderung des Elektorats durch den jeweiligen Mechanismus zu interpretieren. Hierzu wird (wenn nicht anders erwähnt) die Anzahl aller Personen der Bevölkerung mit deutscher Nationalität und einem Alter größer oder gleich 18 berücksichtigt.

Der Anteil der Personen, die das Elektorat durch Sterblichkeit bis zu einer Wahl verlassen, ist in Spalte 3 dargestellt. Zur Vergleichbarkeit ist die Häufigkeit auf Basis der Größe des Elektorats zur vorangegangenen Wahl ebenfalls als relative Häufigkeit ausgewiesen.[4] Im Durchschnitt ergibt sich eine Veränderung des Elektorats um 5,62% (exklusive 2005, hier: 4,05%) von einer Wahl zur nächsten durch Todesfälle von Wahlberechtigten. Für den untersuchten Zeitraum zeigt sich kein eindeutiger Trend, die relative Dynamik bleibt auf einem konstanten Niveau. Die Daten des Statistischen Bundesamtes erlauben keine Unterscheidung nach der Staatsbürgerschaft, sondern es handelt sich um die Sterblichkeit bezogen auf die Bevölkerung Deutschlands.

Gegenüber der Schrumpfung des Elektorats durch Todesfälle führen Geburten zu einem zeitverzögerten Wachstum durch Erstwähler. Da deutsche Bürger mit der Volljährigkeit das Wahlrecht erlangen, sind die hier relevanten Jahrgänge zwischen 1976 und 1991 geboren. Der Tabelle liegen die Anzahl der Lebendgeburten in Deutschland zugrunde, es wird dabei nicht für die Staatsbürgerschaft des Kindes kontrolliert, da Statistiken mit dieser Information erst ab dem Jahr 1991 vorliegen (DESTATIS Genesis-Online, 2012f). Um die Anzahl an Geburten für Sterblichkeit zwischen der Geburt und der Volljährigkeit zu korrigieren, können Sterbetafeln der Jahre 1976 bis 2009 eingesetzt werden. So betreffen bspw. Todesfälle 1-jähriger im Jahr 1973 den Geburtsjahrgang 1972, Todesfälle 17-jähriger im Jahr 2009 den Jahrgang 1992. Auch wenn die Sterblichkeit unterhalb der Volljährigkeit sehr gering ist (Geißler, 2002, S. 59ff; Hradil, 2006, S. 43ff; Klein, 2005, S. 88), kann auf diese Weise eine mögliche Verzerrung korrigiert werden. Für aktuelle Jahrgänge zeigen sich zwar noch geringere Mortalitätsrisiken, allerdings weisen Untersuchungen für die hier betrachteten Kohorten eine zwar geringe, aber existierende Jugendsterblichkeit aus (Eisenmenger und Emmerling, 2011, S. 230f; z.B. Nolte et al., 2000, S. 893). Um eine Verzerrung der berichteten Werte möglichst klein zu halten, sind die Daten entsprechend den aufgeführten Methoden korrigiert.

Wie Kapitel 2.4 zeigt, sind gerade Neueintritte in eine Population relevant für das analytische Potential longitudinaler Forschungsdesigns. Für die Eintritte durch Geburt ergibt sich eine durchschnittliche Veränderung des Elektorats um 5,42%

---

[4] Es gilt daher entsprechend für die relative Veränderung durch einen Mechanismus zu einer Wahl: $\frac{\sum_{t-3}^{t} h_{mt}}{S_{E_{t-4}}}$, dabei sei m ein Mechanismus der Menge {Tod, Geburt, Einbürgerungen, Fortzüge}, h_{mt} die absolute Häufigkeit der durch m betroffenen Personen zum Zeitpunkt t und $S_{E_{t-4}}$ die Größe des Elektorates der letzten Wahl.

(exklusive 2005, hier: 4,08%). Es gilt anzumerken, dass die genannten Raten durch die Berücksichtigung von Nicht-Staatsbürgern innerhalb der Geburten vermutlich leicht überschätzt werden. Gleichwohl zeigt sich ein leicht positiver Trend in der relativen Veränderung durch Geburten. Trotz sinkender absoluter Häufigkeit der Neueintritte wächst das Elektorat insgesamt auf einem geringen Niveau.

Der dritte Mechanismus, der üblicherweise in der Literatur als Ursache für Dynamik in einer Population genannt wird, ist räumliche Bevölkerungsbewegung. Gleichung (6.1) zeigt, dass hier nach Wirkungsrichtung zwischen Fortzügen und Einbürgerungen unterschieden werden muss.

Die Daten des Statistischen Bundesamtes und der zugehörigen Genesis-Online-Plattform sind in diesen Punkten etwas ungenau und ermöglichen nur Approximationen, die mit Vorsicht zu interpretieren sind. Die Einbürgerungen von volljährigen Personen sind erst ab dem Jahr 2001 zu ermitteln, da Einbürgerungen erst ab diesem Zeitpunkt nach Altersgruppen aufgeschlüsselt ausgewiesen werden (DESTATIS Genesis-Online, 2012c). Sie liegen im Mittel bei etwa 76% (2001-2010) der gesamten Einbürgerungen eines Jahres. Generell steigen die jährlichen Einbürgerungen in Deutschland von 1994 bis 1996, erreichen dann ein Maximum im beobachteten Zeitraum von 302.830 (1996). Es folgt ein Trend der Abnahme, der 2009 einen Stand von 96.122 pro Jahr erreicht. Zwischen 1994 und 2009 zeigt sich eine Veränderung der Elektorate von durchschnittlich 1,3% durch Einbürgerungen im Laufe einer Legislaturperiode (exklusive 2005, hier: 0,63%).

Dem steht die Auswanderung Deutscher ins Ausland gegenüber. Das Elektorat ist hierbei von Fortzügen volljähriger Staatsbürger betroffen, deren durchschnittliche Anzahl zwischen 1994 und 2009 105.908 Personen pro Jahr beträgt. Im Gegensatz zur Einbürgerung ist seit 2004 eine Stagnation der Raten zu erkennen. Genesis-Online stellt leider keine Daten zum Alter der Migranten zur Verfügung, hier muss aus den Statistischen Jahrbüchern 1993-2011 die Anzahl an volljährigen deutschen Auswanderern im relevanten zeitlichen Intervall ausgelesen werden.[5] Zwischen den Elektoraten 1994 bis 2009 ergibt sich eine Dynamik von 0,64% durch Fortzüge (exklusive 2005, hier: 0,56%).

Die Zerlegung der Veränderung in der Zusammensetzung des Elektorats zeigt, wie heterogen die Mechanismen wirken. Während Tod und Geburt auf recht ähnlichem Niveau das Elektorat beeinflussen, steuern Fortzüge und Einbürgerungen die Entwicklung des Elektorats in weit geringerem Maße. Entgegen der klassischen Zusammenfassung der räumlichen Bevölkerungsbewegung in einen Mechanismus

---

[5] Die benötigten Tabellen hierzu werden immer zeitlich verzögert berichtet. Beispielsweise werden die Tabellen zu Auswanderern nach Altersgruppen für das Jahr 1990 in DESTATIS (1993) ausgewiesen. Im Jahrbuch 1995 wurden die Verzögerung korrigiert und Statistiken zu Jahr 1993 statt 1992 berichtet. Es liegen daher keine belastbaren Zahlen für das Jahr 1992 vor bzw. nur in aggregierter Form wie im Supplement „Bevölkerung und Erwerbstätigkeit 2010" (DESTATIS, 2012, Tabelle 3.1). Als Lösung wird für das Jahr 1992 der Mittelwert der Jahre 1991 (64.610) und 1993 (66.359) verwendet. Es ergibt sich daher eine Migration im Elektorat für das Jahr 1992 von 65.485 Personen.

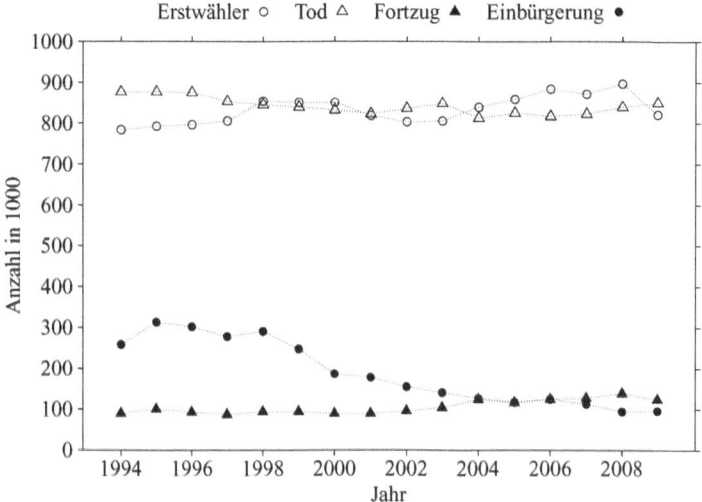

Abb. 6.1: Trends in der Veränderung zum Vorjahr (1994-2009).
Quelle: DESTATIS Genesis-Online (2012e,b,d,g); DESTATIS (1993, 1994, 1995, 1996, 1997, 1998, 1999, 2000, 2001, 2002, 2003, 2004, 2005, 2006, 2007, 2008, 2009, 2010, 2011), eigene Berechnung.

ist eine differenziertere Betrachtung angebracht, da zwei unterschiedliche Wirkungsrichtungen vorliegen. Wie in den Formalisierungen weiter oben gezeigt, bietet es sich an, verschiedene Kombinationen der Mechanismen zu betrachten. So kann, wie in Gleichung (6.2), Zu- und Abstrom getrennt diskutiert werden.

Eine detailliertere Darstellung der spezifischen Dynamik, basierend auf jährlicher Veränderung, zeigt Abbildung 6.1. Durch die feinere Darstellung werden die genannten Trends deutlicher sichtbar. Interessant sind vor allem die zurückgehende Einwanderung und der Einbruch der Neueintritte im Jahr 2009. Letzterer ist dadurch zu erklären, dass die zahlenmäßig starken Jahrgänge den Altersbereich der Fertilität verlassen. Die Einwanderung in Deutschland hat sich in den letzten Jahren hin zur Einwanderung tendenziell höher gebildeter Personen mit geringerer Aufenthaltsdauer entwickelt (Diehl und Grobecker, 2006) und auch in ihrem Umfang abgenommen (DESTATIS Genesis-Online, 2012g), was in der Konsequenz zu einer geringeren Zahl an Einbürgerungen führt. Deutlich sichtbar ist in der graphischen Darstellung auch die Dominanz der natürlichen Mechanismen. Für das Jahr 2009 liegen sie um den Faktor acht über den Mechanismen der räumlichen Bevölkerungsbewegung.

Lässt man zunächst die ungenauen Werte zur Migration außen vor und konzentriert sich auf die natürliche Bevölkerungsbewegung, ergibt sich für die Elektorate in den Jahren 1994, 1998, 2002 und 2009 eine durchschnittliche kumulierte Dynamik von 11,04% durch Mortalität und Fertilität (exklusive 2005, hier: 8,12%). Eine durchaus beachtliche Größe, die für die Elektorate Veränderungen in Millionenhöhe bedeutet. Die Verwendung eines Designs, welche die Veränderung in einer Population nicht berücksichtigt, führt demnach zu einer Verzerrung der Repräsentativität auf diesem Niveau. Selbst wenn ein Design Austritte aus einer Population erfassen kann, bleibt die Veränderung durch Eintritte unberücksichtigt. Kumuliert für Geburten und Einbürgerungen beträgt die Zustromrate der Elektorate 1994, 1998, 2002 und 2009 durchschnittlich 6,72% (exklusive 2005, hier: 4,7%). Bei der durchschnittlichen Größe der Elektorate im Zeitraum von 1994 bis 2009 (61.306.511) wäre das ein Neueintritt von 4.119.798 Personen.

Demgegenüber liegen die kombinierten Abstromraten zwischen den Wahlen 1994 und 2009 im Mittel bei 6,25% (exklusive 2005, hier: 4,61%). Im Vergleich zur gegensätzlich wirkenden Kombination aus Geburten und Einbürgerungen zeigt sich eine leicht geringere Rate für den Abstrom. In der Folge nimmt die Größe des Elektorats mit der Zeit leicht zu. Mit zurückgehender Einwanderung und noch weiter abnehmenden Geburten sollte sich dieser Effekt in den kommenden Jahren allerdings zunehmend relativieren.

Die vorgestellten Daten der amtlichen Statistik zeigen ein hohes Maß an Dynamik innerhalb des Elektorats, das von verschiedenen Mechanismen getrieben wird. Soll Wandel adäquat für eine sich verändernde longitudinale Population erfasst werden, wird deutlich, wie notwendig es ist, geeignete Mechanismen in Forschungsdesign zu implementieren, um Dynamik berücksichtigten zu können.

6.1.2 Veränderung der Altersstruktur

Die voranstehende Analyse zeigt eine nicht gleichmäßige Entwicklung der Veränderung ΔE über die Jahre. Langfristig determinieren variierende Mortalitäts- und Fertilitätsraten die Entwicklung einer Population. Es entsteht eine Veränderung der Struktur einer Population — hier des Elektorats — mit der Zeit. In der Altersstruktur der Bevölkerung drückt sich dabei nicht nur die Konsequenz der Reproduktion aus; diese ist auch die entscheidende Determinante für die Geburtenentwicklung in einer Population (Klein, 2005, S. 50). Aus dem Anteil der Frauen im gebärfähigen Alter ergibt sich die mögliche Fertilität zu einem späteren Zeitpunkt. Wie Pötzsch und Sommer (2009, S. 384) zeigen, nimmt der Anteil der Mütter an der gesamten Anzahl der Frauen in Deutschland erst in jüngeren Kohorten ab. Die Anzahl der Geburten pro Mutter sinkt dagegen deutlich (Pötzsch, 2010). Die Autoren erklären die abnehmende Fertilität in Deutschland durch verändertes generatives Verhalten. Kritisch anzumerken ist, dass die Analysen für zu junge Kohorten nur Prognosen erlauben, da deren fertile Möglichkeiten noch nicht erschöpft sind und die endgültige Reproduktionsleistung nicht gänzlich beurteilt werden kann. Es ist dennoch festzu-

halten: Bedingt durch verschiedene Determinanten variiert die Geburtenziffer mit
der Zeit. Dies drückt sich in der Altersstruktur einer Gesellschaft aus.

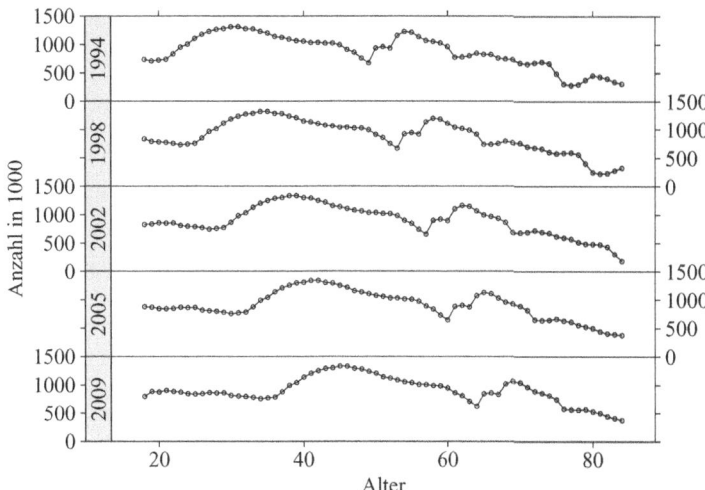

Abb. 6.2: Altersverteilung im Elektorat (1994-2009).
Quelle: DESTATIS Genesis-Online (2012a), eigene Berechnung.

Abbildung 6.2 zeigt die Altersverteilung der Elektorate 1994, 1998, 2002, 2005
und 2009.[6] Innerhalb des Intervalls von 15 Jahren werden die Folgen der demographischen Entwicklung Deutschlands auch im Elektorat sichtbar. Die Anzahl
der Neueintritte basiert hauptsächlich auf geburtenschwachen Jahrgängen und so
bleibt der Modus der Altersverteilung weiterhin bei den um 1960 geborenen Generationen. Über das untersuchte Intervall verschiebt sich der Modus im Rahmen der
Alterung immer weiter. Da die jeweils eintretenden Jahrgänge bei gleichbleibend
niedriger Reproduktionsrate als Basis für die weitere Reproduktion der Population
dienen, ist mit einer weiteren Entwicklung in dieser Richtung zu rechnen. Auf der
anderen Seite ist zu erkennen, dass Mortalität hauptsächlich die älteren Personen
im Elektorat betrifft. Fertilitäts- und Mortalitätsraten sind heterogen im Elektorat
verteilt. Berücksichtigt ein Design neu eintretende Altersgruppen nicht, führen die
heterogenen Raten über kurz oder lang dazu, dass die in einem solchen Design
erfasste Population nicht mehr der Zusammensetzung der eigentlichen Population
entspricht. Gleichzeitig veranschaulicht die Grafik die Befunde des vorangehenden

---

[6] Personen über 85 Lebensjahren sind in den verfügbaren Daten der Genesis-Online-Datenbank in
einer Restkategorie zusammengefasst. Diese ist in der Grafik nicht abgetragen.

Abschnitts: Selbst bei einer prozentual gering erscheinenden Dynamik, wie sie in den beobachteten Elektoraten zu erkennen ist, tritt noch eine nennenswerte Zahl an Wahlberechtigen in das Elektorat ein. Dennoch sollte die Anzahl der Neueintritte weiter abnehmen, wenn keine größeren Veränderungen im generativen Verhalten der Bevölkerung auftreten.

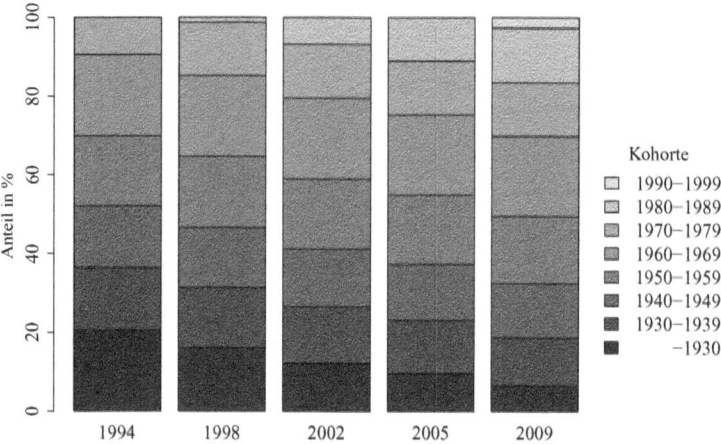

Abb. 6.3: Kohortenzusammensetzung im Elektorat (1994-2009).
Quelle: DESTATIS Genesis-Online (2012a), eigene Berechnung.

Wie in der Simulation gezeigt, sind gerade auch Analysen auf Basis von Kohorten interessant. Die Daten, auf denen die Altersverteilungen basieren, können recht einfach umgerechnet werden, um die Repräsentation von Kohorten im Elektorat widerzuspiegeln. Hierzu wurde wie üblich eine Reihe von Geburtskohorten in Schritten von 10 Jahren gebildet. Die relative Zusammensetzung der Elektorate ist in Abbildung 6.3 in Form von Balkendiagrammen abgetragen. Jede Stufe eines Balkens stellt dabei eine Kohorte dar. Alte Kohorten sind dunkler gehalten als junge Kohorten. Berücksichtigung finden die Kohorten: 1990-1999, 1980-1989, 1970-1979, 1960-1969, 1950-1959, 1940-1949, 1930-1939, 1930 und früher. Während in E_{1994} Kohorte 1970-1979 etwa 9,4% des Elektorats ausmacht, tritt der Rest dieser Kohorte in der folgenden Wahl in das Elektorat ein und stellt mit den 2002 bis 2009 weiter eintretenden Kohorten im Jahr 2009 30,1% des Elektorats. Ein Panel, das den Mechanismus dieser Dynamik nicht erfasst, steht damit vor dem Problem, innerhalb von nur vier weiteren Wahlen die tatsächliche Population in diesem Umfang zu unterschätzen. Der gegenläufige Effekt zeigt sich für Kohorte 1930-1939. Während sie in E_{1994} noch 16% der Individuen umfasst, sind es 2009 gerade noch 12,1%.

Sowohl die Untersuchung der Altersverteilung im Elektorat als auch die Untersuchung der Kohortenrepräsentation verdeutlicht die Bedeutung der natürlichen Bevölkerungsbewegung. Zum einen wird gezeigt, dass Elektorate aus ungleich großen Altersgruppen bestehen, die wiederum heterogene Fertilitäts- und Mortalitätsraten aufweisen. Zum anderen tritt zu jeder zweiten Wahl eine neue Kohorte in das Elektorat ein. Werden Analysen auf dieser Ebene durchgeführt, bleibt nach kurzer Zeit eine Kohorte unberücksichtigt, falls das Forschungsdesign keine Möglichkeit vorsieht, dem Rechnung zu tragen.

6.2 Zusammenfassung

Die Simulation in Kapitel 4 zeigt das analytische Potential von longitudinalen Forschungsdesigns auf Basis von artifiziellen Daten. Das vorliegende Kapitel weist mittels amtlicher Daten auf den nicht zu ignorierenden Umfang von Populationsdynamik im Elektorat hin. Anhand dieses Vorgehens kann mit recht einfachen Methoden und frei zugänglichen Daten für eine eingrenzbare Subpopulation der deutschen Bevölkerung ermittelt werden, in welchem Umfang sie sich näherungsweise verändert. Ein Einsatz der Methode bei größeren Bevölkerungsumfragen in Deutschland wäre sicherlich wünschenswert, da hier evaluiert werden kann, wie groß die Veränderung der Zielpopulation ungefähr ist und ob diese, im Rahmen entsprechender Irrtumswahrscheinlichkeiten, adäquat vom eingesetzten Design verfasst wird.

Amtliche Daten zeigen im gewählten Beobachtungszeitraum von 1994 bis 2009 eine deutlich sichtbare Populationsdynamik. Diese wird durch die Mechanismen Tod, Geburt und Migration gesteuert. Den größten Einfluss auf das Gesamtvolumen der Dynamik zwischen zwei Zeitpunkten nehmen dabei natürliche Mechanismen ein. Wie nach der Recherche und Zusammenführung der Daten dargestellt, beläuft sich der Wandel zwischen zwei Bundestagswahlen auf eine Veränderung der Zusammensetzung des Elektorats in Millionenhöhe. Innerhalb einer Legislaturperiode (vier Jahre) kumuliert sich die Veränderung auf über 10% der Größe des letzten Elektorats.

Da Fertilität und Mortalität heterogen über Altersjahre verteilt sind, führt Populationsdynamik zu veränderten Anteilswerten von Kohorten innerhalb der Population. Dies hat einerseits einen Einfluss auf die spätere Dynamik, andererseits wird hier deutlich, dass Populationsdynamik nicht nur gleichförmigen Zu- und Abstrom aus einer Population bedeutet, sondern auch die Veränderung von deren Zusammensetzung steuert.

Kapitel 7
Sozialer und individueller Wandel im Elektorat

Nachdem im letzten Kapitel der Umfang von Populationsdynamik und ihr Einfluss auf Alters- und Kohortenverteilungen im Elektorat dargelegt wurden, überprüfen die nachfolgenden Analysen den Zusammenhang zwischen Zeitkontext und zentralen Variablen der Wahlsoziologie (insbesondere politisches Interesse, Wahlbeteiligung und Wechselwahl). Wie die Ergebnisse der Simulation zeigen, unterscheidet sich das analytische Potential multipler Panels von den beiden idealtypischen longitudinalen Forschungsdesigns, je nachdem nach welchen Mechanismen sich der Wandel über die Zeit vollzieht (Alters-, Perioden-, Kohorteneffekte oder einer Kombination der Effekte). Eine genauere Untersuchung, welchen Mustern die zentralen Merkmale der Wahlsoziologie folgen, kann dabei helfen, die möglichen Folgen für das analytische Potential der longitudinalen Designs zu illustrieren. Dabei liegt ein besonderes Augenmerk auf Kohortensukzession, da gemäß der Simulation gerade solche Effekte ein erhebliches Problem für klassische Paneldesigns darstellen, die von multiplen Panels reduziert werden können.

Die Veränderung zentraler Merkmale wird im Folgenden getrennt für sozialen und individuellen Wandel untersucht.

7.1 Sozialer Wandel im Kontext der Dynamik

Meist wird Populationsdynamik im Zusammenhang mit sozialem Wandel besprochen, der (darin ist sich die Literatur einig und das bestätigt auch die Simulation in Abschnitt 4.2) im Idealfall mit wiederholten Querschnitten erfasst wird. Wie sich die Veränderung inhaltlicher Merkmale der Wahlsoziologie in Form von sozialem Wandel *funktional* gestaltet, wie *salient* diese ist und in welchem Umfang Populationsdynamik für sozialen Wandel verantwortlich ist, lässt sich daher am besten auf Basis solcher Daten nachweisen. Die Datenbasis für die folgenden Analysen bilden die kumulierten Bundestagswahlstudien der Jahre 1994, 1998, 2002, 2005 und 2009. Zur externen Validierung der Befunde dienen das Politbarometer (PB) und der ALLBUS. Wie in Abschnitt 2.3 bereits angesprochen, kann das PB über verschiedene Jahre kumuliert werden. Dabei finden Daten der Wahljahre 1994, 1998, 2002 und 2009 Verwendung. Anhand der Feldzeiten der Bundestagswahlstudien (BTW-Studien) lässt sich das kumulierte PB auf ein zeitlich vergleichbares Sample reduzieren. Beim ALLBUS ergibt sich eine größere Abweichung der Feldzeiten, da nicht in jedem Wahljahr eine Erhebung durchgeführt wurde. Um dennoch näherungsweise die Befunde validieren zu können, wurden die ALLBUS-Daten der Jahre 1994, 1998, 2002, 2006 und 2010 kumuliert.[1]

Sozialer Wandel wird in den vorherigen Kapiteln als Kombination aus individuellem Wandel und Zusammensetzung der Population definiert. Die Veränderung der Zusammensetzung einer Population lässt sich auch vereinfacht als Kohortensukzession bezeichnen.[2] Wie Firebaugh (1997, 2008, S. 20f/218ff) erläutert, sind *Zerlegungsverfahren* geeignet, zwischen den Komponenten sozialen Wandels zu unterscheiden und hierdurch auch den Einfluss von Dynamik auf sozialen Wandel zu zeigen.

Die verschiedenen Zerlegungsverfahren lassen sich für die Zwecke der vorliegenden Arbeit in zwei Kategorien unterteilen: (i) Verfahren, die Wandel von Merkmalen über ein Zeitintervall in verschiedene Komponenten zerlegen. Univariate Punktschätzer stehen im Fokus solcher Analysen. Lineare und algebraische Zerlegungen stellen zwei mögliche Verfahren dieser Kategorie dar. Demgegenüber gibt es (ii) Verfahren, die den Wandel von Zusammenhängen zerlegen. Im Gegensatz zu Verfahren der ersten Kategorie werden hier Merkmale als Funktionen oder Zusammenhänge einer Reihe von unabhängigen Variablen verstanden. Im Fokus solcher Analysen stehen multivariate Punktschätzer. Hier wird die Zerlegung auf die gesamte Funktion angewandt, um Änderungen im Zusammenhang festzustellen. Im einfachsten Fall von $Y = \beta X$ würde man in die veränderte Zusammensetzung von X einen veränderten Effekt β sowie eine Interaktion beider zerlegen. Die eingesetzten Methoden werden jeweils direkt bei Anwendung genauer erklärt.

---

[1] Zur Aufbereitung und Kumulation der Bundestagswahlstudien, des PB und des ALLBUS vergleiche Appendix B, C und D.

[2] Vereinfacht bedeutet in diesem Fall: Eine Veränderung der Zusammensetzung durch Sukzession beinhaltet keine Veränderung durch migrierende Erwachsene. Vielmehr würden diese die Position gestorbener Personen ihres Alters einnehmen und dazu beitragen, die Kohortensukzession zu unterschätzen. Mit den vorliegenden Daten ist es allerdings nicht möglich, hierfür zu kontrollieren und die Verzerrung wird in Kauf genommen, da es sich um eine konservative Verschärfung der Kriterien für die Arbeit handelt — Ziel ist schließlich zu zeigen, wie stark die Dynamik einen Einfluss auf die Population hat. Werden die Fälle nicht berücksichtigt, führt das im Zweifel nur zu einer Unterschätzung der Dynamik.

7.1.1 Univariate Punktschätzer im Zeitkontext

Analysen, die politisches Wissen, Involvierung oder Partizipation von Akteuren berücksichtigen, also bspw. ein Michigan-Modell (vgl. Abschnitt 5.1), beinhalten in aller Regel ein weiteres Konstrukt, das von zentraler Bedeutung für den Einfluss der genannten Merkmale ist: das politische Interesse. Politisches Interesse wird als Grad der Neugier eines Individuums gegenüber politischen Themen und Diskursen verstanden (van Deth, 1990, S. 278). Das Merkmal kann bei Individuen ausgeprägt sein, auch ohne tatsächlich am politischen Prozess zu partizipieren. Es handelt sich beim politischen Interesse auch nicht um ein Makrophänomen wie den Grad an Spannung innerhalb des Wahlkampfs, das die Einstellung der Individuen determiniert, sondern um ein Individualmerkmal. Prior (2010) macht den Punkt deutlich:

> „If political interest reflects ongoing evaluations of politics, it might change frequently as elections and other salient political events come and go. But even when the "interestingness" of politics changes, people may not update their political interest if they do not pay much attention or have come to anticipate the political cycle. Instead, political interest may resemble a well rehearsed attitude, a personality trait, or a part of people's political identity." (Prior, 2010, S. 748)

Politisches Interesse wird in der gesellschaftlich populären Diskussion zum Interesse der Jugend an politischen Themen (z.B. Pickel, 1996; Schmid, 2004; Kroh, 2006) oftmals im Zeitverlauf untersucht. So weist Kroh (2006) mittels longitudinaler Analysen zwischen 1985 und 2003 ein stabiles Niveau an politischem Interesse bei Jugendlichen nach. Abweichungen von diesem Muster kann der Autor durch periodische Effekte wie die deutsche Wiedervereinigung oder Momente erhöhter politischer Perzeption (bspw. Wahljahre) erklären. Diese Ergebnisse entsprechen im Verständnis des Zeitkontexts der vorliegenden Arbeit einer Kombination von Alters- und Periodeneffekten. Unabhängig von Perioden und Kohorten bestätigt der Autor ein zunehmendes politisches Interesse mit steigendem Alter (statt vieler Schmid, 2004, S. 22).

Bei politischem Interesse handelt es sich um ein zentrales Merkmal der Wahlsoziologie, das nicht nur als abhängige Variable Verwendung findet, sondern auch als Kontrollmerkmal und erklärende Variable eingesetzt wird. Das Merkmal wird in der deutschen Wahlforschung als Stärke des politischen Interesses auf einer Rating-Skala abgefragt. Die Querschnitte der Wahlstudien 1994 bis 2009 beinhalten jeweils eine Skala mit fünf Kategorien („[1] sehr stark" — „[5] überhaupt nicht"). Für die Jahre 1994, 1998, 2002 und 2009 war es nötig, die Skala für eine einfachere Ergebnisinterpretation umzupolen. Nach dem Umpolen der Codierung bedeutet ein hoher Wert ein hohes politisches Interesse, ein niedriger Wert ein geringes politisches Interesse. Antwortverweigerungen und „weiß nicht" werden als nicht-substantielle Nennung betrachtet und bei den weiteren Analysen ausgeschlossen.

Tabelle 7.1: Lagemaße des sozialen Wandels zentraler Merkmale.

Jahr	$\bar{X}$	SE	95% C.I.		N
Politisches Interesse					
1994	2,953	0,020	2,915	2,992	4.104
1998	3,000	0,019	2,963	3,038	3.320
2002	3,120	0,019	3,083	3,157	3.234
2005	3,344	0,022	3,302	3,387	2.538
2009	2,790	0,016	2,757	2,822	4.274
Gesamt	3,009	0,009	2,992	3,026	17.470
Stärke der PID					
1994	2,180	0,031	2,119	2,241	4.095
1998	2,313	0,032	2,251	2,375	3.322
2002	2,259	0,033	2,195	2,323	3.251
2005	2,763	0,037	2,690	2,836	2.533
2009	2,274	0,030	2,215	2,333	4.272
Gesamt	2,326	0,015	2,298	2,355	17.473
Wahlbeteiligung					
1994	0,766	0,008	0,750	0,781	4.079
1998	0,787	0,007	0,772	0,802	3.291
2002	0,779	0,008	0,764	0,794	3.228
2005	0,809	0,008	0,793	0,826	2.540
2009	0,725	0,007	0,711	0,739	4.239
Gesamt	0,768	0,003	0,762	0,775	17.377

Anmerkung: Berechnungen sind gewichtet.

Das recodierte politische Interesse im kumulierten Datensatz der BTW-Studien ist in Tabelle 7.1 dargestellt. Die Mittelwerte nehmen von 1994 bis 2005 stetig zu und sinken 2009 dann stark ab. Auffallend ist der plötzliche Höchststand im Jahr 2005. Da es sich bei den Mittelwerten um Schätzer handelt, sind zusätzlich Konfidenzintervalle aufgeführt. Diese überlappen sich für 1994 und 1998, erst die Veränderungen in den Jahren 2002, 2005 und 2009 sind statistisch signifikant.

Um den Zusammenhang zwischen Zeitkontext und politischem Interesse genauer darzustellen, sind in Abbildung 7.1 die Mittelwerte über Altersjahre, Perioden und Kohorten abgetragen. Die Darstellung der Perioden entspricht dabei den in Tabelle 7.1 aufgeführten Mittelwerten der jeweiligen Querschnitte. Bei den abgetragenen Zusammenhängen handelt es sich um möglicherweise konfundierte Zusammenhänge, also nicht um kontrollierte Effekte von Alter, Periode und Kohorte. Sie ermöglichen dennoch eine erste Einschätzung, wie sich politisches Interesse über die verschiedenen zeitlichen Dimensionen verändert.

Die graphische Darstellung deutet auf ein steigendes politisches Interesse mit zunehmendem Alter hin. Nach erreichtem dreißigsten Lebensjahr stabilisiert sich das Interesse und bleibt konstant, mit einer leichten Tendenz zur Abnahme in

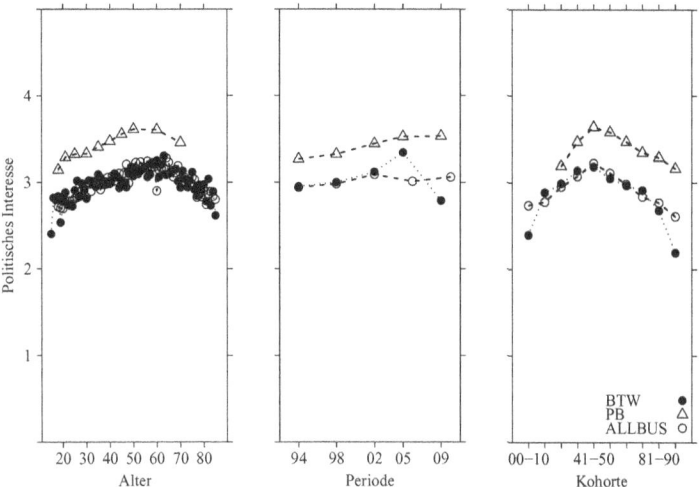

Abb. 7.1: Politisches Interesse über Alter, Perioden und Kohorten.
Anmerkung: Berechnungen sind gewichtet.

höheren Lebensjahren. Dieser Befund deckt sich mit den üblichen Annahmen der Forschung zum politischen Interesse jüngerer Wähler (Pokorny, 2012, S. 34f). Mit ALLBUS-Daten sind die Befunde der BTW-Studien exakt zu replizieren. Einen ähnlichen Verlauf zeigen auch die Messungen mittels des Politbarometers, wenn auch mit einem Niveauunterschied. Das erhöhte Niveau kann durch einen Bias bei CATI-Umfragen erklärt werden. Gerade in dieser Erhebungsform ist das Sample oftmals noch stärker hin zu interessierten und höher gebildeten Befragten verzerrt. In einem Vergleich zwischen verschiedenen Bevölkerungsumfragen und dem Mikrozensus weisen Blumenberg et al. (2013a, S. 149) einen Bildungsbias für das Politbarometer nach. Dennoch bestätigt auch das PB den umgekehrt u-förmigen Zusammenhang zwischen Alter und politischem Interesse. Da Alter im PB nur kategorisiert vorliegt, ist die Darstellung etwas gröber als bei den Bundestagswahlstudien oder dem ALLBUS.

Für die verschiedenen beobachteten Perioden zeigt sich: Politisches Interesse steigt von 1994 bis 2005 an und sinkt dann abrupt. Ein solcher Periodeneffekt kann z.B. durch die Spannung eines Wahlkampfs erklärt werden. Ist die Wahl brisant oder der Wahlkampf energisch und mobilisierend geführt, kann ein gesteigertes Interesse im Elektorat die Folge sein. Im Jahr 2005 kam es zu einer vorgezogenen Bundestagswahl, in der gerade Gerhard Schröder in der finalen Phase des Wahlkampfs Stimmen gewinnen konnte. Dem Wahlkampf 2009 dagegen bescheinigen Rattinger et al. (2011, S. 9), „(d)ass er so viel weniger aufregend verlief als frühere

Bundestagswahlkämpfe (...), hängt sicher mit der Persönlichkeit der Kanzlerkan-
didatin und Kanzlerkandidat zusammen, die beide eher ruhige „Sachpolitiker" als
Volkstribune sind, denen die Arbeit hinter den Kulissen mehr liegt als öffentliche
Polemik".

Die Ergebnisse auf Basis des Politbarometers deuten einen ähnlichen Verlauf an.
Auch hier liegt der Modus im Jahr 2005. Lediglich das abfallende Interesse zum
Jahr 2009 ist nicht signifikant und auch vom Ausmaß weniger deutlich. Bedingt
durch die Durchführung als CATI-Studie ist davon auszugehen, dass es sich um
einen Moduseffekt handelt. Der geringe Range, in dem sich die Veränderung des politischen Interesses abspielt, deutet ebenfalls auf ein hauptsächlich aus interessierten
Befragten bestehendes Sample hin.

Eine sehr genaue Passung mit den Punktschätzern der BTW-Studien erreichen
dagegen die Daten des ALLBUS. Lediglich bei der Darstellung der Schätzer für
Perioden ergibt sich 2006 und 2010 eine Abweichung. Wahrscheinlich sind die
unterschiedlichen Beobachtungszeiträume ursächlich für diese Beobachtung. Die
ALLBUS-Erhebungen liegen 2006 und 2010 nicht in Wahljahren, was zur Folge haben kann, dass politisches Interesse generell niedriger ist, da keine bundespolitische
Entscheidung ansteht.

Für Kohorten ergibt sich, unter Umständen konfundiert durch Alterseffekte, ein
nicht-linearer Effekt. Jüngere Kohorten weisen im Durchschnitt ein niedrigeres politisches Interesse als ältere Kohorten auf. Mit weiter zurückliegendem Geburtsjahr
steigt dann das politische Interesse an. Die ältesten hier berücksichtigten Kohorten
zeigen allerdings wieder ein sinkendes politisches Interesse. Hier wird deutlich, wie
die verschiedenen Zeitkontexteffekte miteinander interagieren. Der Kohorteneffekt
könnte auch ein Effekt des Alters sein, da die „älteren" Kohorten gleichzeitig älter
sind als die anderen Kohorten.

Die Referenzdatensätze bestätigen den Zusammenhang. Auch hier liegt der
Modus der Verteilung in den mittleren Kohorten, es zeigt sich also gleichfalls eine
umgekehrt u-förmige Verteilung. Abweichend verhält sich lediglich die jüngste
Kohorte mit einem nur leicht geringeren Interesse an politischen Themen als ältere
Kohorten.

Die zeitgenössische Wahlforschung ist gekennzeichnet durch den Einsatz der
Parteiidentifikation (PID) als zentrale Variable der Erklärung des Wahlverhaltens
(statt vieler Dalton, 2006, S. 20; Falter et al., 2000, S. 236ff). Diese wird als
langfristig stabile Parteibindung verstanden. In der deutschen Wahlforschung ergab
sich mit der Übertragung der aus der amerikanischen Wahlforschung entstandenen
PID ein Paradigmenstreit (nachzulesen bei Falter et al., 2000, S. 239ff).

PID wird in der Regel sowohl als allgemeine Neigung zu einer speziellen Partei
als auch im Ausmaß ihrer Stärke erfasst. Während in langfristiger Perspektive für
Deutschland die PID in ihrem Umfang abnimmt (z.B. Schmitt-Beck und Weick,
2001), sind vergleichbare Analysen für die Stärke der PID rar. Die Abnahme der
PID wird durch zunehmendes Dealignment, das heißt die Abkehr von Wählern

von ihrer sozialstrukturell bedingten ideologischen Anbindung, erklärt (Arzheimer, 2006; Dassonneville et al., 2012). Wie Pokorny (2012, S. 33f) zeigt, unterscheiden sich junge und ältere Wähler in den von ihnen berichteten Parteineigungen. Es ist anzunehmen, dass sich die Entwicklung der PID auch auf deren Stärke auswirkt. Nehmen die sozialstrukturellen Parteibindungen ab, sollte auch ihre Stärke im Durchschnitt sinken.

Wie das politische Interesse basiert das gängige Item zur Stärke der PID auf einer Rating-Skala. In den Wahlstudien 1994, 1998, 2002 und 2009 ist die Stärke der PID von „[1] sehr gut" bis „[5] sehr schwach" erfasst. Zum einfacheren Verständnis werden die Skalen für die nachfolgenden Untersuchungen umgepolt. Für die Bundestagswahlstudie 2005 ist dies nicht nötig, die Skala liegt schon in dieser Form vor. Fälle, die keine PID berichteten, werden in den Studien herausgefiltert und nicht zur Stärke der PID befragt. Um diese Information nutzbar zu machen, werden solche Fälle für die folgenden Analysen mit „0" vercodet. Dieser Wert entspricht auf der eingesetzten Skala dem logischen Nullpunkt, das heißt keiner PID. Konkret betrifft das Befragte, die bei der PID keine Partei nannten, die Antwort verweigerten oder keine Antwort wussten. Antwortverweigerungen zur Stärke des PID werden in den nachfolgenden Analysen nicht berücksichtigt. Als Referenz dient bei der Stärke der PID nur das Politbarometer, da die Variable im ALLBUS nicht abgefragt wird.

Wie auch bei politischem Interesse ist die nach oben aufgeführtem Muster recodierte Stärke der PID in Tabelle 7.1 über verschiedene Perioden zusammengefasst. Mit Ausnahme des Mittelwerts 2005 ergibt sich zwischen 1994 und 2009 keine signifikante Veränderung.

Die Stärke der PID im Zusammenhang mit Alter, Periode und Kohorte ist in Abbildung 7.2 abgetragen. Im Gegensatz zum Periodenvergleich tritt in den anderen Zeitkontexten durchaus Dynamik auf. So ist eine Zunahme der Stärke der PID mit steigendem Lebensalter zu erkennen, die sich gerade in hohen Altersgruppen nochmals erhöht. Wie angemerkt, mag dies aber auch einem Kohorteneffekt geschuldet sein, der den Alterseffekt konfundiert: Ältere Personen bilden ältere Kohorten, die per se eine stärkere Parteibindung aufweisen, da hier noch die sozialstrukturelle Einbettung gilt. Die Daten des Politbarometers bestätigen die Ergebnisse. In diesem Fall ist auch kein Moduseffekt zu erkennen.

Der Effekt der Perioden ist in diesem Fall nicht signifikant und nur 2005 fällt als Ausreißer auf. Es ist allerdings anzunehmen, dass ein spannender Wahlkampf, eingeleitet mit einer dramatisch vorgezogenen Neuwahl, alte Parteibindungen wieder reaktiviert. Gerade wenn wenig Zeit bleibt, sich mit der Materie zu beschäftigen, bilden Heuristiken wie die ansozialisierten Parteibindungen kognitiv leicht verfügbare Handlungsmuster. Eine nachträgliche Rationalisierung in Form einer als stark berichteten PID kann die Folge sein.

Das Politbarometer zeigt von 1998 bis 2005 einen leichten Zuwachs der Stärke der PID, ebenfalls mit einer anschließenden Abnahme im Jahr 2009. Abweichend

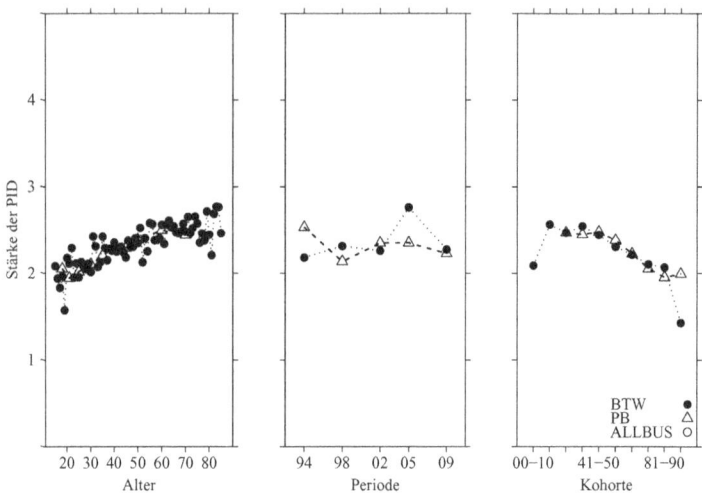

Abb. 7.2: Stärke der PID über Alter, Perioden und Kohorten.
Anmerkung: Berechnungen sind gewichtet.

ist hier das Mittel im Jahr 1994, das einen erhöhten PID-Wert aufzeigt, und eine
weniger auffallende Steigung zwischen den Jahren 2002 und 2005.

Für den Einfluss der Kohorten auf die Stärke der PID ist ein sinkender Effekt
sichtbar, je jünger die Kohorte ist. Die Abnahme wird dabei mit jüngeren Kohorten
stets größer, bis schließlich zur jüngsten, welche die größte Differenz zur vorangehenden Kohorte aufweist. Dies kann durch einen konfundierenden Alterseffekt
sowie einen tatsächlichen Kohorteneffekt zu erklären sein. Ein Alterseffekt wäre
im Sinne der sozialstrukturellen Erklärung die zunehmende Einbindung in das
soziale Netzwerk der eigenen sozialen Gruppe und ein Verfestigen der spezifischen
Parteibindung mit der Zeit. Je länger dieser Prozess andauert (je älter die Person
wird), umso stärker wird die Bindung. Ein Kohorteneffekt könnte fast gegensätzlich
wirken: Das Dealignment nimmt immer weiter zu und führt dazu, dass die jüngeren
Kohorten keine bzw. eine eher schwache PID ausbilden. Daten des Politbarometers
bestätigen die berichteten Befunde, lediglich die jüngste Kohorte weist hier eine
höhere Stärke der PID auf als bei den BTW-Studien: ein Effekt, der sich für diese
Gruppe schon beim politischen Interesse zeigte.

Die Erklärung von Wahlentscheidungen ist in der Wahlforschung zentral. Die
Grundvoraussetzung für eine individuelle Wahlentscheidung ist allerdings die Be-
teiligung an der Wahl. Diese zentrale Größe bildet das dritte Merkmal, dessen
Zusammenhang mit dem Zeitkontext hier genauer untersucht werden soll. Unter
Wahlbeteiligung versteht man die bereits geschehene Beteiligung an der aktuellen

Wahl (im Fall einer Nachwahlbefragung) oder vor der Wahl die Absicht, an der kommenden Wahl teilzunehmen.

In den Wahlstudien 1994 bis 2009 liegt keine einheitliche Erfassung des Merkmals vor. Falls überhaupt eine spezifische Variable zur Wahlbeteiligung konstruiert wurde, ist das zugrunde liegende Schema nicht eindeutig zu bestimmen oder nicht dokumentiert. In aller Regel wird die Wahlbeteiligung für Nachwahlbefragungen auch lediglich indirekt über die Wahlentscheidung abgefragt. Für die nachfolgenden Untersuchungen wird eine eigens konstruierte Dummy-Variable verwendet. Nachwahlbefragte, welche angeben, eine Partei oder ungültig gewählt zu haben, werden als „1" codiert. Für Vorwahlbefragte wird in einem ersten Schritt geprüft, ob sie angeben, hypothetisch bei der kommenden Wahl eine Partei oder ungültig zu wählen. Ist dies der Fall, werden sie ebenfalls auf „1" gesetzt. Wird keine oder eine „weiß nicht"-Antwort zur hypothetischen Wahlentscheidung gegeben, folgt eine Kontrolle über die Wahlbeteiligungsabsicht. Bei einer Wahlbeteiligungsabsicht zwischen „vielleicht" und „bestimmt" werden bisher nicht zugeordnete Fälle zu „1" codiert. Alle anderen substantiellen Nennungen erhalten den Wert „0". Verbleibende nicht-substantielle Antworten werden aus den Analysen ausgeschlossen. Deskriptive Statistiken zur recodierten Variablen zeigt Tabelle 7.1. Die Mittelwerte verändern sich nur zwischen 1994 und 2005 sowie 1994 und 2009 in signifikanter Weise.

Wahlbeteiligung wird in verschiedenen Untersuchungen mit Hilfe der repräsentativen Wahlstatistik untersucht (Rattinger, 1992, S. 224ff; Steinbrecher und Rattinger, 2011, S. 77ff). Im Untersuchungszeitraum von 1994 bis 2009 zeigt sich dabei eine Steigerung der Wahlbeteiligung von 1994 auf 1998 mit einer anschließenden steten Abnahme, bis 2009 ein aktueller Tiefpunkt erreicht wird. In ihrer Analyse folgern Steinbrecher und Rattinger (2011, S. 89) auf Basis der GLES 2009, „dass es vor allem Unzufriedenheit und Enttäuschung mit der Politik und der aktuellen wirtschaftlichen Situation sowie eine Entfremdung vom politischen Prozess in Deutschland gewesen sind, die etwa 30 Prozent der Wahlberechtigten von einer Stimmabgabe bei der Bundestagswahl 2009 abgehalten haben." In einer früheren Arbeit zur Wahlbeteiligung und Wahlbeteiligungsabsicht vergleichen Steinbrecher et al. (2007, Kapitel 8 und 9) Erklärungen der Wahlbeteiligung auf Basis der verschiedenen Ansätze der Wahlforschung. Sie schlussfolgern mittels einer Reihe von Modellvergleichen, dass größtenteils sozialpsychologische Mechanismen einen Einfluss auf die Wahlbeteiligung besitzen. Die Ergebnisse wurden in einer vergleichende Studie über mehrere europäische Länder (Steinbrecher und Huber, 2006) repliziert. Beide Studien weisen zwar auf die Relevanz sozialpsychologischer Faktoren hin, belegen allerdings stets einen signifikanten Effekt des Alters. Da nicht klar ist, ob es sich nur um einen Zusammenhang mit Alter oder auch mit dem gesamten Zeitkontext handelt, bietet sich eine genauere Untersuchung des Merkmals an.

Die drei in Abbildung 7.3 zusammengefassten Graphen zeigen die Wahlbeteiligung im Elektorat über Alter, Perioden und Kohorten. Da es sich bei der recodierten
Wahlbeteiligung um eine Dummy-Variable handelt, weichen der mögliche Range
und die Skalierung der Achsen von den vorangehenden Abbildungen ab. ALLBUS
und Politbarometer dienen als Referenzen, da die offizielle Wahlstatistik nicht für
alle Wahlen des Untersuchungszeitraums verfügbar ist.

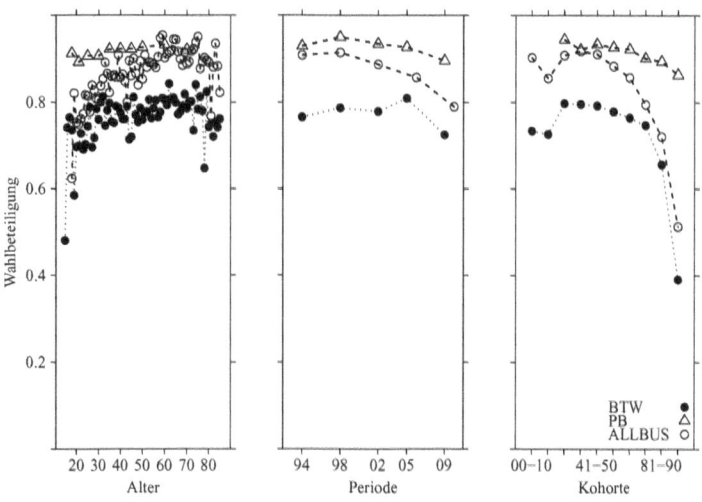

Abb. 7.3: Wahlbeteiligung über Alter, Perioden und Kohorten.
Anmerkung: Berechnungen sind gewichtet.

Die Mittelwerte über die verschiedenen Altersgruppen deuten einen positiven Effekt
des Alters auf die Wahlbeteiligung an. Eine naive Interpretation des Verlaufs lässt
auf eine geringere Wahlbeteiligung gerade bei jüngeren Befragten schließen, die
sich dann etwa ab dem dreißigsten Lebensjahr auf den Wert des restlichen Elektorats einpendelt. Wie bei politischem Interesse und der Stärke der Parteiidentifikation
kann dieses vorläufige Ergebnis mittels der politischen Einbindung der jüngeren
Personen in ihr soziales Umfeld erklärt werden. Mit zunehmendem Alter werden
politische Prozesse als eher relevant für das eigene Leben wahrgenommen, das
Umfeld hatte mehr Möglichkeit, die Person politisch zu sozialisieren, und die Wahlnorm konnte eher internalisiert werden (Goerres, 2007, S. 109; Goerres, 2010, S.
286ff). Gleichzeitig könnte es sich hier natürlich auch um einen Kohorteneffekt handeln, in dem Sinn, dass jüngere Kohorten eher strukturell entbunden sind und daher
auch weniger politisch sozialisiert wurden. Entsprechend ist deren Wahlbeteiligung
aufgrund einer weniger ausgebildeten Wahlnorm geringer.

Im Fall der Politbarometerdaten wird „Overreporting"deutlich, vermutlich als Folge des Bildungsbias im Sample. Trotz des Niveauunterschieds ist aber auch hier ein Alterseffekt zu erkennen. Der ALLBUS zeigt ebenfalls eine höhere Wahlbeteiligung als die Bundestagswahlstudien. Während bei jüngeren Befragten die Schätzer nah an den Werten der BTW-Studien liegen, weichen ältere Befragte fast auf dem Maß des PB ab. Hierfür kann nicht der Erhebungsmodus als Erklärung dienen - beide Studien wurden als CAPI-Befragungen durchgeführt.

Über die Perioden hinweg liegt zwischen 1994 und 2002 kein signifikanter Anstieg der Wahlbeteiligung vor. Erst 2005 und 2009 lassen die Konfidenzintervalle einen Schluss auf signifikante Veränderungen zu. Im Vergleich zu 1994 steigt 2005 die Wahlbeteiligung an, um schließlich 2009 auf das niedrigste Niveau im Befragungszeitraum zu sinken. Eine mögliche Erklärung könnte auch hier der Grad der Spannung und damit verbunden eine erhöhte Mobilisierung der Wählerschaft sein. 2009 folgte dann eine „langweilige" Wahl (Rattinger et al., 2011, S. 9) mit geringer Wahlbeteiligung. Auch aus Perspektive eines Periodeneffekts erscheinen die Politbarometerdaten verzerrt, bestätigen aber dennoch die Form des Zusammenhangs, wie sie die Bundestagswahlstudien zeigen. Der ALLBUS nimmt eine intermediäre Position zwischen BTW-Studien und PB ein, die abnehmende Wahlbeteiligung ist aber auch hier zu erkennen.

Der Zusammenhang zwischen Kohorten und Wahlbeteiligung ist gerade in den Extremen interessant. Während die älteste Kohorte (1900-1910) die höchste mittlere Wahlbeteiligung verzeichnet, zeigt die vorletzte Kohorte eine weit niedrigere Beteiligung. Noch niedriger liegen nur die beiden jüngsten Kohorten. Zwischen diesen verbleiben die restlichen Jahrgänge auf einem recht einheitlichen Niveau. Ob ein Kohorten- oder Alterseffekt vorliegt, kann an dieser Stelle nicht abschließen geklärt werden, es fällt jedoch auf, dass gerade jüngere Personen durch signifikant andere Verhaltensweisen geprägt sind als das übrige Elektorat. Wie bereits bei Alters- und Periodeneffekten ist Wahlbeteiligung im Politbarometer „overreported". Der Trend verläuft dabei in einer weit geringeren Range über die Kohorten, nimmt aber einen ähnlichen Verlauf. Die Daten des ALLBUS replizieren den abnehmenden Trend über die Kohorten weitestgehend. Sichtbar ist allerdings auch hier die heterogene Abweichung, ebenfalls beim Alter.

Zusammenfassend bestehen deutliche Zusammenhänge zwischen den drei ausgewählten Merkmalen und dem Zeitkontext sowie einem variierenden Grad an gemessenem sozialen Wandel. Besonders hervorzuheben ist, dass erste Analysen die Bedeutung der jüngeren Personen in diesem Prozess des Wandels unterstreichen. Sowohl bei politischem Interesse und der Stärke der PID als auch bei der Wahlbeteiligung fallen junge Kohorten besonders durch abweichende Einstellungen und Handlungen auf. Genau diese bilden die Komplementärmenge zwischen zwei Elektoraten, die problematisch für das analytische Potential von Panelstudien sein kann. Gleichzeitig wird deutlich, dass je nach Merkmal unterschiedliche Grade an Wandel über die Perioden auftreten und auch die vermeintlichen Alters-, Perioden-

und Kohorteneffekte keinem gleichen Muster folgen, sondern merkmalsspezifisch sind.

7.1.2 Zerlegung univariater Punktschätzer

Um zwischen verschiedenen Mechanismen bei der zeitlichen Veränderung eines Merkmals zu unterscheiden, schlägt Firebaugh (1989, 1997) Zerlegungsverfahren vor. Ziel ist es dabei, den Grad an Wandel zwischen und innerhalb von Kohorten zu bestimmen. Die Verwendung von Zerlegungen erlaubt zu prüfen, welche Bedeutung Alters-, Perioden- und Kohorteneffekte für den sozialen Wandel eines Merkmals haben.

Kritisch merkt Rodgers (1990) an, dass auch hier nicht von unkonfundierten Effekten zu sprechen ist. Die Methoden der Zerlegung sind nicht geeignet, um einen reinen Kohorteneffekt zu isolieren. Das heißt, was als Komponente des Wandels durch Kohortensukzession identifiziert wird, kann auch ein Alterseffekt sein, der sich in den Raten der Kohorten ausdrückt. Das schränkt mögliche Interpretationen der Ergebnisse ein und führt dazu, dass Zerlegung in den Sozialwissenschaften eher selten als ein erklärendes Verfahren angesehen wird — oder wie es Firebaugh (2008) ausdrückt:

> „(Decomposition) is seen as merely descriptive. As social scientists we are apt to explain, not just to describe." (Firebaugh, 2008, S. 219)

Steht nicht die Identifikation von Kausalitäten im Vordergrund, sondern wie hier die Identifikation des Niveaus von Populationsdynamik, erscheint die Limitierung nicht weiter dramatisch. Die Zerlegung zeigt, wie sich die Veränderung der Population über die Zeit auf ein Merkmal auswirkt. Ob dahinter nun ein Alters- oder Kohorteneffekt steht, ist für die Analyse zweitrangig.

Basierend auf der Arbeit von Kitagawa (1955) stellt Firebaugh (1989, 1997) die algebraische Zerlegung vor.[3] In der klassischen Form wird diese Methode eingesetzt, um Merkmalsunterschiede zwischen verschiedenen Regionen zu einem gegebenen Zeitpunkt zu untersuchen.

Nach Kitagawa (1955) sei das Gesamtmittel des Merkmals Y gleich der gewichteten Summe der Mittel von j Subgruppen einer Population. In diesem Fall ersetzen

---

[3] In seinen Arbeiten erklärt Firebaugh (1997, 2008) einleitend stets die lineare Zerlegung. Diese setzt als Grundannahme Linearität des Wandels voraus, eine Annahme, die bei der algebraischen Zerlegung nicht notwendig ist. Der Vorteil nach Firebaugh (2008, S. 200) ist: „The linear decomposition method is simple (...) and elegant. It applies to the study of social change for binary variables (...) as well as to the study of change for continuous variables." In Anbetracht der ebenfalls wenig komplizierten algebraischen Zerlegung ist unklar, wieso eine Annahme wie Linearität gemacht werden sollte. Im Fall der hier untersuchten Merkmale ist der Zeitkontext in Abbildungen 7.1, 7.2 und 7.3 dargestellt und folgt nicht-linearen Verläufen. Eine lineare Zerlegung wurde probeweise durchgeführt und zeigt deutlich Fehler aufgrund der verletzten Linearitätsannahme.

Kohorten die Subgruppen. Es gilt:

$$\bar{Y} = \sum_1^j p_j \bar{Y}_j.$$

Dabei sei p_j der relative Anteil der Gruppe j an der Gesamtpopulation. Für den sozialen Wandel $\bar{Y}_T - \bar{Y}_1$ folgt dann:

$$\bar{Y}_T - \bar{Y}_1 = \sum_1^j p_{jT} \bar{Y}_{jT} - \sum_1^j p_{j1} \bar{Y}_{j1}.$$

Fügt man nun die, sich selbst aufhebenden, Terme $\sum_1^j p_{jT} \bar{Y}_{j1} - \sum_1^j p_{jT} \bar{Y}_{j1}$ sowie $\sum_1^j p_{j1} \bar{Y}_{jT} - \sum_1^j p_{j1} \bar{Y}_{jT}$ und $\sum_1^j p_{j1} \bar{Y}_{j1} - \sum_1^j p_{j1} \bar{Y}_{j1}$ der Gleichung hinzu, wird eine Umformung möglich:

$$\Delta \bar{Y} = \sum_1^j p_{jT} \bar{Y}_{jT} - \sum_1^j p_{j1} \bar{Y}_{j1} + \sum_1^j p_{jT} \bar{Y}_{j1} - \sum_1^j p_{jT} \bar{Y}_{j1}$$

$$+ \sum_1^j p_{j1} \bar{Y}_{jT} - \sum_1^j p_{j1} \bar{Y}_{jT} + \sum_1^j p_{j1} \bar{Y}_{j1} - \sum_1^j p_{j1} \bar{Y}_{j1}$$

$$= \underbrace{\sum_1^j p_{j1} (\bar{Y}_{jT} - \bar{Y}_{j1})}_{WCC} + \underbrace{\sum_1^j (p_{jT} - p_{j1}) \bar{Y}_{j1}}_{BCC} + \underbrace{\sum_1^j (p_{jT} - p_{j1})(\bar{Y}_{jT} - \bar{Y}_{j1})}_{MIX}.$$

$\sum_1^j p_{j1} (\bar{Y}_{jT} - \bar{Y}_{j1})$ wird als Within Cohort Change (WCC), $\sum_1^j (p_{jT} - p_{j1}) \bar{Y}_{j1}$ dagegen als Between Cohort Change (BCC) bezeichnet. WCC erfasst den Wandel innerhalb von Kohorten, also zum Beispiel einen zunehmenden Rückgang politischen Interesses über die Zeit. In der Formel wird dies offensichtlich, da die Veränderung der Mittelwerte $\bar{Y}_{jt}$ innerhalb einer Gruppe j in die Bestimmung des WCC eingeht. Ein weiteres Beispiel ist die vermehrte Bereitschaft zur Wahlbeteiligung mit zunehmendem Lebensalter. Analog dazu misst BCC die Kohortensukzession durch den Vergleich des relativen Anteils einer Gruppe j zu den verschiedenen Zeitpunkten. Also beispielsweise den Rückgang des politischen Interesses durch den Einfluss nachrückender, politisch uninteressierter Kohorten. Der dritte Term der Formel misst eine Interaktion der beiden Raten und wird daher als MIX bezeichnet. Es handelt sich um den Teil des Wandels, der nicht ausschließlich auf WCC und BCC zurückzuführen ist.

Da MIX in aller Regel nicht weiter interpretiert wird und als Produkt zweier Differenzen oftmals recht klein ist, schlägt Das Gupta (1978) vor, die Komponente in gleichem Maß auf WCC und BCC zu verteilen. Man spricht bei der erweiterten Formel auch von der Zwei-Komponenten-Zerlegung, während die Ur-Formel nach

Kitagawa (1955) als Drei-Komponenten-Zerlegung bekannt ist.

$$\Delta \bar{Y} = \underbrace{\sum_1^j \frac{p_{j1} + p_{jT}}{2} (\bar{Y}_{jT} - \bar{Y}_{j1})}_{WCC} + \underbrace{\sum_1^j (p_{jT} - p_{j1}) \frac{\bar{Y}_{j1} + \bar{Y}_{jT}}{2}}_{BCC}$$

Da bei der Interpretation der Ergebnisse der Abstand zwischen BCC und WCC betrachtet wird, ändert die Wahl des Verfahrens nichts an den Befunden. Die Zwei-Komponenten-Zerlegung erscheint, durch das Aussparen der schwierig zu interpretierenden und daher meist ignorierten MIX-Komponente, sparsamer. Tabelle 7.2 zeigt die Ergebnisse der durchgeführten Zerlegungen.

Tabelle 7.2: Algebraische Zerlegung des sozialen Wandels zentraler Merkmale nach Das Gupta.

Merkmal	WCC	BCC	Gesamt
1994-2009			
Polit. Interesse	0,046	-0,21	-0,164
Stärke PID	0,323	-0,229	0,094
Wahlbeteiligung	0,023	-0,066	-0,043
1994-1998			
Polit. Interesse	0,042	0,004	0,046
Stärke PID	0,156	-0,023	0,133
Wahlbeteiligung	0,023	-0,002	0,021
1998-2002			
Polit. Interesse	0,211	-0,091	0,12
Stärke PID	0,032	-0,085	-0,053
Wahlbeteiligung	0,014	-0,022	-0,008
2002-2005			
Polit. Interesse	0,235	-0,011	0,224
Stärke PID	0,522	-0,019	0,503
Wahlbeteiligung	0,031	-0,001	0,031
2005-2009			
Polit. Interesse	-0,514	-0,041	-0,555
Stärke PID	-0,424	-0,065	-0,489
Wahlbeteiligung	-0,073	-0,014	-0,087

Anmerkung: Berechnungen sind gewichtet.

Über den gesamtem Zeitraum (1994-2009) zeigt sich für die drei Merkmale (politisches Interesse, Wahlbeteiligung und Parteiidentifikation), dass sowohl Einstellungs- und Verhaltensänderungen über die Kohorten hinweg als auch die Kohortensukzession zum Wandel beitragen. Während beim politischen Interesse und bei der Wahlbeteiligung ein Großteil des Wandels auf Kohortensukzession zurückgeht, halten sich bei der Stärke der Parteiidentifikation beide Komponenten etwa die Waage. Alle Kohorten unterliegen in diesem Fall einer Veränderung, die sich im gesamten Wandel zwischen 1994 und 2009 ausdrückt.

Es fällt auf, dass WCC und BCC für alle drei Merkmale im Zeitraum 1994-2009 systematisch die gleichen Vorzeichen aufweisen. Kohortensukzession trägt stets zu einem negativen Wandel bei, das bedeutet, die Veränderung in der Zusammensetzung der Population ist z.b. der Wahlbeteiligung abträglich. Personen älterer Kohorten mit einer ausgeprägten Wahlnorm sterben, während jüngere Personen nachrücken, deren Wahlbeteiligung allerdings geringer ist. Gleichzeitig ist WCC positiv, es scheint demnach über alle Kohorten hinweg Effekte zu geben, die im verwendeten Beispiel zu erhöhter Wahlteilnahme führen. Denkbar ist, dass soziale Netzwerke erst mit der Zeit wachsen und entsprechend auch erst mit zunehmenden Altersjahren Effekte der tertiären Sozialisation Wirkung auf das Individuum entfalten. So kommt es zu Unterschieden zwischen den Mittelwerten der verschiedenen Kohorten.

Wechselt die Perspektive auf die Intervalle zwischen Wahlen (1994-1998, 1998-2002, ...), nimmt die Bedeutung des BCC am Gesamtwandel stark ab. Wie Tabelle 7.2 verdeutlicht, dominiert nun in nahezu allen Fällen der kohortenübergreifende Effekt die Sukzession. Auffallend bleibt dabei allerdings der weiterhin negative BCC. Diese Befunde überraschen wenig, da in einer kurzen Zeitspanne im Vergleich zum gesamten Beobachtungszeitraum (1994-2009) natürlich weniger Elektorat ausgetauscht werden kann.

Tabelle 7.3 zeigt die Ergebnisse der algebraischen Zerlegung auf Basis der Daten der Politbarometer 1994, 1998, 2002, 2005 und 2009. Die Daten unterliegen den bereits benannten Einschränkungen, die gerade auch in Bezug auf algebraische Zerlegungen in Appendix D ausführlich diskutiert werden. Das PB bietet dennoch die Möglichkeit, neben dem ALLBUS weitere renommierte Datenquellen zur Validierung der bereits vorgestellten Ergebnisse einzusetzen.

Die Daten des PB bestätigen die negativen Effekte der Kohortensukzession. In allen untersuchten Intervallen, mit Ausnahme von 2002-2005, wirkt sich die veränderte Zusammensetzung der Population hemmend auf politisches Interesse, Stärke der PID und Wahlbeteiligung aus. Ältere Kohorten mit höheren Merkmalsausprägungen nehmen in ihrem Umfang ab und jüngere Kohorten machen größere Teile des Elektorats aus. Diese zeigen geringeres politisches Interesse (Pokorny, 2012, S. 34f), weniger ausgeprägte Parteiidentifikationen (Pokorny, 2012, S. 33f) und neigen eher dazu, sich nicht an Wahlen zu beteiligen (Goerres, 2007, S. 109). Für das Intervall 2002-2005 messen die Daten des PB, im Gegensatz zu den kumulierten BTW-Studien, kaum Veränderung in der Zusammensetzung des Elektorats auf Kohortenebene. Das ist nicht durch die verkürzte Legislaturperiode zu erklären, vielmehr handelt es sich dabei um ein methodisches Artefakt, basierend auf der Erfassung des Alters in Kategorien. Hier ergibt sich ein Informationsverlust, was sich

Tabelle 7.3: Algebraische Zerlegung des sozialen Wandels zentraler Merkmale nach Das Gupta (PB).

Merkmal	WCC	BCC	Gesamt
1994-2009			
Polit. Interesse	0,540	-0,275	0,265
Stärke PID	-0,030	-0,278	-0,307
Wahlbeteiligung	0,042	-0,076	-0,033
1994-1998			
Polit. Interesse	0,055	-0,004	0,051
Stärke PID	-0,369	-0,030	-0,399
Wahlbeteiligung	0,023	-0,002	0,021
1998-2002			
Polit. Interesse	0,222	-0,095	0,127
Stärke PID	0,284	-0,071	0,213
Wahlbeteiligung	0,011	-0,027	-0,016
2002-2005			
Polit. Interesse	0,091	-0,008	0,083
Stärke PID	0,017	-0,014	0,002
Wahlbeteiligung	-0,007	0,000	-0,007
2005-2009			
Polit. Interesse	0,040	-0,036	0,004
Stärke PID	-0,086	-0,038	-0,124
Wahlbeteiligung	-0,025	-0,006	-0,031

Anmerkung: Berechnungen sind gewichtet.

in nicht berücksichtigter Sukzession ausdrückt. Ein Effekt, der besonders in diesem Intervall auftritt, da analytisch keine neue Kohorte in die Population eintritt.[4]

Für das Verhältnis zwischen WCC und BCC bestätigen die Analysen mit dem PB, dass je nach Merkmal und Intervall unterschiedliche Einflussstärken der Kohortensukzession vorliegen. Zwischen 1994 und 2009 ist der Einfluss der Sukzession anteilsmäßig natürlich am größten. Aber auch das PB macht deutlich, dass innerhalb einer einzigen Legislaturperiode die veränderte Zusammensetzung der Kohorten zu großen Teilen den sozialen Wandel der ausgewählten Merkmale mitbestimmt.

Als zweite Referenz dient der ALLBUS der Jahre 1994, 1998, 2002, 2006 und 2010. Tabelle 7.4 zeigt WCC und BCC für politisches Interesse und Wahlbeteiligung auf dieser Datenbasis. Die Ergebnisse zur Kohortensukzession können dabei nur teilweise repliziert werden. Während der BCC gerade 1994-2010 in gleichem

---

[4] Hierbei handelt es sich natürlich um eine Frage der Datenaufbereitung: Zwar treten neue Geburtsjahrgänge ein, diese werden allerdings den bereits bestehenden Kohorten zugerechnet. Eine neue Kohorte, die über die MIX-Komponente in den BCC eingehen würde, liegt damit nicht vor. Zu einer ausführlichen Diskussion vgl. Appendix D.

Tabelle 7.4: Algebraische Zerlegung des sozialen Wandels zentraler Merkmale nach Das Gupta (ALLBUS).

Merkmal	WCC	BCC	Gesamt
1994-2010			
Polit. Interesse	0,330	-0,212	0,118
Wahlbeteiligung	-0,041	-0,078	-0,118
1994-1998			
Polit. Interesse	0,046	-0,007	0,039
Wahlbeteiligung	0,005	-0,005	0,000
1998-2002			
Polit. Interesse	0,192	-0,083	0,108
Wahlbeteiligung	0,003	-0,026	-0,024
2002-2006			
Polit. Interesse	-0,080	0,002	-0,079
Wahlbeteiligung	-0,029	0,000	-0,028
2006-2010			
Polit. Interesse	0,078	-0,029	0,049
Wahlbeteiligung	-0,053	-0,013	-0,066

Anmerkung: Berechnungen sind gewichtet.

Umfang und gleicher Wirkungsrichtung errechnet werden kann, bestätigen sich für die Zwischenintervalle 1994-1998, 1998-2002 und 2006-2010 nur noch teilweise die Richtungen der Effekte.

Abweichungen der Messwerte zwischen Bundestagswahlstudien, ALLBUS und dem Politbarometer ergeben sich, wenn man die bereits diskutierten umfragemethodischen Unterschiede ausklammert, aus primär zwei Gründen: Erstens unterschieden sich die kumulierten Datensätze durch ihre Operationalisierung. Als Beispiel mag das Alter dienen, dessen klassierte Codierung im PB dazu führt, dass in diesem Fall weniger Informationen in die Zerlegung eingehen können. Zweitens weisen die Datensätze, basierend auf ihrer Erhebung, Diskrepanzen im erfassten sozialen Wandel zwischen den relevanten Zeitpunkten auf (Abbildungen 7.1, 7.2 und 7.3). Unterscheidet sich der Wandel, ergeben sich natürlich auch andere Muster in den Zerlegungen. Dies tritt vor allem beim WCC auf. Grundgesamtheiten sind Elektorate (BTW, PB) bzw. die Bevölkerung Deutschlands (ALLBUS), die Studien teilen daher zumindest den Anspruch, die Verteilungen der Kohorten widerzuspiegeln. p_{jt} der Studien sollten bei gleicher Codierung, innerhalb üblicher Toleranzniveaus, gleich sein. Zur Kontrolle dennoch auftretender Abweichungen zwischen den Studien und von externen Referenzen (z.B. Bevölkerungsstatistiken) sind die Analysen mit Anpassungsgewichten gewichtet (siehe dazu Appendix B, C und D). Entsprechend ergeben sich beim BCC weniger Unterschiede im Vergleich zum WCC.

Während Kapitel 6 darstellt, in welchem Umfang sich das Elektorat zwischen 1994 und 2009 verändert, erlaubt die algebraische Zerlegung einiger Merkmale nun einen Blick auf die Bedeutung von Populationsdynamik und dem Zeitkontext für den sozialen Wandel. Dabei zeigen Analysen auf Basis der Bundestagswahlstudien, des Politbarometers und des ALLBUS, dass Kohortensukzession zu einem Teil des Wandels beiträgt, während Alters- und Periodeneffekte für die restliche Veränderung verantwortlich sind. Die Ergebnisse bestätigen für zentrale Merkmale der Wahlsoziologie eine Kombination der verschiedenen Mechanismen (APK-Effekte).

Den Ergebnissen der Simulation in Abschnitt 4.2 zufolge, sind die Effekte von Kohortensukzession und nonlinearen Alterseffekten bei sozialem Wandel besonders problematisch mit klassischen Paneldesigns zu erfassen. Diese Schwäche wird teilweise auch vom multiplen Panel übernommen und schränkt das analytische Potential des Designs ein. Abschließend soll illustriert werden, welchen Effekt eine unzureichende Kontrolle von Populationsdynamik (d.h. dem notwendigen Mechanismus für Kohorteneffekte) auf die Erfassung von Wandel hat, indem die Zerlegung für einen artifiziellen Datensatz wiederholt wird.

Ist ein Forschungsdesign nicht in der Lage, austretende und eintretende Kohorten zu berücksichtigen, so ist zu erwarten, dass das Design auch nicht in der Lage ist, Veränderungen im Zeitkontext adäquat zu erfassen. Im Folgenden wird geprüft, welche Effekte das Ignorieren der für die Population wichtigen alten und jungen Kohorten (d.h. der Dynamik) für die Beurteilung sozialen Wandels hat. Da es kein klassisches Panel in der Wahlforschung gibt, welches den gesamten Zeitraum von 15 Jahren vollständig abdeckt, ist es notwendig, artifizielle Daten zu erzeugen. Hierzu werden in einem ersten Schritt die kumulierten Daten der Bundestagswahlstudien auf Geburtsjahrgänge zwischen 1911 und 1980 beschränkt. Sie gehören damit zu Kohorten, die sowohl 1994 als auch 2009 erfasst wurden. Komplett aus den kumulierten Daten ausscheidende Kohorten, wie vor 1910 geborene Personen, und Kohorten, die erst nachträglich in das Elektorat eintreten, also nach 1980 geborene, werden hier nicht berücksichtigt. Die Befunde der algebraischen Zerlegung auf Basis dieser Daten sind in Tabelle 7.5 dargestellt.

Wenig überraschend zeigen die Resultate vor allem für die Zerlegung im Zeitraum 1994-2009 stark abnehmende Effekte der Kohortensukzession. Die Populationsdynamik wird in einem solchen Design stark unterschätzt, was sich darin äußert, dass die gemessene Veränderung zum größten Teil als WCC bestimmt wird. Demgegenüber vermag das Design die veränderte Zusammensetzung der Population nicht mehr darzustellen, schließlich fehlen exakt die Kohorten, in denen sich die Mechanismen von Mortalität und Fertilität ausdrücken.

Dieses kleine Gedankenspiel macht zwei Sachverhalte deutlich: Erstens wird offensichtlich, welche Bedeutung ganz bestimmten Kohorten im Rahmen der Populationsdynamik zukommt. Sollen Effekte auf Basis von Dynamik erfasst wer-

Tabelle 7.5: Algebraische Zerlegung des sozialen Wandels zentraler Merkmale nach Das Gupta (geringe Populationsdynamik).

Merkmal	WCC	BCC	Gesamt
1994-2009			
Polit. Interesse	-0,122	-0,006	-0,128
Stärke PID	0,226	-0,064	0,162
Wahlbeteiligung	-0,012	-0,006	-0,018
1994-1998			
Polit. Interesse	0,036	-0,006	0,030
Stärke PID	0,143	-0,019	0,124
Wahlbeteiligung	0,022	-0,002	0,020
1998-2002			
Polit. Interesse	0,140	0,002	0,142
Stärke PID	-0,021	-0,016	-0,037
Wahlbeteiligung	-0,006	0,001	-0,005
2002-2005			
Polit. Interesse	0,235	-0,002	0,233
Stärke PID	0,532	-0,014	0,518
Wahlbeteiligung	0,033	0,000	0,033
2005-2009			
Polit. Interesse	-0,533	-0,001	-0,533
Stärke PID	-0,414	-0,029	-0,443
Wahlbeteiligung	-0,064	-0,002	-0,066

Anmerkung: Berechnungen sind gewichtet.

den, müssen die bedeutsamen Bevölkerungsgruppen adäquat im Forschungsdesign berücksichtigt werden. Zweitens deuten die Befunde darauf hin, dass zwar sozialer Wandel im Zeitverlauf erfasst werden kann, die Mechanismen des Wandels aber teilweise vollkommen verzerrt beurteilt werden.

Die algebraischen Zerlegungen zeigen, dass ein signifikanter Teil des sozialen Wandels auf Kohortensukzession zurückgeht. Populationsdynamik ist für den sozialen Wandel kein demographisches Artefakt ohne inhaltliche Bedeutung, sondern Merkmale und ihr Wandel sind zentral mit Dynamik verbunden. Ein longitudinales Forschungsdesign sollte dem Rechnung tragen, um Repräsentativität gewährleisten zu können. Mittels artifiziell erstellter Daten konnte exemplarisch gezeigt werden, wie Effekte der Kohortensukzession und des Zeitkontexts fehlerhaft eingeschätzt werden, wenn keine geeigneten Mechanismen implementiert werden, um Dynamik zu berücksichtigen. Darüber hinaus zeigen die Analysen, dass Alters-, Perioden- und Kohorteneffekte nicht separat auftreten, je nachdem welches Merkmal betrachtet wird, sondern dass verschiedene Effekte gleichzeitig auftreten. Konstellationen von mehreren zeitgleich auftretenden Effekten, wie in der Simulation, erscheinen im Licht dieser Befunde weniger die Ausnahme als vielmehr die Regel zu sein.

7.1.3 Multivariate Punktschätzer im Zeitkontext

Sozialer Wandel muss nicht auf univariate Punktschätzer beschränkt sein, sondern kann sich auf Zusammenhänge beziehen. Dabei liegt der Fokus weniger auf der Untersuchung, wie ein Merkmal sich im Zeitverlauf verändert, vielmehr interessiert hier, wie sich der Zusammenhang im Lauf der Zeit entwickelt. Nur als Konsequenz dieser Veränderung wandelt sich auch das abhängige Merkmal. Ein Beispiel ist die Debatte um das Dealignment in der Wahlsoziologie: Die Parteibindungen gehen immer weiter zurück, so die Annahme, da sich gerade jüngere Wähler stärker von den Parteien entfremdet haben. Bei diesen spielen eher kurzfristige Determinanten für politische Entscheidungen eine Rolle, im Unterschied zu älteren Wählern mit dominanteren langfristigen Bindungen. Entsprechend erwarten Vertreter dieser These (z.b. Brooks et al., 2006; Dalton, 2000, 2006; De Graaf et al., 1995, 2001; Gattig, 2006; Nieuwbeerta und Ultee, 1999; van der Brug, 2010), dass die Bedeutung der sozialen Klasse oder beruflichen Stellung schwindet. Der soziale Wandel des Punktschätzers „Parteibindung" oder „Wahlentscheidung" ist eine Konsequenz der Veränderungen innerhalb der unabhängigen Variablen, die einen Einfluss auf den Punktschätzer haben.

Im Folgenden werden zwei Zusammenhänge untersucht, die bereits eingeführte Merkmale erklären sollen: Stärke der Parteiidentifikation und Wahlbeteiligung. Für beide wird ein Erklärungsmodell aus den verschiedenen Ansätzen der Wahlsoziologie und Wahlforschung abgeleitet, das zwei grundlegenden Kriterien genügen muss: Zum Ersten soll es einer Mainstream-Erklärung nachempfunden sein und keine limitierte theoretische Perspektive einnehmen. Das heißt, die empirischen Befunde zur Veränderung sollen sich auf einen idealtypischen Zusammenhang beziehen. Zum Zweiten soll das Modell aber sparsam genug sein, um möglichst gut nachvollziehbar und transparent zu sein. Ein zu komplex modellierter Zusammenhang würde die Aufmerksamkeit zu stark auf die Modellierung lenken, weg von dem eigentlichen Erkenntnisinteresse — der Veränderung eines Zusammenhangs. Exemplarisch steht daher die Übertragbarkeit der Befunde statt der Maximierung der Erklärungsleistung im Vordergrund der Modellbildung. Abbildung 7.4 zeigt das Erklärungsmodell für beide Merkmale.

Die sozialpsychologischen Ansätze betonen die Bedeutung von kurz- und langfristigen Einstellungen gegenüber politischen Themen für Erklärungen von politischem Verhalten (z.B. bei Steinbrecher et al., 2007). Aus diesem Ansatz werden zwei Variablen in das Erklärungsmodell aufgenommen: das politische Interesse und die Verdrossenheit der Befragten bzgl. der Politik. Bei beiden handelt es sich um

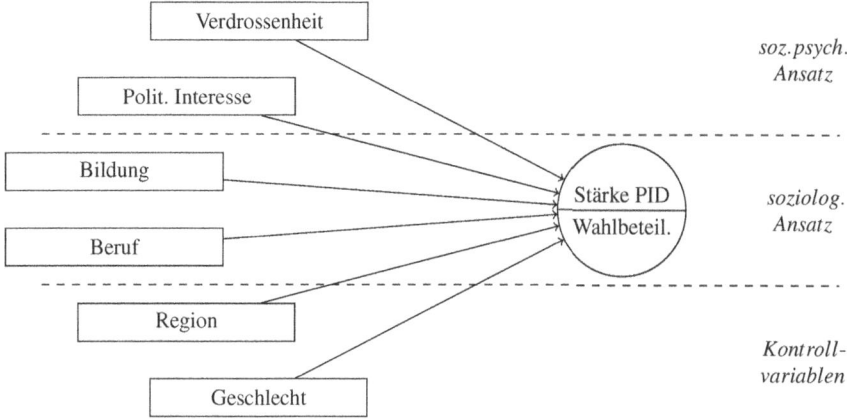

Abb. 7.4: Modelle zur Erklärung von Stärke der PID und Wahlbeteiligung.

persönliche Merkmale, die in einem erwartbaren Zusammenhang mit der Stärke einer Parteibindung und der Beteiligung an Wahlen stehen.

Die Operationalisierung von politischem Interesse ist in Abschnitt 7.1.1 beschrieben. Das zweite hier verwendete Merkmal des sozialpsychologischen Teils der Erklärung ist ein Index zum Grad der politischen Verdrossenheit. Er erfasst, inwiefern Befragte Unzufriedenheit mit Bundestagsparteien ausdrückten. Die Variable ist als Dummy codiert.[5]

Der soziologische Ansatz betont hingegen die Relevanz der sozialen Lage einer Person für politische Einstellungen und Handlungen. Entsprechend dominanter Cleavages ergeben sich Interessenvertretungen in Form von Parteien für bestimmte soziale Gruppen. Der meistgenutzte Cleavage für Erklärungen von politischem Verhalten ist dabei wohl der ökonomische, das heißt der Klassenkonflikt. Dieser wird im Modell mit Hilfe zweier Merkmale modelliert. Das erste verwendete Merkmal ist die berufliche Stellung, die von der Bildung ergänzt wird. Beide Merkmale dienen dazu, soziale Gruppen voneinander auf sozioökonomischer Ebene zu trennen. Diese Gruppen sollten sich durch ihre Tendenz zur Homophilie (McPherson und Smith-Lovin, 1987) in ihren Einstellungen und Wertvorstellungen voneinander unterscheiden.

Die berufliche Stellung, das heißt die „Klasse", wurde in den verschiedenen Bundestagswahlstudien nicht gleich abgefragt. In der Konsequenz mussten die verschiedenen Instrumente auf ein siebengliedriges EGP-Schema übertragen werden (Erikson et al., 1979; Erikson und Goldthorpe, 1992; Evans, 1992). Es wurde

---

[5] Die vorliegende Arbeit definiert eine Person als „verdrossen", wenn sie auf einer elf-stelligen Rating-Skala („[-5] halte gar nichts von der Partei" — „[+5] halte sehr viel von der Partei") für alle Parteien zwischen -5 und -3, Antwortverweigerung oder „weiß nicht" angibt.

ein reduziertes Schema gewählt, um zu dünn besetzte Zellen zu vermeiden. In der Vereinheitlichung der Codierung über die verschiedenen Studien ergibt sich nur 2005 ein Problem. Hier ist die Frage zur beruflichen Tätigkeit so gefiltert, dass nur Erwerbstätige befragt werden. Rentner bleiben dagegen außen vor. Da auch nicht die frühere berufliche Tätigkeit berücksichtigt wird, kann die soziale Klasse nur für eine Teilgruppe der Befragten bestimmt werden. Arbeitslose, Personen im Ruhestand oder Erziehungsurlaub können nicht nach ihrer früheren Tätigkeit eingruppiert werden, sondern sind im Fall 2005 als „nicht erwerbstätig" codiert. Ein Angleich der anderen Studien auf dieses Schema hätte zwar zu mehr Konsistenz geführt, gleichzeitig aber auch einen erheblichen Informationsverlust bedeutet. Da vor allem die Studien 1994 und 2009 für Vergleiche wichtig sind, muss die problematische Vergleichbarkeit mit dem Modell des Jahres 2005 in Kauf genommen werden.

Die Bildung wurde in Form einer kategorialen Variablen mit drei Ausprägungen operationalisiert. Befragte sind nach ihrer Schulbildung entweder den Kategorien „Hauptschule", „Realschule" oder „Gymnasium" zugeordnet.

Üblicherweise enthalten Erklärungsmodelle auch eine Reihe von Kontrollvariablen. Hier werden die regionale Zugehörigkeit und das Geschlecht der Befragten berücksichtigt. Regionale Zugehörigkeit beschreibt, ob ein Befragter in Ost- oder Westdeutschland wohnhaft ist. Berlin wurde zur Vergleichbarkeit stets zu Ostdeutschland gezählt. Ergänzt wird die regionale Zugehörigkeit um eine weitere klassische Kontrollvariable — das Geschlecht der Befragten. Beide Variablen sind als Dummy recodiert.[6]

Für den Zusammenhang zwischen den unabhängigen und den abhängigen Variablen ist die Entwicklung im Zeitkontext interessant. In der aktuellen Debatte um die schwindende Relevanz sozialstruktureller Einflussfaktoren zur Erklärung politischer Einstellungen und Handlungen lautet eine Kernthese, dass diese Determinanten für betroffene Kohorten an Bedeutung verlieren (Goerres, 2008, S. 289). Im Zeitkontext bedeutet dies zurückgehende Erklärungsleistungen und Effektstärken der sozialstrukturellen Variablen in Modellen zur Erklärung politischer Einstellungen und politischen Verhaltens.

Tabelle 7.6 und 7.7 zeigen Regressionsmodelle für beide Zusammenhänge.[7] Die Veränderung der Zusammenhänge ergibt sich durch den Vergleich der verschiedenen

---

[6] Das Alter ist ein weiteres, oft verwendetes, soziodemographisches Merkmal, teilweise theoriegeleitet, teilweise als Kontrollvariable. Im hier spezifizierten Erklärungsmodell wird das Alter der Befragten nicht berücksichtigt, da im Rahmen der Zerlegung ein Kompositionseffekt ermittelt werden soll (vgl. Abschnitt 7.1.4). Mit Hilfe der Zerlegung sollen Mittelwertunterschiede identifiziert werden, die auf Kohortensukzession zurückgehen, eine Kontrolle für das Alter wäre daher aus methodischer Sicht nicht sinnvoll.

[7] In beiden Modellen werden die in Abbildung 7.4 dargestellten Modelle gefittet. Darin werden absichtlich keine Zeitkontextvariablen wie bspw. Alter verwendet, auch wenn bei diesen von einem Einfluss auszugehen ist. Die berechneten Modelle dienen dazu, später mittels Zerlegungsverfahren untersucht zu werden. Dabei steht der Zeitkontext im Fokus. Wird dieser explizit modelliert, sind

Tabelle 7.6: OLS Regressionen zur Stärke der PID (1994-2009).

Variable	1994 β (s.e.)	1998 β (s.e.)	2002 β (s.e.)	2005 β (s.e.)	2009 β (s.e.)
Polit. Interesse	0,430***	0,386***	0,454***	0,461***	0,622***
	(0,026)	(0,032)	(0,032)	(0,036)	(0,028)
Verdrossenheit	-1,674***	-1,537***	-1,664***	-1,531***	-1,215***
	(0,120)	(0,163)	(0,148)	(0,246)	(0,140)
O. Dienstklasse	Ref.	Ref.	Ref.	Ref.	Ref.
U. Dienstklasse	0,155	-0,082	-0,378**	0,075	-0,394^a
	(0,121)	(0,136)	(0,126)	(0,199)	(0,217)
Angestellte	0,028	-0,417**	-0,482***	-0,003	-0,536*
	(0,123)	(0,138)	(0,132)	(0,204)	(0,213)
Selbstständige	0,056	-0,164	-0,354*	0,148	-0,309
	(0,137)	(0,152)	(0,144)	(0,207)	(0,221)
Meister	0,080	0,028	-0,151	-1,249**	-0,002
	(0,160)	(0,232)	(0,238)	(0,439)	(0,277)
Facharbeiter	0,067	-0,329*	-0,678***	0,146	-0,741***
	(0,131)	(0,145)	(0,140)	(0,224)	(0,222)
Arbeiter	-0,292*	-0,139	-0,569***	0,213	-0,703**
	(0,148)	(0,163)	(0,156)	(0,264)	(0,229)
Nie erwerbstätig	-0,087	-0,161	-0,693***	0,283	-0,838***
	(0,138)	(0,160)	(0,171)	(0,184)	(0,227)
Hauptschule	Ref.	Ref.	Ref.	Ref.	Ref.
Realschule	-0,103	-0,023	-0,212**	-0,070	-0,190**
	(0,063)	(0,074)	(0,076)	(0,086)	(0,065)
Gymnasium	-0,141^a	-0,040	-0,148^a	-0,187*	-0,212*
	(0,077)	(0,089)	(0,088)	(0,095)	(0,085)
Ostdeutsche	-0,259***	-0,288***	-0,260***	-0,326***	-0,402***
	(0,063)	(0,072)	(0,075)	(0,084)	(0,066)
Frauen	0,004	-0,172*	0,096	-0,060	0,073
	(0,058)	(0,068)	(0,068)	(0,072)	(0,060)
Konstante	1,111***	1,638***	1,494***	1,261***	1,319***
	(0,150)	(0,170)	(0,168)	(0,231)	(0,237)
Adj. R^2	0,140	0,117	0,142	0,099	0,174
N	3.801	3.073	3.007	2.465	4.088

^{a} p<0,10, * p<0,05, ** p<0,01, *** p<0,001
Anmerkung: Berechnungen sind gewichtet.

Tabelle 7.7: Logistische Regressionen zur Wahlbeteiligung (1994-2009).

Variable	1994 AME (s.e.)	1998 AME (s.e.)	2002 AME (s.e.)	2005 AME (s.e.)	2009 AME (s.e.)
Polit. Interesse	0,076***	0,070***	0,065***	0,098***	0,125***
	(0,006)	(0,007)	(0,007)	(0,008)	(0,007)
Verdrossenheit	-0,499***	-0,405***	-0,439***	-0,259***	-0,412***
	(0,033)	(0,036)	(0,034)	(0,046)	(0,038)
O. Dienstklasse	Ref.	Ref.	Ref.	Ref.	Ref.
U. Dienstklasse	0,063^a	0,006	0,009	0,035	-0,058
	(0,035)	(0,034)	(0,029)	(0,051)	(0,053)
Angestellte	0,061^a	-0,035	-0,036	0,035	-0,071
	(0,035)	(0,035)	(0,031)	(0,051)	(0,052)
Selbstständige	0,063^a	-0,018	0,021	0,012	-0,052
	(0,038)	(0,039)	(0,033)	(0,053)	(0,054)
Meister	0,095*	0,026	0,073	0,097	-0,017
	(0,041)	(0,054)	(0,046)	(0,083)	(0,063)
Facharbeiter	0,088*	-0,008	-0,077*	0,039	-0,100^a
	(0,036)	(0,036)	(0,034)	(0,053)	(0,054)
Arbeiter	0,066^a	-0,014	-0,068^a	-0,020	-0,155**
	(0,040)	(0,039)	(0,037)	(0,063)	(0,056)
Nie erwerbstätig	0,025	-0,027	-0,049	0,001	-0,148**
	(0,039)	(0,040)	(0,040)	(0,048)	(0,056)
Hauptschule	Ref.	Ref.	Ref.	Ref.	Ref.
Realschule	0,003	0,003	-0,027	0,024	0,002
	(0,015)	(0,017)	(0,017)	(0,019)	(0,015)
Gymnasium	0,024	0,010	-0,039^a	0,016	-0,045*
	(0,019)	(0,022)	(0,022)	(0,022)	(0,021)
Ostdeutsche	-0,026^a	-0,029^a	0,007	-0,040*	-0,017
	(0,015)	(0,016)	(0,017)	(0,018)	(0,015)
Frauen	-0,005	-0,011	0,013	0,041**	0,024
	(0,014)	(0,016)	(0,016)	(0,016)	(0,015)
McFadden R^2	0,133	0,092	0,104	0,095	0,137
Nagelkerke R^2	0,213	0,154	0,174	0,162	0,224
N	3.789	3.077	3.011	2.471	4.085

^{a} p<0,10, * p<0,05, ** p<0,01, *** p<0,001
Anmerkung: Berechnungen sind gewichtet.

Erklärungsmodelle. Bei den logistischen Modellen (Tabelle 7.7) tritt das bekannte Problem der Vergleichbarkeit von Koeffizienten auf (Best und Wolf, 2010, 2012). Da es sich nicht um genestete Modelle im Sinne eines schrittweisen Modellaufbaus handelt, kann die von Best und Wolf (2012) vorgeschlagene Vergleichsmethode nach Karlson et al. (2012) nicht angewendet werden. Als Lösung sind daher *Average Marginal Effects* (AME) ausgewiesen, die Best und Wolf (2012) in einer Reihe von Simulationen als zweitbeste Lösung beurteilen.

Für die Stärke der Parteiidentifikation fällt schon beim Blick auf den Modell-Fit auf, dass die Passung der Modelle über die Zeit variiert. Die korrigierten R^2 liegen zwischen 0,09 und 0,18. Einen negativen Ausreißer bildet hier das Modell zur Wahl 2005, das aufgrund der oben genannten Limitierungen weniger Informationen enthält und daher auch nur begrenzt vergleichbar ist. Klammert man das problematische Modell aus, bleibt dennoch das erste Ergebnis: Die gewählten Determinanten scheinen über die verschiedenen Jahre unterschiedlich gut geeignet, eine Erklärung für die Stärke des PID zu geben.

Beide Variablen des sozialpsychologischen Ansatzes offenbaren signifikante Einflüsse. Je interessierter die Befragten an politischen Themen sind, desto mehr scheinen sie sich mit dem Angebot politischer Parteien auseinanderzusetzen und eine stärkere Parteibindung aufzubauen. Das ähnelt stark einem Lerneffekt mit zunehmendem Alter wie ihn Goerres (2008, S. 286f) nach einer Arbeit von Barnes (1989), für die Präferenz hin zu größeren Parteien beschreibt: Je länger sich eine Person mit dem politischen Angebot auseinandersetzt, desto eher lernt sie, welche Parteien ihren Wünschen entsprechen. Gleichzeitig neigen Personen mit zunehmender Verdrossenheit dazu, weniger starke Neigungen zur politischen Angebotsseite auszuprägen. Die Effektgröße sinkt zwar für den Grad an Verdrossenheit zwischen 1994 und 2009 ab, ist aber weiterhin signifikant von 0 verschieden. Für das politische Interesse zeigt sich, dass der Effekt 2009 am größten ist. Wie schon bei Steinbrecher et al. (2007) weisen die sozialpsychologischen Variablen die stärkste Erklärungskraft des Modells auf.

Eher ambivalent sind die Ergebnisse für Determinanten der soziologischen Erklärung. Während Dealignment-Vertreter erwarten würden, dass mit der Zeit der Einfluss dieser Variablen zurückgeht, ergibt sich ein gegenläufiges Bild: Während 1994 kaum signifikante Effekte sichtbar sind, liegt 2009 eine Reihe davon vor. Die berufliche Stellung und die Bildung scheinen einen Einfluss darauf zu haben, ob eine PID ausgebildet wird. Allerdings sind die berichteten Effekte negativ ausgeprägt. Im Vergleich zur Referenz bilden die Personen mit höherer Bildung und jene in weniger prestigeträchtigen beruflichen Stellungen (Arbeiter, Facharbeiter sowie nicht erwerbstätige Personen) eine eher geringe PID aus.

Ostdeutsche Befragte tendieren zu einer weniger ausgeprägten PID als westdeutsche Befragte, ein Effekt der über die Zeit noch stärker wird. Für die Kontrollva-

---

die geschätzten Koeffizienten schon an den Zeitkontext angepasst. In der Konsequenz werden hier vermeintlich „unvollständige" Modelle berichtet.

riable „Geschlecht" zeigt sich sowohl 1994 als auch 2009 kein signifikant von 0 verschiedenes Ergebnis.

Die Modellreihen zur Wahlbeteiligung erbringen, verglichen mit der Stärke der PID, ähnliche Ergebnisse. Die Güte der Anpassung variiert dabei über die verschiedenen Modelle. Hier sind zwei Pseudo-R-Maße ausgewiesen: McFadden und Nagelkerke. Beide zeigen die gleiche Entwicklung im Modell-Fit an: Zwischen 1994 und 2005 sinkt die Güte erst ab, steigt dann aber 2009 wieder an.

Beide Variablen des sozialpsychologischen Ansatzes sind hoch signifikant und entwickeln sich ähnlich wie bei der Stärke der PID: Die AMEs sinken bei Verdrossenheit ab, während sie bei erhöhtem Interesse zunehmen. Sie bilden auch hier die stärksten Variablen des Modells.

In Bezug auf den Zusammenhang zwischen sozialer Position und Wahlbeteiligung treten (analog zur Stärke der PID) 1994 kaum signifikante Effekte auf. Entgegen den Annahmen von Vertretern der Dealignment-These steigt aber die Erklärungsleistung einiger Variablen signifikant an. Es scheint, dass sich zunehmend wieder Homogenität in den Gruppen einstellt.

Die Modellreihen lassen dagegen kaum signifikante AMEs der Kontrollvariablen erkennen. Das bedeutet, dass zwischen 1994 und 2009 keine durchgängig existenten Effekte der Wohnregion oder des Geschlechts vorliegen.

Die vorgestellten Analysen machen deutlich, dass auch Zusammenhänge einer Veränderung über die Zeit unterliegen. Der Beobachtungszeitraum zwischen 1994 und 2009 ist recht kurz gewählt, wohingegen Debatten wie die Dealignment-Diskussion meist längere Perioden umfassen. Gleichwohl zeigen sich einige Trends, wie bspw. der immer stärker zunehmende Einfluss von politischem Interesse auf beide abhängige Variablen. Gleichzeitig fällt auf, dass die Modelle teilweise stark unterschiedliche Erklärungen liefern, weil offenbar je nach politischer Großwetterlage verschiedene Variablen ursächlich dafür sind, ob eine Person wählen geht und wie sich ihre PID entwickelt. Gelingt es den Parteien z.B., Parteibindungen zu aktivieren, sollten die entsprechenden Variablen eine stärkere Wirkung auf die abhängige Variable entwickeln.

Dieser erste Modellvergleich gibt einen Überblick zur Entwicklung zweier idealtypischer multivariater Zusammenhänge über mehrere Perioden. Zunächst erweist sich dabei, dass auch Zusammenhänge Wandel unterliegen. Die Ergebnisse der Simulation werfen die Frage auf, inwiefern sich für die Zusammenhänge ein Einfluss von Alters-, Perioden- und/ oder Kohorteneffekten nachweisen lässt. Zur Bestimmung, *wie* sie sich über die Zeit wandeln, sind weitere Zerlegungen notwendig.

7.1.4 Zerlegung multivariater Punktschätzer

Um die Veränderung von Zusammenhängen über die Zeit zu untersuchen, kann eine Methode der Ungleichheitsforschung verwendet werden (Firebaugh, 1997): Das als Oaxaca-Blinder-Zerlegung bekannte Verfahren geht auf die Arbeiten von Oaxaca (1973) und Blinder (1973) zurück und wurde ursprünglich zur Bestimmung von Gehaltsunterschieden zwischen sozialen Gruppen entwickelt. Ziel der Oaxaca-Blinder-Zerlegung ist, zwischen Diskriminierungs- und Kompositionseffekten zu differenzieren.

Ein einfacher Zusammenhang sei in linearer Form:

$$Y = \alpha + \beta X + \varepsilon.$$

Unter der Annahme, dass $E(\varepsilon) = 0$ gilt für zwei Zeitpunkte $t = \{1, T\}$:

$$Y_1 = \alpha_1 + \beta_1 X_1$$
$$Y_T = \alpha_T + \beta_T X_T.$$

Bekanntlich sei $\bar{Y} = E(Y)$ und $E(Y) = \alpha + \beta \bar{X}$. Daraus folgt für den sozialen Wandel zwischen zwei Zeitpunkten:

$$\bar{Y}_T - \bar{Y}_1 = (\alpha_T + \beta_T \bar{X}_T) - (\alpha_1 + \beta_1 \bar{X}_1).$$

Ausgehend von dieser Formalisierung können verschiedene mögliche Komponenten spezifiziert werden. Im Folgenden wird die von Firebaugh (1997) empfohlene Umformung verwendet. Dabei wird die Formel um die sich auflösenden Terme (a) und (b) erweitert und anschließend umgeformt:

$$\begin{aligned}
\Delta \bar{Y} = &(\alpha_T + \beta_T \bar{X}_T) - (\alpha_1 + \beta_1 \bar{X}_1) \\
&+ \underbrace{(\beta_T \bar{X}_1 - \beta_T \bar{X}_1)}_{a} + \underbrace{(\beta_1 \bar{X}_T - \beta_1 \bar{X}_T)}_{b} \\
= &\underbrace{\Delta \alpha + \Delta \beta \bar{X}_1}_{i} + \underbrace{\beta_1 \Delta \bar{X}}_{ii} + \underbrace{\Delta \beta \Delta \bar{X}}_{iii}.
\end{aligned}$$

Die hergeleitete Zerlegung gilt auch für multivariate Zusammenhänge, dazu müssen lediglich β und X als Vektoren in der Gleichung berücksichtigt werden.

Die erste Komponente (i) der Gleichung erfasst die Veränderung der Parameter. Das bedeutet, der Einfluss eines Merkmals ändert sich über die Zeit, möglicherweise bedingt durch den Zeitgeist oder andere Einflüsse. Das wäre bspw. beim Dealignment der Fall, wenn sich für alle Kohorten die sozialstrukturellen Bindungen auflösen würden. In der Konsequenz würde die Erklärungskraft der entsprechenden Variablen sinken und entsprechende Koeffizienten würden gegen 0 streben.

Komponente (ii) berechnet sich durch die Veränderung des Durchschnitts eines Merkmals und entspricht daher einem Kompositionseffekt. Ein gutes Beispiel hierfür ist das politische Interesse, das, wie die voranstehenden Analysen andeuten, in jungen Kohorten geringer ausfällt. Nimmt der relative Anteil dieser „verdrossenen" Gruppe am Elektorat zu, dann sinkt der Gesamtmittelwert.

Schließlich fasst Komponente (iii) die Interaktion zwischen veränderten Parametern und Komposition zusammen. Das bedeutet den Anteil der Veränderung, der gleichzeitig auf einen veränderten Parameter und veränderte Komposition zurückgeht.

Während in der Ungleichheitsforschung der Fokus vor allem auf Komponente (i) liegt, da dort Diskriminierung gemessen wird, sind für die vorliegende Arbeit alle Komponenten interessant. In Komponente (i) zeigen sich veränderte Erklärungsmechanismen, bspw. bei zunehmender Bedeutung von kurzfristigen Einstellungen für politisches Verhalten, wie es der sozialpsychologische Ansatz erwartet. Komponente (ii) deutet dagegen darauf hin, dass sich Populationsdynamik vollzieht und neu eintretende Gruppen sich vom bisherigen Elektorat unterscheiden. Als Folge der Kohortensukzession ergibt sich Wandel in der abhängigen Variablen. Komponente (iii) dagegen verbindet (i) und (ii). Dadurch lässt sich zeigen, welche Bedeutung die Kohortensukzession hat, wenn sich gleichzeitig noch die Erklärung verändert. Anders ausgedrückt: Komponente (iii) gibt den Anteil des Wandels an, der auf dem Eintreten neuer Kohorten in das Elektorat basiert, für welche die Erklärungsmuster alter Kohorten nicht mehr zutreffen. Dealignment sollte ein solcher Fall sein: Junge Wähler kommen in das Elektorat und entscheiden sich eher nach kurzfristigen politischen Einstellungen statt nach langfristigen Parteibindungen, im Gegensatz zu älteren Wählern.

Abbildungen 7.5 und 7.6 stellen die Ergebnisse der durchgeführten Zerlegungen für die Veränderung der Stärke der PID und der Wahlbeteiligung dar. Im Fall der Wahlbeteiligung basiert die Zerlegung auf linearen Wahrscheinlichkeitsmodellen und nicht auf den gezeigten logistischen Regressionen. Wie Jann (2008) in einem Artikel zu seinem, hier verwendeten, Stata Ado `oaxaca` argumentiert, kann es inhaltlich schwierig sein, Zerlegungen auf Basis von logistischen Regressionen zu interpretieren:

> „You have to understand, however, that oaxaca will always apply the decomposition to the linear predictions from the models (based on the first equation if a model contains multiple equations). With logit models, for example, the decomposition computed by oaxaca is expressed in terms of log odds and not in terms of probabilities or proportions." (Jann, 2008, S. 475)

Er schlägt vor, mit Hinweis auf die Diskussion von Stärken und Schwächen solcher Modelle bei Long (1997) und Wooldridge (2003), unter Umständen lineare Wahrscheinlichkeitsmodelle zur Zerlegung zu verwenden. Zum Test der Robustheit der so erzielten Ergebnisse wurden die Zerlegungen nochmals mit logistischen

Modellen durchgeführt mit sowohl für die Größe der Komponenten als auch für ihre Abstände nahezu identischen Ergebnissen.

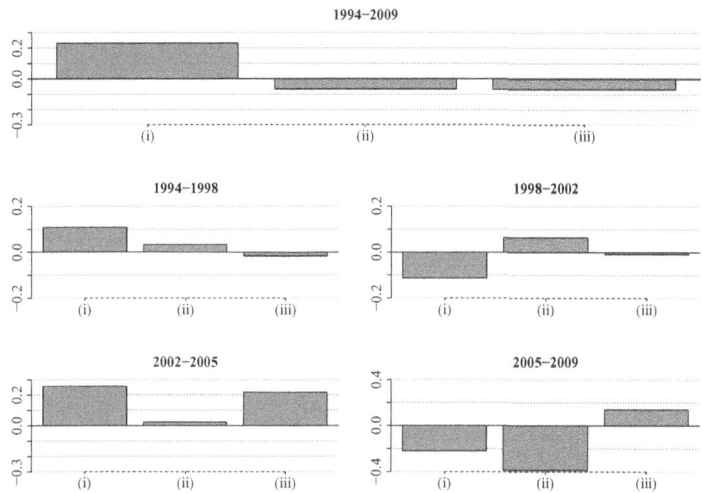

Abb. 7.5: Komponenten des sozialen Wandels im Zusammenhang der Stärke der PID, Oaxaca-Blinder-Zerlegung (1994-2009).
Anmerkung: Berechnungen sind gewichtet.

Für den sozialen Wandel der PID, der sich auf einem durchaus niedrigen Niveau abspielt, sind zum Großteil Veränderungen in den Effekten verantwortlich. Die Summe der Kompositionseffekte ist geringer und weist einen gegenläufigen Effekt auf. Gleiches gilt für die Interaktion zwischen Kompositions- und Parameterveränderung. Beide negativen Effekte ((ii)+(iii)) werden dabei allerdings durch die positiv notierte Parameterveränderung (i) kompensiert, was zu einem positiven Wandel, d.h. zu einer zunehmenden Stärke der PID zwischen 1994 und 2009 führt. Die Kompositionsveränderung fällt in reiner Form weniger ins Gewicht. Berücksichtigt man allerdings den Interaktionsterm, ergibt sich ein Niveau, das über 50% der Größe von Komponente (i) entspricht.

   Inhaltlich bedeuten die Befunde, dass durch die Kohortensukzession sozialstrukturell langfristig parteigebundene Kohorten aus dem Elektorat ausscheiden, während jüngere Kohorten ohne solch enge Parteibindungen nachrücken. Die Kohortensukzession würde zu einem Rückgang der Parteibindungen im Elektorat führen, wenn nicht die Bedeutung politischer Einstellungen für die Stärke der PID zunehmen würde. Die negative Interaktion macht aber auch deutlich: Die neuen (jüngeren) Kohorten, die in das Elektorat nachrücken, sind tendenziell eher politisch

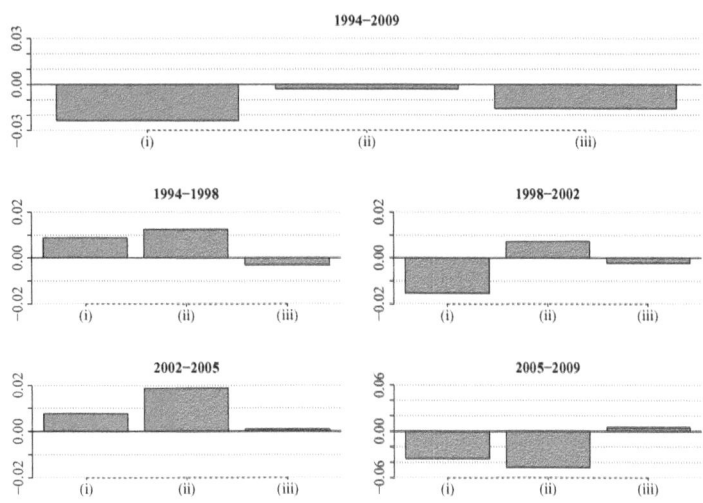

Abb. 7.6: Komponenten des sozialen Wandels im Zusammenhang der Wahlbeteiligung, Oaxaca-Blinder-Zerlegung (1994-2009).
Anmerkung: Berechnungen sind gewichtet.

desinteressiert. Eine zur Kontrolle durchgeführte Zerlegung auf Variablenebene bestätigt die Befunde: Das politische Interesse geht jeweils am stärksten in die verschiedenen Komponenten ein.

Die Zerlegung des Modells zur Wahlbeteiligung zwischen 1994 und 2009 ergibt ein leicht abweichendes Bild. Hier dominiert ebenfalls der Parametereffekt (i), allerdings ist er fast doppelt so groß wie die Interaktion (iii). Der Kompositionseffekt liegt dagegen nahezu bei 0. Sowohl Komponente (i) als auch (iii) wirken in gleicher Richtung, das bedeutet negativ auf die Wahlbeteiligung. Ehemals stabilisierend wirkende strukturelle Einbettungen in soziale Gruppen scheinen an Relevanz zu verlieren für die Entscheidung, sich an Wahlen zu beteiligen. Auf der anderen Seite rücken vermehrt junge, politisch uninteressierte Kohorten in das Elektorat nach. Die zunehmende Wichtigkeit von individuellen politischen Einstellungen überwiegt im Fall der Wahlbeteiligung nicht diese negativen Effekte, was dazu führt, dass die Wahlbeteiligung zwischen 1994 und 2009 sinkt. Zur Wahlbeteiligung ist anzumerken, dass der gesamte gemessene Wandel nicht sehr groß ist, was die Zerlegung etwas erschwert. Eine detaillierte Zerlegung auf Ebene der einzelnen Variablen bestätigt zwar signifikant von 0 verschiedene Komponenten (i) und (ii), zeigt allerdings nur wenige *einzelne* signifikante Komponenten bei einzelnen Variablen. Da hier mit Realdaten gearbeitet wurde, die einer Reihe von Fehlerquellen unterliegen (Groves, 2004; Groves et al., 2009; Weisberg, 2005), ist es schwierig, die Bedeutung einzelner Variablen für die Veränderung des Zusammenhangs zu diskutieren.

Die Dominanz von Komponente (i) und den Einfluss von Kompositionseffekten durch die Komponenten (ii) und (iii) zeigen weitere Zerlegungen für die Intervalle 1994-1998, 1998-2002, 2002-2005 und 2005-2009 sowohl für die Stärke der PID (Abbildung 7.5) als auch für die Wahlbeteiligung (Abbildung 7.6). Da im Gegensatz zur algebraischen Zerlegung keine relativen Größen von Kohorten, sondern Komposition über Mittelwertsveränderung erfasst wird, ist die Messung sensitiver für solche Effekte.

Tatsächlich wird im Fall der Stärke der PID auch 1994-1998 und 1998-2002 das bereits beobachtete Verhältnis der Komponenten deutlich sichtbar: (i) dominiert, während sich (ii) und (iii) auf rund 50% des Umfangs von (i) addieren. Bei der Wahlbeteiligung haben (ii) und (iii) in beiden Intervallen ein größeren Einfluss: In Summe erreichen beide Komponenten zumindest 1994-1998 annähernd den Umfang von (i). Die Berechnungen mit Bezug auf das Jahr 2005 (2002-2005 und 2005-2009) müssen hier leider ausgeklammert werden, da die problematische Operationalisierung der beruflichen Stellung zu verzerrten Ergebnissen führt. Die Untersuchung kürzerer Episoden stützt die Befunde zum Intervall 1994-2009: Die Veränderungen gehen größtenteils auf Veränderungen in den Parametern und der Interaktion zwischen Parameterveränderung und Kohortensukzession zurück. Das bedeutet, dass sich zum einen die Erklärungsmodelle für die Stärke der PID verändern und zum anderen neue Kohorten eintreten, die andere politische Einstellungen ausbilden und Handlungen vornehmen als die alten Kohorten.

Die vorgestellten multivariaten Punktschätzer und die Zerlegung der jeweiligen Zusammenhänge machen deutlich, dass Wandel über die Zeit nicht nur auf univariate Punktschätzer limitiert ist — auch Zusammenhänge unterliegen Veränderungen. Aus dieser Veränderung entsteht wiederum der soziale Wandel der abhängigen Variablen. Mit Hilfe von Oaxaca-Blinder-Zerlegungen gelingt es, zwischen verschiedenen Komponenten des Wandels zu unterscheiden. Die so gewonnenen Ergebnisse weisen auch beim Wandel von Zusammenhängen auf die Bedeutung von Kohortensukzession hin. Gleichzeitig machen sie deutlich, dass auch hier nicht von einzelnen Alters-, Perioden- oder Kohorteneffekten auszugehen ist, sondern meist Kombinationen vorliegen. Interessanterweise scheinen bei diesen Zerlegungen gerade Komponenten für erhebliche Teile des Wandels verantwortlich zu sein, die Kompositionseffekte oder Interaktionen mit Kompositionseffekten messen. Soll sozialer Wandel erfasst werden, das zeigt die Simulation, ist es von zentraler Relevanz, eben diese Effekte adäquat im Forschungsdesign zu berücksichtigen. Klassische Panels offenbaren hier Schwächen, was zu erheblichen Verzerrungen führte, je nachdem *wie* sich ein Merkmal veränderte. Sollen dennoch Eigenschaften des Panels genutzt (d.h. individueller Wandel ebenfalls gemessen) werden, sprechen die Befunde für eine hybride Lösung mit einer möglichst gleichgewichtigen Integration von Elementen wiederholter Querschnitte. Das multiple Panel ist eine solche Kombination und wäre in der Lage, die Folgen der Populationsdynamik zu berücksichtigen.

7.2 Individueller Wandel im Kontext der Dynamik

Soll lediglich sozialer Wandel eines Merkmals erfasst werden, stellen wiederholte Querschnitte das ideale longitudinale Forschungsdesign dar (vgl. Abschnitt 4.2). Wenn allerdings ebenfalls individueller Wandel im Fokus des Interesses steht, ist eine hybride Lösung sinnvoll, um Populationsdynamik und verschiedene Zeitkontexte zu berücksichtigen (vgl. Abschnitt 4.3). In der durchgeführten Simulationsstudie erbringen multiple Panels im Allgemeinen bessere Ergebnisse als klassische Panels, wenn nonlineare Alterseffekte oder Kohorteneffekte auftreten. Moderierend beeinflusst hier die Populationsdynamik das analytische Potential und bildet gleichzeitig die Voraussetzung für die untersuchten Kompositionseffekte.

Populationsdynamik und ihr Zusammenhang mit sozialem Wandel wurden in den voranstehenden Abschnitten bereits besprochen, ebenso die Rolle von Zeitkontexten. Diese Analysen werden nun für individuellen Wandel wiederholt. Ziel ist es auch hier zu untersuchen, wie sich individueller Wandel in der Realität gestaltet, und Schlussfolgerungen für die Ergebnisse der Simulation abzuleiten.

7.2.1 Datengrundlage und Operationalisierung

Als Datengrundlage für die folgenden Analysen dienen die Langfrist-Panels (LFP) der deutschen Wahlforschung. Wie bereits beschrieben, handelt es sich dabei um dreiwellige Wahlbefragungen. Mit jeder Bundestagswahl seit 1994 startete ein solches Panel. Dies macht es möglich, individuellen Wandel in vier Intervallen zu beobachten: 1994-1998, 1998-2002, 2002-2005 und 2005-2009. Der Definition individuellen Wandels entsprechend werden nur Individuen berücksichtigt, die zu beiden Zeitpunkten Teil des Elektorats waren. Das bedeutet, individueller Wandel im Jahr 1998 umfasst alle Personen, die bereits 1994 am politischen Prozess teilnehmen durften und dieses Kriterium auch 1998 erfüllten. Zum Beispiel kann nur Wechselwähler sein, wer schon zur letzten Wahl die Chance hatte zu wählen.

Um individuellen Wandel untersuchen zu können, wurde ein kumulierter Datensatz der Langfrist-Panels erzeugt. Dieser enthält alle Fälle der Bundestagswahlstudien 1994, 1998, 2002 und 2005, die an einer Wiederbefragung zur darauffolgenden Bundestagswahl teilnahmen. Das bedeutet: alle 1998 nochmals befragten Personen aus dem 1994er Panel, alle 2002 abermals Befragten aus dem 1998er Panel und so weiter. Informationen von Teilnehmern der dritten Welle der Panels werden nicht verwendet, das heißt, jedes Panel deckt einen Übergang ab. Die Verwendung der dritten Welle hat die bekannte Überlappung multipler Panels zur Folge, die zu einer Verzerrung der Ergebnisse führen würde. Wie in der Simulation gezeigt, pendelt sich die Verzerrung erst nach drei Übergängen auf einem konstanten Niveau ein (bei der hier gewählten Spezifikation der Panels), das wären in diesem Fall ¾ des Beobachtungszeitraums. Da die Ausgangssamples das jeweilige Elektorat angemessen repräsentieren sollten (schließlich handelt es sich um frisch gezogene Zufallsstichproben) und auch nur ein Intervall an individuellem Wandel beobachtet wird, sind nur die erste und zweite Welle der Panels relevant. Entfernt wurden weiter alle Personen, die in der jeweils ersten Welle nicht wahlberechtigt waren.

Ein Problem von Paneldaten ist Panel Attrition (Lynn, 2005, S. 10). Dies ist eine longitudinale Subform von Unit Nonresponse: Ehemals Befragte nehmen nicht weiter am Panel teil. Das führt zum einen zu Verzerrungen, wenn Attrition nicht vollständig zufällig ist. Zum anderen reduziert Attrition die effektive Fallzahl, die bei Analysen zur Verfügung steht. Zur Korrektur der Verzerrung werden Panelgewichte eingesetzt (vgl. Appendix B).

Wie bei sozialem Wandel basieren die Analysen zu individuellem Wandel auf einer Reihe typischer Indikatoren mit zentraler Bedeutung für die inhaltliche Forschung. Ausgewählt wurden: Wechselwahl und die Veränderung des politischen Interesses. Beim letzten Merkmal, das schon für sozialen Wandel untersucht wurde, wird nun allerdings individueller Wandel gemessen. In anderen Worten: Wie verändert sich das politische Interesse einer Person zwischen zwei Zeitpunkten?

Wechselwahl ist ein typischer Anwendungsfall von individuellem Wandel in der Wahlforschung. Zwar lassen sich wie bei Rattinger (2007) sowie Rudi und Steinbrecher (2011) verschiedene Kategorien von Wechselwählern identifizieren, gemeinhin ist ein Wechselwähler aber ein Wahlberechtigter, der zu zwei Wahlen unterschiedliche Wahlentscheidungen trifft. Je nach Klassifikation unterscheidet man den Wechsel zwischen politischen Lagern (links vs. rechts), zwischen Parteien (bspw. SPD zu CDU) oder zwischen Wahl und Nichtwahl. Wechselwahl soll hier möglichst feinkörnig untersucht werden. Im Folgenden wird als Wechselwähler definiert, wer zu zwei Wahlen eine unterschiedliche Wahlentscheidung getroffen hat. Das schließt auch die Entscheidung zur Nichtwahl ein. Befragte, welche die Antwort verweigerten oder „weiß nicht" angaben, wurden als stabile Wähler codiert. In diesen Fällen war nicht mit Sicherheit von einer Wechselwahl auszugehen. Wechselwahl wurde als Dummy-Variable codiert.

Politisches Interesse ist eine zentrale abhängige und unabhängige Variable der Wahlforschung.[8] Das Merkmal wird auf einer Skala von „[5] sehr stark" bis „[1] überhaupt nicht" erfasst. In Form von individuellem Wandel entspricht das Merkmal einer graduellen Veränderung im Wertebereich von [-4, 4].[9] Ein negativer Wert

---

[8] Zur genaueren Diskussion des politischen Interesses vgl. Abschnitt 7.1.1.

[9] „-4" entspricht der Veränderung von „[5] sehr stark" zu „[1] überhaupt nicht". Dagegen gibt „4" den Wechsel von „[1] überhaupt nicht" zu „[5] sehr stark" an.

bedeutet den Rückgang, ein positiver Wert den Anstieg von politischem Interesse bei einem Befragten. Da oftmals nicht die Richtung der Veränderung von Belang ist, sondern der Grad der politischen Einstellungsänderung, wird die absolute Veränderung codiert. Das bedeutet, die Veränderung des politischen Interesses eines Individuums wird graduell zwischen „0" (keine Veränderung) und „4" (maximale Veränderung) gemessen.

Für eine Reihe weiterer Analysen werden folgende weitere Variablen berücksichtigt: Veränderung der Wahlbeteiligung und Stärke der Parteiidentifikation. Wie beim politischen Interesse handelt es sich dabei um eine Anpassung an die Messung individuellen Wandels. Es wird erfasst, ob eine Person sich entschieden hat, zwischen Wahl- und Nichtwahl zu wechseln, und ob die Stärke der individuellen Parteibindung zu- oder abgenommen hat. Die Veränderung in der Wahlbeteiligung liegt im Wertebereich von [0, 1]. „0" bedeutet keine Veränderung der Wahlbeteiligung, „1" bedeutet der Wechsel von Nichtwahl zu Wahl oder umgekehrt. Da die PID Stärke auf einer Skala von „0" bis „5" gemessen wird, ergibt sich eine mögliche Veränderung im Wertebereich von [-5, 5]. Da hier nur graduelle Unterschiede untersucht werden sollen, liegt die codierte Variable im Bereich von [0, 5]. „0" ist gleichbedeutend mit einer stabilen PID, „5" zeigt eine hohe Volatilität der Parteibindung an.

7.2.2 Individueller Wandel im Zeitkontext

Glaubt man der Annahme, die Bindung zwischen politischen Parteien und sozialen Großgruppen würde abnehmen (vgl. Abschnitt 5.1), sollte dies volatiles Wählen begünstigen. Sozialstrukturelle, in der Regel also eher langfristig stabile, Faktoren verlieren für die Wahlentscheidung an Bedeutung und es wirken vermehrt kurzfristige Einflussgrößen, wie sie vornehmlich vom sozialpsychologischen Ansatz eingebracht werden. Tabelle 7.8 zeigt Lagemaße für die Wechselwahl im Zeitraum 1998-2009. Die Befunde zwischen 1998 und 2005 bleiben recht stabil auf dem Niveau von rund 30% an Wechselwählern. Erst 2009 kommt es zu signifikant mehr Volatilität: 41,5% der Wähler, die auch schon 2005 ihre Stimme abgegeben haben, entscheiden sich 2009 anders.

Abbildung 7.7 stellt den Zusammenhang zwischen Alter, Perioden und Kohorten mit Wechselwahl grafisch dar. Was sich als eigentlich recht stabiler Periodeneffekt präsentiert, wird unter Kontrolle von Alter oder Kohorte wesentlich dynamischer. Ältere Personen und Kohorten tendieren deutlich weniger zu volatilem Wahlverhalten. Junge Personen und Kohorten fallen dagegen durch überdurchschnittlich volatiles Wählen auf.

In Tabelle 7.8 sind auch die durchschnittlichen Veränderungen des politischen Interesses abgebildet. Im Durchschnitt verändert sich das Interesse eines Wählers

Tabelle 7.8: Lagemaße individuellen Wandels zentraler Merkmale.

Jahr	$\bar{X}$	SE	95% C.I.		N
Wechselwahl					
1998	0,298	0,010	0,278	0,318	2.090
2002	0,314	0,011	0,292	0,336	1.722
2005	0,317	0,016	0,286	0,348	889
2009	0,415	0,019	0,377	0,452	665
Gesamt	0,321	0,006	0,309	0,334	5.365
Politisches Interesse					
1998	0,705	0,017	0,671	0,739	2.080
2002	0,711	0,019	0,675	0,747	1.705
2005	0,632	0,024	0,585	0,680	879
2009	0,651	0,027	0,598	0,704	665
Gesamt	0,688	0,010	0,667	0,708	5.328

Anmerkung: Berechnungen sind gewichtet.

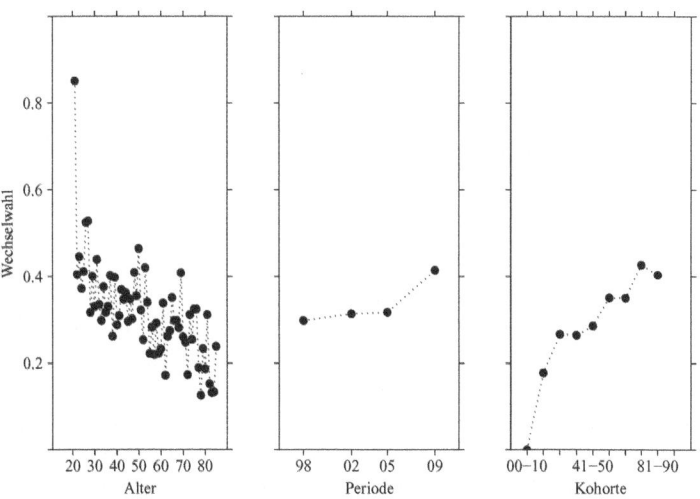

Abb. 7.7: Wechselwahl über Alter, Perioden und Kohorten.
Anmerkung: Berechnungen sind gewichtet.

an politischen Themen um 0,69 Punkte innerhalb einer Legislaturperiode. Diese Veränderung ist durchaus beachtlich, unterliegt doch das individuelle politische Interesse somit einer signifikanten zeitlichen Schwankung. Im Aggregat deuten die Daten eine kontinuierliche Abnahme des individuellen Wandels an, die Überlappungen

der Konfidenzintervalle lassen allerdings nicht auf einen statistisch signifikanten
Trend schließen.

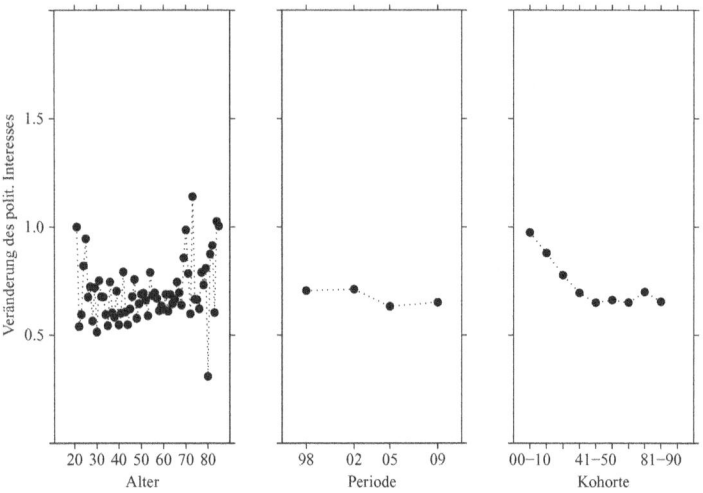

Abb. 7.8: Veränderung politischen Interesses über Alter, Perioden und Kohorten.
Anmerkung: Berechnungen sind gewichtet.

Die Darstellung des Periodeneffekts für die Veränderung des politischen Interesses ist in Abbildung 7.8 um Alters- und Kohorteneffekte ergänzt. Gerade ältere
Kohorten und Wähler zeichnen sich durch erhöhte Veränderungen des politischen
Interesses aus. Die etwas feinkörnigere Darstellung des Alterseffekts zeigt gerade
für die jüngsten Alterskategorien hohe Dynamik. In der Darstellung nach Kohorten
wird der Effekt eingemittelt und ist daher kaum sichtbar. Dennoch sind die Befunde
überraschend: Gerade für jüngere Kohorten, noch im Prozess der politischen Sozia-
lisierung und mit ersten eigenen Erfahrungen bezüglich des politischen Prozesses,
wäre im Vergleich zu erfahrenen Kohorten mehr Dynamik zu erwarten. Die Befunde
machen jedoch deutlich: Gerade diese älteren Kohorten verändern ihre politischen
Einstellungen in größerem Umfang.

    Die ersten Ergebnisse für die Merkmale „Wechselwahl" und „Veränderung des
politischen Interesses" deuten auf Unterschiede zwischen verschiedenen Altersgruppen oder Generationen hin. Periodisch wirken die beiden Merkmale dagegen relativ
stabil. Nachdem diese grundlegenden Muster des Zeitkontexts aufgezeigt werden
konnten, stellt sich die Frage, ob und in welchem Umfang gerade Kompositionseffekte für individuellen Wandel verantwortlich sind.

7.2.3 *Zerlegung individuellen Wandels*

Zerlegungsverfahren erlauben es, Wandel zwischen und innerhalb von Kohorten zu differenzieren. In der Konsequenz ist es möglich, Rückschlüsse auf die Rolle von Kohortensukzession und damit auf einen der zentralen Mechanismen für das analytische Potential longitudinaler Forschungsdesigns zu ziehen. Diese Verwendung von Zerlegungsverfahren, die zum Beispiel Firebaugh (2008) anregt, wird üblicherweise bei sozialem Wandel eingesetzt. Da individueller Wandel für die Sozialwissenschaften im Aggregat interessant ist (d.h. im Durchschnitt für eine Population) kann die Zerlegung reformuliert werden. Das erlaubt, den individuellen Wandel einer Population in Veränderung zwischen und innerhalb von Kohorten aufzuteilen. Entsprechend kann auch hier die Rolle von Kohortensukzession thematisiert und Implikationen für das analytische Potential von Designs diskutiert werden.

Individueller Wandel in einer Population ist definiert als:

$$\frac{\sum_1^i \Delta x_i}{n} = \frac{\sum_1^i x_{it} - x_{it-1}}{n}.$$

Für j Kohorten entspricht das der Summe des individuellen Wandels über jede, nach relativer Größe gewichtete, Kohorte:

$$\frac{\sum_1^i \Delta x_i}{n} = \sum_1^j p_j \left(\frac{\sum_1^i \Delta x_i}{n}\right)_j.$$

Zwischen zwei Zeitpunkten $\{1, T\}$ entwickelt sich der individuelle Wandel als:

$$\left(\frac{\sum_1^i \Delta x_i}{n}\right)_T - \left(\frac{\sum_1^i \Delta x_i}{n}\right)_1 = \sum_1^j p_{jT} \left(\frac{\sum_1^i \Delta x_i}{n}\right)_{jT} - \sum_1^j p_{j1} \left(\frac{\sum_1^i \Delta x_i}{n}\right)_{j1}.$$

Das entspricht der Ausgangsformel, die für die Zerlegung nach Kitagawa (1955) dient. Für die Zwei-Komponenten-Lösung (Das Gupta, 1978) folgt:

$$\Delta \frac{\sum_1^i \Delta x_i}{n} = \underbrace{\sum_1^j \frac{p_{j1} + p_{jT}}{2} \left(\left(\frac{\sum_1^i \Delta x_i}{n}\right)_{jT} - \left(\frac{\sum_1^i \Delta x_i}{n}\right)_{j1}\right)}_{WCC}$$

$$+ \underbrace{\sum_1^j (p_{jT} - p_{j1}) \frac{\left(\frac{\sum_1^i \Delta x_i}{n}\right)_{j1} + \left(\frac{\sum_1^i \Delta x_i}{n}\right)_{jT}}{2}}_{BCC}.$$

Die Ergebnisse der Zerlegung des individuellen Wandels für die Merkmale „Wechselwahl" und „Veränderung politischen Interesses" sind in Tabelle 7.9 abgetragen. Die wohl interessanteste Periode für die Zerlegung ist 1998-2009. Je größer die Abstände zwischen den verglichenen Zeitpunkten, desto mehr Kohortensukzession findet statt.

Wechselwahl, darauf deutet die Zerlegung hin, scheint eher durch einen Altersstatt durch einen Kohorteffekt gesteuert zu werden. Generell ist die Veränderung innerhalb der verschiedenen Intervalle äußerst gering. Betrachtet man die längste Episode (1998-2009), zeigt sich ganz allgemein eine zerlegbare Veränderung und im Detail, dass hauptsächlich WCC zum Wandel beiträgt. Die individuelle Veränderung folgt hauptsächlich Alters- und/oder Periodeneffekten. Unterschiede zwischen den Kohorten spielen eine geringere Rolle, zeigen aber: Durch die Sukzession von Kohorten kommen eher Wähler mit volatilem Verhalten zur Urne. Für die anderen Zeitpunkte liegt kaum zerlegbarer Wandel vor. Lediglich die Zerlegung 2005-2009 bestätigt die Befunde: Hauptsächlich Alters- und Periodeneffekt determinieren die Wechselwahl zwischen 2005 und 2009, weniger der Austausch von Kohorten.

Auch über den gesamten Untersuchungszeitraum hinweg (1998-2009) ergibt sich wenig individueller Wandel. Beim Wandel der Volatilität politischen Interesses wirken aber verstärkt Kohorteneffekte im Vergleich zur Wechselwahl. Zwischen 1998 und 2009 führt die Kohortensukzession dazu, dass vermehrt Individuen mit stabilem politischen Interesse in das Elektorat eintreten. Ältere Kohorten mit höherer Einstellungsdynamik verlassen die Population.

Die etwas geringe Varianz der Merkmale zwischen den Zeitpunkten erschwert die Zerlegung und Interpretation der Ergebnisse. Dennoch unterliegen Wechselwahl und die Veränderung politischen Interesses unterschiedlichen Zeitabhängigkeiten. Wechselwahl wird eher durch Alters- und Periodeneffekte gelenkt, die Veränderung politischen Interesses eher durch Kohortensukzession. Dies schlägt sich, wie die Simulation nachweist, auf das analytische Potential von Forschungsdesign nieder, zeigt aber auch, dass die Verzerrungen der Designs durchaus merkmalsspezifisch sein können. Gleichzeitig macht der Einsatz von Zerlegungsverfahren deutlich, wie kombiniert die verschiedenen APK-Effekte auftreten. Analog zum sozialen Wandel ist nicht von einzelnen, sondern von mehreren gleichzeitig auftretenden Einflüssen auf den individuellen Wandel eines Merkmals auszugehen.

7.2.4 Individueller Wandel bei jungen Wählern

Die Untersuchung verschiedener Merkmale im Zeitkontext und die Zerlegung des Wandels zeigt, dass funktionale Verbindungen verschiedener Veränderungsmuster und der Einfluss von Kompositionseffekten auf den Wandel weniger die Ausnahme als vielmehr die Regel sind. Nach den Ergebnissen der Simulation (vgl. Abschnitt

Tabelle 7.9: Algebraische Zerlegung des individuellen Wandels zentraler Merkmale nach Das Gupta.

Merkmal	WCC	BCC	Gesamt
1998-2009			
Wechselwahl	0,109	0,008	0,117
Polit. Interesse	-0,007	-0,047	-0,054
1998-2002			
Wechselwahl	0,005	0,011	0,016
Polit. Interesse	0,012	-0,005	0,006
2002-2005			
Wechselwahl	0,000	0,004	0,003
Polit. Interesse	-0,053	-0,026	-0,079
2005-2009			
Wechselwahl	0,085	0,012	0,098
Polit. Interesse	0,028	-0,009	0,018

Anmerkung: Berechnungen sind gewichtet.

4.3) erscheint es problematisch, individuellen Wandel in der Wahlsoziologie nur mit einem klassischen Panel zu erfassen. Die Simulation macht, gerade für die Messung von individuellem Wandel, deutlich, dass bei klassischen Panels bevorzugt junge Personen unberücksichtigt bleiben (vgl. Abschnitt 4.1). Wenn sich diese nicht homogen zu den berücksichtigten Altersgruppen entwickeln, das heißt Periodeneffekte nicht gleich auftreten, Alterseffekte nonlinear verlaufen oder Kohorteneffekte moderierend auf Merkmalsveränderungen einwirken, kann es zu teilweise erheblichen Verzerrungen der Daten kommen. Genau das, so scheint es zumindest für die bisher untersuchten Merkmale der Fall zu sein, ist wahrscheinlich.

Im Folgenden werden die neu eintretenden Kohorten, das heißt die „Jungwähler" (vorab als $P_{t+1} \setminus P_t$ oder $E_{t+1} \setminus E_t$ bezeichnet), mit den restlichen Wahlberechtigten verglichen. Die Literatur zu Unterschieden zwischen den Generationen beschränkt sich bisher meist auf den Vergleich der alten Wähler zu allen anderen (Busemeyer et al., 2009; Goerres, 2009; Pokorny, 2013). Für das analytische Potential multipler Panels ist es allerdings viel interessanter, inwiefern sich junge von den restlichen Wahlberechtigten unterscheiden, denn das wäre ein weiterer Hinweis auf Probleme klassischer Panels bei der Erhebung individuellen Wandels.

Als junge Wähler wurden in diesem Fall alle Befragten der kumulierten Langfrist-Panels definiert, die jünger als 30 Jahre sind. Diese Personen haben maximal drei Wahlen erlebt und befinden sich in der Regel in den ersten Episoden ihres Erwerbslebens sowie der frühen Phase einer Familienplanung. Sie bilden gerade eigene Arbeits- und Privatidentitäten aus. Dem stehen ältere Befragte über 30 Jahre gegenüber.

Tabelle 7.10: Vergleich politischer Einstellungen und Verhaltensmuster zwischen jungen und älteren Wählern.

	Junge Wähler		Gesamt
	nein	ja	
Wechselwähler			
nein	69,3	53,8	68,1
ja	30,7	46,2	31,9
Wandel Wahlbeteiligung			
nein	79,5	82,9	79,8
ja	20,5	17,1	20,2
Wandel Stärke PID			
0	38,8	37,4	38,7
1	25,6	25,1	25,6
2	6,0	6,8	6,1
3	18,2	14,9	18,0
4	9,2	14,9	9,6
5	2,2	1,0	2,1
Wandel pol. Interesse			
0	47,9	43,1	47,5
1	40,4	45,7	40,8
2	10,0	9,5	10,0
3	1,5	1,7	1,5
4	0,2	0,0	0,2

Anmerkung: alle Angaben in Prozent, Berechnungen sind gewichtet.

Tabelle 7.10 zeigt die prozentuale Verteilung von Wechselwählern auf junge und ältere Befragte. Jüngere Befragte tendieren signifikant eher zu volatilem Wahlverhalten ($\chi^2(2)$=37,061; $p < 0,01$). Da die Zerlegung in diesem Fall auf einen Alterseffekt hindeutet, würde ein Panel kaum Verzerrung produzieren, sofern dieser Effekt linear bleibt und keine Interaktion mit Kohorten besteht.

Im Gegensatz dazu besteht ein signifikanter Unterschied in der Veränderung der Wahlbeteiligung zwischen beiden Altersgruppen ($\chi^2(2)$=6,892; $p < 0,01$). Jüngere Nichtwähler tendieren im Vergleich zu älteren Nichtwählern eher dazu, bei einer weiteren Wahl nicht zu wählen. Gleichzeitig beteiligen sich jüngere Wähler eher wieder an einer Wahl als ältere. Im Allgemeinen deuten diese Befunde darauf hin, dass jüngere Wähler im Vergleich zu älteren Wählern eine eher konsistente Wahlbeteiligung aufweisen. Handelt es sich um einen Kohortenunterschied — und das wäre noch zu prüfen —, führt das bei einem klassischen Panel zum Überschätzen der Volatilität der Wahlbeteiligung.

Junge Wähler unterscheiden sich in der Dynamik der Ausbildung ihrer PID von älteren Wählern. Sie sind anteilig eher in den höheren Graden des Wandels vertreten (Kategorien 3 und 4). Versteht man die PID als langfristig stabil, ist auch eine langfristig stabile Stärke der PID zu erwarten, sofern denn eine PID ausgebildet wurde. Die Ausbildung der PID erfolgt mit zunehmendem Alter und müsste sich dabei verfestigen. Die Befunde stützen folgende Annahme: Ältere Befragte weisen weniger Dynamik in der Stärke ihrer PID im Vergleich zu jüngeren Befragten auf ($\chi^2(5)$=47,416; $p < 0,01$).

Schließlich zeigt Tabelle 7.10 noch die Veränderung des politischen Interesses. Die Verteilungen unterscheiden sich nicht signifikant ($\chi^2(4)$=9,066; $p > 0,05$). Das verwundert nicht, hat die Zerlegung doch gezeigt, dass bei diesem Merkmal Kohorteneffekte einen bedeutsamen Einfluss zu haben scheinen. Alterseffekte sind dagegen eher weniger von Bedeutung. Da Daten über einen größeren Zeitraum gepoolt wurden, umfasst die Gruppe der jüngeren Wähler mehrere Kohorten.

Der Vergleich jüngerer und älterer Wähler anhand einiger Merkmale führt abermals vor, dass der Zusammenhang zwischen Zeitkontext und Merkmalswandel spezifisch für jedes Merkmal ist. Gleichzeitig konnte für drei von vier Variablen ein signifikanter Unterschied zwischen beiden Altersgruppen nachgewiesen werden. Die Befunde festigen die Annahme, dass die Verzerrung durch ein Forschungsdesign variiert, je nachdem welches Merkmal gemessen werden soll.

Generell ergeben sich Probleme für klassische Panels ohne Auffrischungsoption: Junge und ältere Wähler unterscheiden sich oftmals systematisch und auch Effekte von Kohortensukzession beeinflussen die Entwicklung von individuellem Wandel im Aggregat. Da der Zustrom in ein Elektorat in klassischen Panels nicht berücksichtigt wird, ist mit verzerrten Ergebnissen zu rechnen. Eine Anpassung des Designs durch Integration von Elementen wiederholter Querschnitte ist daher zu empfehlen.

7.3 Zusammenfassung

Der theoretische Diskurs (Kapitel 2) und die darauf folgende Simulation (Kapitel 3 und 4) machen die Bedeutung von Populationsdynamik und Zeitkontext eines Merkmals für das analytische Potential longitudinaler Forschungsdesigns deutlich. Ziel des Kapitels war daher, beide Randbedingungen anhand von Beispielen aus der Wahlforschung im realen Elektorat nachzuvollziehen.

Für demographische Studien mag die Populationsdynamik als abhängige Variable von Interesse sein, inhaltlich ist für die Sozialwissenschaften aber vor allem ihr Einfluss auf sozialen Wandel von Bedeutung. Analysen mit einer Reihe wiederholter Querschnitte zeigen zum Ersten, dass Merkmale sich in Form von sozialem Wandel mit der Zeit verändern. Dabei unterscheiden sie sich im Umfang des auftretenden Wandels. Zum Zweiten weisen die Zusammenhänge von Alter, Perioden und Kohorten mit den beobachteten Merkmalen der Befragten auf merkmalsspezifische

Muster in der Beziehung des Wandels zum Zeitkontext hin. Der Einsatz von Zerlegungsverfahren konnte nur teilweise dazu beitragen diese Zusammenhänge genauer zu strukturieren. Je nach Merkmal geht ein gewisser Teil des Wandels auf Effekte der Kohortensukzession zurück, ein anderer Teil scheint mehr auf Alterseffekten zu beruhen. In APK-Analysen ist diese Unsicherheit ein bekanntes Problem, da eine Unterscheidung der drei Zeitkontexteffekte prinzipiell nicht möglich ist (Glenn, 2005, S. 6).

Ein Punktschätzer kann nicht nur univariat, sondern auch multivariat betrachtet werden. Das bedeutet, der Punktschätzer wird als Funktion einer Reihe von unabhängigen Variablen angesehen. Ändert sich die Zusammensetzung dieser Variablen im Elektorat oder der Zusammenhang, hat dies den Wandel des Punktschätzers zur Folge. Der Vergleich einer Reihe von Zusammenhängen über die Zeit (1994-2009) zeigt eine grundlegende Dynamik. Sowohl die Effekte der erklärenden Variablen auf die Stärke der Parteibindungen als auch auf die Wahlbeteiligung unterliegen Wandel. Auch bei Zusammenhängen können Zerlegungsverfahren dazu dienen, diesen Wandel besser im Zeitkontext zu verstehen. Die Resultate bestätigen die Befunde der univariaten Perspektive, indem sie für die multivariaten Zusammenhänge aufzeigen, dass sowohl Kohortensukzession als auch Alters- und Periodeneffekte für signifikante Teile des Wandels verantwortlich sind.

Neben Analysen zu sozialem Wandel ordnet das Kapitel individuellen Wandel im Zeitkontext ein. Wie schon bei den univariaten Punktschätzern bestätigt sich die Annahme, dass auch individueller Wandel über die Zeit einem Veränderungsprozess unterliegt. Erste Analysen weisen je nach Merkmal variierende Alters-, Perioden- und Kohorteneffekte nach. Mit einer Erweiterung der bekannten Zerlegungsverfahren war es möglich, diese Effekte genauer zu differenzieren. Wie schon beim sozialen Wandel ergibt sich, dass sowohl Kohortensukzession als auch Alters- und Periodeneffekte steuern, *wie* sich die individuellen Merkmale über die Zeit verändern.

Da die Simulation gerade bei der Messung individuellen Wandels die Unterrepräsentation von jungen Kohorten in Panels als maßgebliche Quelle von Verzerrung identifizierte, lag ein besonderer Fokus auf dem Vergleich zwischen diesen und älteren Kohorten. Für eine Reihe von Merkmalen des individuellen Wandels würde ein Design ohne Eigenschaften wiederholter Querschnitte signifikante Unterschiede zwischen gerade in das Elektorat eintretenden und etablierten Individuen ignorieren. Die Folge wären verzerrte Ergebnisse.

Zusammenfassend zeigt das vorliegende Kapitel, dass typische Merkmale der Wahlforschung einem Wandel unterliegen, der variierend durch die Merkmale Alter, Periode und Kohorte gesteuert wird. Dabei treten die Effekte weniger vereinzelt statt vielmehr in Kombination auf. Das verdeutlicht die Anforderungen, denen sich longitudinale Forschungsdesigns stellen müssen, wenn sie — ganz allgemein — dazu eingesetzt werden, Wandel bei einer Reihe von Merkmalen zu erfassen. Wenn Populationsdynamik und damit auch der Zeitkontext der zu beobachtenden

Merkmale nicht adäquat durch ein Design berücksichtigt werden kann, läuft die Erhebung Gefahr, Verzerrungen zu generieren.

Teil IV
Diskussion und Ausblick

Kapitel 8
Diskussion und Ausblick

Aufgrund der zunehmenden Verbreitung longitudinaler Studien in den Sozialwissenschaften ist die Beschäftigung mit entsprechenden Forschungsdesigns eine immer drängendere Aufgabe. Während gemeinhin empfohlen wird, ein Panel zu verwenden, um individuellen Wandel zu erheben bzw. wiederholte Querschnitte, um sozialen Wandel zu erfassen (Firebaugh, 2008, S. 172), stellt sich die Frage, ob eine Kombination beider idealtypischer Designs nützlich ist, wenn beide Typen von Wandel erfasst werden sollen. In der Realität finden sich daher oftmals hybride Designs, das heißt Kombinationen beider Idealtypen (vgl. Abschnitt 2.5). Begründen lässt sich diese Beobachtung durch die Annahme, dass eine Designkombination Schwächen der Ursprungsdesigns ausgleichen kann. Das ist einerseits die Schwäche des Panels, Populationsveränderungen zu erfassen, und andererseits die prinzipiell fehlende Möglichkeit, individuellen Wandel mit wiederholten Querschnitten zu messen.

Eine Auswertung der Literatur zu Forschungsdesigns, die dem Forschenden als Entscheidungsgrundlage für eine fundierte Designwahl dienen sollte, ergab, dass ein Mangel an empirischen Arbeiten zu den analytischen Potentialen hybrider Designs besteht. Im Rahmen dieser Forschungslücke identifizierte die vorliegende Arbeit mit dem multiplen Panel eine gleichwertige und in der Forschungsrealität anzutreffende Kombination von wiederholten Querschnitten und klassischen Panels. Die im Rahmen der Simulationsstudie und einer Illustration am Anwendungsbeispiel der Wahlsoziologie gewonnenen Befunde stellen einen ersten Beitrag zur Erschließung der analytischen Potentiale multipler Panels dar. Diese Grundlage verdeutlicht den Beitrag von sehr spezifischen Arbeiten zum multiplen Panel[1] (z.B. Kordos, 2002; Merkouris, 2001; Nijman et al., 1991; Rao und Graham, 1964; van den Brakel und

---

[1] Das schließt natürlich auch Arbeiten zum rotierenden Panel ein, sofern die dort diskutierten Spezifika auch für das multiple Panel von Gültigkeit sind. Das ist bspw. bei der hier zitierten Arbeit von Bailar (1975) der Fall.

Krieg, 2009), da sie nun besser in den Gesamtkontext der Designentscheidung und Diskussion einzuordnen sind.

Die Ergebnisse der Simulation zeigen, dass multiple Panels sowohl sozialen als auch individuellen Wandel zu erfassen vermögen. Die Resultate entsprechen weitgehend denen der idealtypischen Designs. Für sozialen Wandel bedeutet das: Multiple Panels erfassen sozialen Wandel *fast* so gut wie wiederholte Querschnitte. Dabei ist anzumerken, dass unter allen getesteten Randbedingungen, bestehend aus Kombinationen von Populationsdynamik und verschiedenen Zeitkontexten eines Merkmals (Alters-, Perioden-, und/oder Kohorteneffekte determinieren die Veränderung), sozialer Wandel stets von wiederholten Querschnitten ideal erfasst werden kann. Multiple Panels sind in der Lage, sich der Qualität *anzunähern*. Vergleicht man allerdings zur Kontrolle die Ergebnisse eines klassischen Panels mit wiederholten Querschnitten, wird deutlich, dass multiple Panels die Schwäche schon in erheblichen Umfang ausgleichen. Die Schwächen des klassischen Panels erscheinen vor allem, wenn nonlineare Alterseffekte oder Kohorteneffekte die Veränderung eines Merkmals steuern. Verschärft werden die Abweichungen bei Paneldesigns, je höher die Dynamik in einer Population ist.

Zur Erfassung individuellen Wandels konnten verschiedene Ergebnisse herausgearbeitet werden: Erstens sind multiple Panels ein geeignetes Design, um die reliable Erfassung von sozialem Wandel grundsätzlich mit der Erfassung von individuellem Wandel zu kombinieren. Zweitens sind multiple Panels nicht imstande, besonders langfristige Beobachtungen (z.B. Lebenszyklen) bestimmter Individuen zu leisten, da die Laufzeit der Panelkomponenten limitiert ist. Hier sind klassische Panels nach wie vor die besser geeigneten Designs. Drittens erfassen multiple Panels den durchschnittlichen individuellen Wandel zwischen bestimmten oder durchschnittlichen Intervallen in nahezu allen getesteten Randbedingungen mit derselben oder besserer Qualität als klassische Panels. Insbesondere wenn nonlineare Alterseffekte die Merkmalsveränderung über die Zeit steuern oder Kohorteneffekte in moderierender Form auftreten, führt die mangelnde Berücksichtigung von Populationsveränderungen im Panel zu teilweise erheblichen Verzerrungen.

Die Simulation leistet darüber hinaus einen Beitrag zum besseren Verständnis der methodischen Eigenheiten von multiplen Panels. So zeigt sich sowohl bei der Erfassung von sozialem als auch von individuellem Wandel, dass multiple Panels zwar die Schwächen der beiden idealtypischen Designs ausgleichen können, allerdings nur zu einem gewissen Grad. Durch die Zusammensetzung des multiplen Panels aus verschiedenen Panelkomponenten ergibt sich, dass die einzelnen Panelkomponenten Schwächen der klassischen Panels aufweisen und mit der Zeit zunehmend überaltern. Dies wird durch zwei Eigenschaften des multiplen Panels korrigiert: Erstens ist die Laufzeit von Panelkomponenten limitiert, sie altern daher nur bis zu einem gewissen Maximum. Zweitens sind mehrere unterschiedlich stark überalterte Komponenten gleichzeitig aktiv, was zu einer Korrektur führt. Dennoch ergibt die Überlappung ein grundsätzliches Problem, das schon Merkouris (2001) identifiziert.[2] Da es sich um eine konstante und designseitig implementierte Verzerrung handelt, stellen Gewichtungsverfahren eine mögliche Lösung für dieses Problem dar (z.b. Kordos, 2002; Rao und Graham, 1964).

Die Simulation basiert grundlegend auf der Annahme, dass das analytische Potential multipler Panels im Vergleich zu den Idealtypen von den Randbedingungen in der Population abhängt. Das schließt einerseits die Dynamik in der Zusammensetzung der Population und andererseits den Zeitkontext einer Merkmalsveränderung ein: Erstens stellt sich die Frage, welchem basalen Muster der Veränderung das Merkmal über die Zeit folgt (Alters-, Perioden- oder Kohorteneffekt). Außerdem ist, zweitens, zu berücksichtigen, ob tatsächlich nur ein Muster oder eine Kombination mehrerer Effekte auftritt. In letzterem Fall kann, drittens, unterschieden werden, wie sich die Kombination funktional gestaltet.

Um diese Annahmen zu validieren und die Befunde der Simulation besser einordnen zu können, wurde mit der Wahlforschung ein klassisches Feld der Soziologie näher untersucht. Die Ergebnisse lassen sich in zwei Bereiche unterteilen: einerseits Anforderungen und vorhandene Daten der Wahlforschung sowie andererseits Populationsdynamik im Elektorat und Zeitkontext zentraler Untersuchungsmerkmale.

Die Wahlentscheidung und aus ihr abgeleitete Merkmale (z.B. Wahlbeteiligung) sind zentrale Variablen der Wahlforschung. Anhand dieser Konstrukte kann gezeigt werden, dass je nach Fragestellung die Erfassung von sozialem Wandel (z.B. Wandel der Wahlbeteiligung über die Zeit) oder individuellem Wandel (z.B. Volatilität von Wahlverhalten) eine notwendige Voraussetzung zu deren Bearbeitung ist. Dementsprechend weist die Datenlandschaft der Wahlforschung neben einer langen Reihe wiederholter Querschnitte auch Panelstudien als Form longitudinaler Designs auf. Das macht deutlich, dass in diesem klassischen Forschungsfeld ein Bedarf an longitudinalen Daten zur Erfassung von sowohl sozialem als auch individuellem Wandel besteht und erkannt wurde, was zum parallelen Einsatz verschiedener Designs führt.

Das Elektorat ist die zentrale Population der Wahlforschung. Wenn Aussagen über politische Einstellungen und Verhalten getroffen werden sollen, beziehen sich die Analysen in aller Regel auf die Wählerschaft. Eine Untersuchung der Populationsdynamik ergibt, dass sich diese innerhalb einer Legislaturperiode in ihrer Zusammensetzung erheblich verändert. Durchschnittlich erfolgt eine Veränderung (Zustrom und Abstrom) in Höhe von rund 13% des letzten Elektorats. Dabei sind Mortalität und Fertilität die treibenden Kräfte der Veränderung und weniger die Migration. Diese Ergebnisse weisen auf die Bedeutung der Simulationsergebnisse hin, welche die moderierende Rolle von Populationsdynamik für das analytische Potential von klassischen und multiplen Panels nachweisen.

Neben der Populationsdynamik determiniert die Art und Weise, wie sich ein Merkmal über die Zeit verändert, das analytische Potential der longitudinalen Forschungsdesigns. Diese Veränderung über die Zeit wird für eine Reihe von

---

[2] Ähnlich dazu spricht Bailar (1975) im Fall von rotierenden Panels vom *Rotation Group Bias*.

wichtigen Merkmalen der Wahlforschung exemplarisch untersucht. Dabei erweist sich zunächst, dass diese Merkmale generell Wandel unterliegen, allerdings auf unterschiedlichem Niveau. Weiter kann einerseits auf der Ebene von sozialem Wandel und andererseits auf der Ebene von individuellem Wandel der Einfluss von Alters-, Perioden- und Kohorteneffekten auf die Veränderung über die Zeit nachgewiesen werden. Die Ergebnisse deuten darauf hin, dass nicht einzelne basale Effekte, sondern meist Kombinationen von Effekten vorliegen. Dabei bestehen jeweils spezifische Zusammenhänge der untersuchten Merkmale mit dem Zeitkontext. Eine Designentscheidung sollte daher stets auch mit Blick auf die interessierenden Zielmerkmale getroffen werden.

8.1 Implikationen für Designwahlen

Aus den Befunden der vorliegenden Arbeit ergeben sich eine Reihe von Implikationen für die Designwahl bei Forschungsprojekten, die sozialen *und* individuellen Wandel berücksichtigen wollen.

Erstens sind multiple Panels ein möglicher Hybrid aus wiederholten Querschnitten und Panels, der die gleichzeitige Erfassung von individuellem und sozialem Wandel innerhalb einer Erhebung erlaubt. Allerdings beinhaltet diese Designwahl eine Reihe an Herausforderungen bzw. Limitierungen, über die sich der Forschende bewusst sein muss: (i) Die Laufzeit der Panelkomponenten ist limitiert und beschränkt die Möglichkeit, individuellen Wandel bei einzelnen Individuen über lange Zeiträume zu bestimmen. (ii) Das Design beinhaltet die Überlappung mehrerer Panelkomponenten, was dazu führt, dass nicht immer die *wahren* Werte für individuellen und sozialen Wandel geschätzt werden können. (iii) Die Überlappung macht Expertise in Korrektur- und Analyseverfahren (bspw. Gewichtung) zur notwendigen Voraussetzung, um adäquate Ergebnisse zu erzielen.

Zweitens ist es notwendig, die Populationsdynamik der Zielpopulation bei der Designwahl, unabhängig von der genauen Ausgestaltung des hybriden Designs, zu berücksichtigen. Je höher die Dynamik innerhalb der Population ist, desto wichtiger ist es, Charakteristiken der wiederholten Querschnitte (d.h. Auffrischung der Stichproben) in das Design zu integrieren. Andernfalls bleiben erhebliche Anteile neu eintretender Individuen unberücksichtigt. Je niedriger die Dynamik allerdings ist, desto weniger wichtig ist die Integration solcher Charakteristiken. Wie Kapitel 6 veranschaulicht, ist es leicht möglich, mit frei zugänglichen Daten die Populationsdynamik in einer klar definierten Bevölkerungsgruppe zu bestimmen und so eine empirisch gestützte Designentscheidung zu treffen.

Drittens sollte der Wandel zentraler Konstrukte (Fragen, Variablen etc.) des Erhebungsprojekts vorab analysiert werden. Das setzt allerdings voraus, dass solche Kernkonstrukte klar identifizierbar sind und nur eine begrenzte Menge von ihnen vorliegt. Mittels einer Reihe von Methoden (bspw. Recherche in bestehender Literatur zu den Konstrukten, Vorab-Analysen mittels Pretests oder Sekundärdaten) kann der zugrunde liegende Mechanismus der Veränderung bestimmt werden. Falls Kohorteneinflüsse oder nonlineare Entwicklungen über die Zeit auftreten, sollte das verwendete Design sensitiv gegenüber Populationsveränderungen gestaltet werden. Das wird vom multiplen Panel geleistet. In der Realität findet man bei Erhebungsprojekten oftmals Ergänzungsstichproben oder andere Methoden zur Auffrischung: Das SOEP ist zum Beispiel als Haushaltspanel angelegt (wie auch das PSID oder EU-SILC), daher können Neugeburten innerhalb der Haushalte berücksichtigt werden, während gleichzeitig Ergänzungsstichproben dazu dienen, Attrition auszugleichen und die Stichprobe zu aktualisieren (vgl. Abschnitt 2.4). Ein anderes Vorgehen findet sich bei den Panels der deutschen Wahlforschung, die im Kern als multiple Panels angelegt sind (vgl. Abschnitt 2.5 und 5.3). Dort werden mit jeder Bundestagswahl neue Stichproben gezogen und als separate Panelkomponenten fortgeführt.

Handelt es sich um eine Mehr-Themen-Erhebung, die verschiedene Forschungsfragen umfasst, ist es in der Regel nicht möglich, einzelne Kernkonstrukte zu identifizieren. Die Befunde der Arbeit zeigen deutlich, dass der Mechanismus der Veränderung und dessen Wirkung auf das analytische Potential spezifisch für jedes Konstrukt ist. Um etwaige Verzerrungen zu vermeiden, sollte in diesem Fall ein hybrides Design mit möglichst regelmäßigen Auffrischungen gewählt werden. Die Analyse der Populationsdynamik erlaubt eine Schätzung, in welchem Umfang sich die Population zwischen zwei Beobachtungszeitpunkten verändert und wie stark Charakteristiken von wiederholten Querschnitten in klassische Panels integriert werden müssen.

8.2 Weiterer Forschungsbedarf

Die vorliegende Arbeit präsentiert erste Befunde zum analytischen Potential multipler Panels unter variierenden Randbedingungen. Dabei handelt es sich um *eine* mögliche Form hybrider longitudinaler Designs. Um ähnliche Implikationen für die Designwahl und Grundlagen für weitere Hybride zu gewinnen, sind weitere in der Realität vorkommende oder für die Forschung relevante Designs (bspw. gesplittete Panels) genauer zu untersuchen. Die hier durchgeführte Analysestrategie ist auf solche Designs übertragbar und kann dazu beitragen, den Forschungsstand zu longitudinalen Designs um notwendige Erkenntnisse zu erweitern.

Die Bedeutung von Populationsdynamik und dem Zeitkontext zentraler Merkmale wurde anhand der Wahlforschung für *ein* Feld der Soziologie exemplarisch illustriert. Es handelt sich um ein klassisches und bedeutsames Fallbeispiel, das eine weitgehend übertragbare Grundgesamtheit für genuin soziologische Fragestellungen aufweist. Dennoch wäre die Replikation der Befunde anhand weiterer Themenfelder eine wünschenswerte Ergänzung. In Anbetracht des Umfangs einer solchen Analyse bietet sich die inhaltliche Illustrierung weiterer methodischer Fragestellungen an, wie sie hier skizziert werden. Zu diesem Zweck könnte zusätzliche Forschung vor allem in Form einer Synthese der gängigen Theorien des jeweiligen Feldes herausarbeiten, welche Anforderungen dieses an Daten hat. Ergänzend wäre zu untersuchen, welche Daten der Forschung in anderen Feldern zur Verfügung stehen. Es stellt sich also die Frage, ob es einen theoretisch begründeten Bedarf gibt, der sich auch schon in Erhebungsbemühungen der Profession ausdrückt. Weiter wäre es wünschenswert, den hier präsentierten Ansatz zur Approximation der Populationsdynamik an anderen Zielpopulationen zu testen. Dies diente einerseits der Validierung der Methode und andererseits dem Vergleich der Dynamik zwischen verschiedenen Populationen.

Die in Kapitel 7 präsentierten Analysen untersuchen Alters-, Perioden- und Kohorteneffekte bei verschiedenen Merkmalen der Wahlforschung. Dabei tritt zwangsläufig das diskutierte Identifikationsproblem auf, das dazu führt, dass prinzipiell nicht eindeutig zwischen den Effekten unterschieden werden kann. Im Zuge der anhaltenden Diskussion um die Neuentwicklung statistischer Verfahren für dieses Problem (z.B. Yang und Land, 2013) wäre eine Replikation der Analysen interessant. Das setzt allerdings voraus, dass die Anwendbarkeit der teilweise recht komplizierten Verfahren sichergestellt werden kann.

Multiple Panels werden in der vorliegenden Arbeit konsistent in einer einzigen Form verwendet. Das bedeutet, multiple Panels sind (in der Regel) so definiert, dass zu jedem Beobachtungszeitpunkt eine neue Panelkomponente startet und über eine limitierte Laufzeit von drei Zeitpunkten verfügt. Diese Ausgestaltung kann in der Realität natürlich variiert werden. Das verdeutlicht den gerade für multiplen Panels noch erheblichen Bedarf an spezifischen Forschungsarbeiten zur Ausgestaltung einzelner Merkmale des Designs. Solche Variation innerhalb des Designs mussten in der vorliegenden Arbeit zunächst noch ausgeklammert werden, da der Vergleich mit wiederholten Querschnitten und klassischen Paneldesigns im Zentrum der Analysen steht. Weiter gibt es unzählige verschiedene Variationsmöglichkeiten, sodass in einem ersten Schritt eine grundlegende Arbeit über multiple Panels zu verfassen war, bevor eine breite Variation an Subformen ins Ziel der Untersuchung rücken kann. Auf Basis der hier gewonnenen Ergebnisse sind nun weiterführende Arbeiten möglich. Besonders interessant und gewinnbringend scheinen Studien zu Elementen, die in der vorliegenden Arbeit noch konstant gehalten werden mussten: die Laufzeit der einzelnen Panelkomponenten und die Taktung derselben (startet zu jedem Zeitpunkt t eine Komponente?). Je länger die Komponenten laufen, desto stärker wird ihre Überalterung — eine Schwäche, die vom klassischen Panel übernommen wurde. In der Konsequenz nimmt auch die Verzerrung dieser Komponenten zu. Gleichzeitig erhöht die Laufzeit aber auch die mögliche Anzahl an sich überlappenden Komponenten und damit den Anteil der Fälle, die sich in der Überlappung befinden. Hier bedarf es genauerer Analysen darüber, welche methodischen Effekte die Folge sind und vor allem wie sich die Variationen im Design der multiplen Panels unter variierenden Randbedingungen ausdrücken.

Als Gütekriterium eines longitudinalen Designs dient in der vorliegenden Arbeit das analytische Potential. Dieses wurde definiert als die Qualität, mit der sozialer und individueller Wandel erfasst werden kann. Auf der einen Seite ist dies auch in der Forschungsrealität das wohl zentrale Argument für eine Designwahl, denn nur so kann eine hohe Datenqualität garantiert und die Forschungsfrage beantwortet werden. Auf der anderen Seite stehen die Forschenden jedoch unter einem zunehmenden finanziellen Druck bei der Konzeption von Erhebungsprojekten, um sich in Vergabeverfahren durchsetzen zu können. Die Kostendimension wurde in der vorliegenden Arbeit noch vollständig ausgeklammert. Das hat mehrere Gründe: Zum einen ergeben sich Kosten aus dem aktuell verfügbaren Angebot und der Nachfrage des Marktes — sie variieren also über die Zeit, was eine Schätzung der Kosten pro Design erheblich erschwert, wenn die Gültigkeit der Aussage nicht sehr eingeschränkt werden soll. Zum anderen ist der Geltungsbereich der Arbeit nicht auf eine bestimmte Erhebungsform limitiert und die Kosten sollten sich je nach Form unterscheiden. Eine Face-to-Face-Umfrage wird selbstverständlich eine andere Kostendimension einnehmen als eine Social-Media-Studie. Dennoch handelt es sich um eine wichtige Determinante bei der Designwahl, die von weiteren Arbeiten untersucht werden sollte. Dabei müsste allerdings zwangsläufig der Geltungsbereich der Arbeit eingeschränkt werden, sei es zeitlich oder für bestimmte Erhebungsformen.

Mit der Kostendimension eines Forschungsdesigns ist oftmals die Größe der Stichprobe verbunden, die in einem Design berücksichtigt werden muss oder kann. Bei einer gleichen finanziellen Ausstattung ergeben sich unterschiedliche Stichprobengrößen je nach Design, die wiederum zu unterschiedlichen Standardfehlern bei den Schätzungen führen. Dieser Aspekt konnte in der hier vorgestellten Simulation nicht berücksichtigt werden, stellt aber eine interessante Forschungsfrage für weiterführende Arbeiten dar — besonders im Hinblick auf die finanziellen Kosten eines Designs.

Schließlich macht die Arbeit deutlich, dass eine genauere Beschäftigung mit Designs auf einer empirisch-analytischen Ebene eine gewinnbringende und relevante Aufgabe der Profession ist. Die Diskussion der Designs sollte sich nicht auf — einerseits — sehr allgemeine Beurteilungen in Einführungsbüchern (z.B. Diekmann, 2005; Schnell et al., 2008) und — andererseits — sehr fallspezifische Beschreibungen in Reports (z.B. Blumenstiel und Gummer, 2013; SIPP, 2001) beschränken. Vielmehr besteht Bedarf an Grundlagenarbeiten für hybride longitudinale Forschungsdesigns, um Arbeiten zu *einzelnen* methodischen Eigenheiten der Designs (z.B. Merkouris, 2001; Rao und Graham, 1964) ein theoretisches Fundament zu geben. Die vorliegende Arbeit liefert diesen Beitrag für das longitudinale Forschungsdesign der multiplen Panels.

Literatur

Abels, Heinz. 2009. *Einführung in die Soziologie. Bd 1. Der Blick auf die Gesellschaft.* Wiesbaden: VS Verlag für Sozialwissenschaften.

Adorno, Theodor W. 1970. *Aufsätze zur Gesellschaftstheorie und Methodologie.* Frankfurt am Main: Suhrkamp.

Alda, Holger; Dundler, Agnes; Müller, Dana und Spengler, Anja. 2006. „Aufbereitung eines Paneldatensatzes aus den Querschnittsdaten des IAB-Betriebspanels." *FDZ Datenreport* S. 1–52.

Alexander, Charles H. 2002. „Still Rolling: Leslie Kish's "Rolling Samples" and the American Community Survey." *Survey Methodology* 28: 35–41.

Allison, Paul D. 1994. „Using Panel Data to Estimate the Effects of Events." *Sociological Methods & Research* 23: 174–199.

Allison, Paul D. 2002. *Missing Data.* Thousand Oaks [u.a.]: SAGE.

Arzheimer, Kai. 2006. „'Dead Men Walking?' Party Identification in Germany, 1977-2002." *Electoral Studies* 25: 791–807.

Arzheimer, Kai. 2009. „Mehr Nutzen als Schaden? Wirkung von Gewichtungsverfahren." In: *Vom Interview zur Analyse. Methodische Aspekte der Einstellungs- und Wahlforschung*, hrsg. von Harald Schoen, Hans Rattinger und Oscar W. Gabriel, S. 361–388. Baden-Baden: Nomos.

Arzheimer, Kai und Schmitt, Annette. 2005. „Der ökonomische Ansatz." In: *Empirische Wahlforschung: Ein einführendes Handbuch*, hrsg. von Jürgen W. Falter und Harald Schoen, S. 243–304. Wiesbaden: VS Verlag für Sozialwissenschaften.

Arzheimer, Kai und Schoen, Harald. 2007. „Mehr als eine Erinnerung an das 19. Jahrhundert? Das sozioökonomische und das religiös-konfessionelle Cleavage und Wahlverhalten 1994-2005." In: *Der gesamtdeutsche Wähler. Stabilität und Wandel des Wählverhaltens im wiedervereinigten Deutschland*, hrsg. von Hans Rattinger, Oscar W. Gabriel und Jürgen W. Falter, S. 89–112. Baden-Baden: Nomos.

Atkinson, Anthony B. und Marlier, Eric. 2010. „Living Conditions in Europe and the Europe 2020 Agenda." In: *Income and Living Conditions in Europe*, hrsg. von Anthony B. Atkinson und Eric Marlier, S. 21–36. Luxemburg: European Union.

Bailar, Barbara A. 1975. „The Effects of Rotation Group Bias on Estimates from Panel Surveys." *Journal of the American Statistical Association* 70: 23–30.

Baltagi, Badi H. 2008. *Econometric Analysis of Panel Data*. Chichester: Wiley.

Barberousse, Anouk; Franceschelli, Sara und Imbert, Cyrille. 2009. „Computer Simulations as Experiments." *Synthese* 169: 557–574.

Barnes, Samuel H. 1989. „Partisanship and Electoral Behavior." In: *Continuities in Political Action: A Longitudinal Study of Political Orientations in Three Western Democracies*, hrsg. von M. Kent Jennings und Jan W. van Deth, S. 235–274. New York: De Gruyter.

Berelson, Bernard; Lazarsfeld, Paul und McPhee, William N. 1954. *Voting. A Study of Opinion Formation in a Presidential Campaign*. Chicago: University of Chicago Press.

Bergmann, Michael. 2011. „IPFWEIGHT: Stata module to create adjustment weights for surveys." `http://ideas.repec.org/c/boc/bocode/s457353.html`.

Best, Henning und Wolf, Christof. 2010. „Logistische Regression." In: *Handbuch der sozialwissenschaftlichen Datenanalyse*, hrsg. von Christof Wolf und Henning Best, S. 827–854. Wiesbaden: VS Verlag für Sozialwissenschaften.

Best, Henning und Wolf, Christof. 2012. „Modellvergleich und Ergebnisinterpretation in Logit- und Probit-Regressionen." *Kölner Zeitschrift für Soziologie und Sozialpsychologie* 64: 377–395.

BiB (Hrsg.). 2012. *(Keine) Lust auf Kinder? Geburtenentwicklung in Deutschland*. Wiesbaden: Bundesinstitut für Bevölkerungsforschung.

Bieber, Ina und Scherer, Philipp. 2014. „Ereignisdatenanalyse." In: *3rd Annual Meeting of the GLES Young Researchers' Network*.

Bihler, Wolf. 2002. „Problems of Converting the Microcensus into a Continuous Survey." In: *Rotierende Stichproben. Datenkumulation und Datenqualität*, hrsg. von Statistisches Bundesamt, Nummer 21, S. 100–107. Wiesbaden: Metzler-Poeschel.

Bihler, Wolf; Herter-Eschweiler, Robert und Wirth, Heike. 2006. „Das faktisch anonymisierte Mikrozensus-Panel 1996-1999." In: *Handbuch Mikrozensus-Panel 1996-1999. Aufbereitung und Bereitstellung des Mikrozensus als Panelstichprobe*, hrsg. von Statistisches Bundesamt, S. 60–90. Wiesbaden: Statistisches Bundesamt.

Blalock, Hubert M. 1985. „The Use of Causal Models in Experimental and Non-experimental Designs." In: *Causal Models in Panel and Experimental Designs*, hrsg. von Hubert M. Blalock, S. 3–6. New York: Aldine.

Blinder, Alan S. 1973. „Wage Discrimination: Reduced Form and Structural Estimates." *The Journal of Human Ressources* 8: 436–455.

Blumenberg, Manuela S. und Gummer, Tobias. 2013. „Gewichtung in der German Longitudinal Election Study 2009." *GESIS - Technical Reports* 19: 1–44.

Blumenberg, Manuela S.; Prinz, Christian und Fürnberg, Ossip. 2013a. „Vergleich von Verteilungen." In: *Bericht zur Datenqualität der GLES 2009*, hrsg. von Manuela S. Blumenberg, Joss Roßmann und Tobias Gummer, Nummer 14: *GESIS - Technical Reports*, S. 133–176. Köln: GESIS.

Blumenberg, Manuela S.; Roßmann, Joss und Gummer, Tobias (Hrsg.). 2013b. *Bericht zur Datenqualität der GLES 2009*, Nummer 14: *GESIS - Technical Reports*. Köln: GESIS.

Blumenstiel, Jan E. und Gummer, Tobias. 2012. „Langfrist-Panels der German Longitudinal Election Study (GLES): Konzeption, Durchführung, Aufbereitung und Archivierung." *GESIS - Technical Reports* 11: 1–38.

Blumenstiel, Jan E. und Gummer, Tobias. 2013. „Long-Term Panels of the German Longitudinal Election Study (GLES) : Concept and Implementation." *GESIS - Technical Reports* 11: 1–39.

Blumenstiel, Jan E. und Gummer, Tobias. 2014. „Prevention, Correction or both? Three ways to reduce nonresponse bias by using propensity scores." Manuskript.

Bongaarts, John und Feeney, Griffith. 1998. „On the Quantum and Tempo of Fertility." *Population and Development Review* 24: 271–291.

Boudon, Raymond. 1983. „Individual Action and Social Change: A No-Theory of Social Change. Hobhouse Memorial Lecture." *The British Journal of Sociology* 34: 1–18.

Brückner, Erika. 1993. „Lebensverläufe und gesellschaftlicher Wandel. Konzeption, Design und Methodik der Erhebung von Lebensverläufen der Geburtsjahrgänge 1919-1921." Materialien aus der Bildungsforschung 44, Max-Planck-Institut für Bildungsforschung, Berlin.

Brückner, Hannah. 1995. „Surveys don't lie, People do? An Analysis of Data Quality in a Retrospective Life Course Study." Materialien aus der Bildungsforschung 50, Max-Planck-Institut für Bildungsforschung, Berlin.

Brüderl, Josef. 2010. „Kausalanalyse mit Paneldaten." In: *Handbuch der sozialwissenschaftlichen Datenanalyse*, hrsg. von Christof Wolf und Henning Best, S. 963–994. Wiesbaden: VS Verlag für Sozialwissenschaften.

Brooks, Clem; Nieuwbeerta, Paul und Manza, Jeff. 2006. „Cleavage-based voting behavior in cross-national perspective: Evidence from six postwar democracies." *Social Science Research* 35: 88–128.

Brown, Laurie und Harding, Ann. 2002. „Social Modelling and Public Policy: Application of Microsimulation Modelling in Australia." *Journal of Artificial Societies and Social Simulation* 5: 6.

BStatG. 2008. „Bundesstatistikgesetz." Stand 9. Januar 2008.

Bundeswahlleiter. 2009. „Wahlberechtigte, Wähler, Stimmabgabe und Sitzvertei-
lung bei den Bundestagswahlen seit 1949 – Zweitstimmen." http://www.
bundeswahlleiter.de/de/bundestagswahlen/downloads
/bundestagswahlergebnisse/btw_ab49_ergebnisse.pdf,
letzter Zugriff: 2012-07-19.

Bundeswahlleiter. 2013. „Aktuelle Informationen für Deutsche im Ausland."
http://www.bundeswahlleiter.de/de/bundestagswahlen
/BTW_BUND_13/auslandsdeutsche, letzter Zugriff: 2014-07-16.

Bundeswahlleiter. 2014. „Aktives Wahlrecht." http://www.bundeswahl
leiter.de/de/glossar/texte/Aktives_Wahlrecht.html, letzter Zugriff: 2014-01-23.

Bundesministerium des Innern (Hrsg.). 2011. *Demografiebericht. Bericht der
Bundesregierung zur demografischen Lage und künftigen Entwicklung des Landes.*
Berlin: Bundesministerium des Innern.

Burkhauser, Richard V.; Butrica, Barbara A.; Daly, Mary C. und Lillard, Dean R.
2001. „The Cross-National Equivalent File: A Product of Cross-National Research." In: *Soziale Sicherung in einer dynamischen Gesellschaft: Festschrift für
Richard Hauser zum 65. Geburtstag*, hrsg. von Irene Becker und Richard Hauser.
Frankfurt [u.a.]: Campus.

Burkhauser, Richard V. und Lillard, Dean R. 2007. „The Expanded Cross-National
Equivalent File: HILDA Joins Its International Peers." *Australien Economic
Review* 40: 208–215.

Busemeyer, Marius R; Goerres, Achim und Weschle, Simon. 2009. „Attitudes
Towards Redistributive Spending in an Era of Demographic Ageing: The Rival
Pressures from Age and Income in 14 OECD Countries." *Journal of European
Social Policy* 19: 195–212.

Butler, David und Stokes, Donald E. 1969. *Political Change in Britain.* London
[u.a.]: Maximillan and St. Martin's Press.

Cameron, A. Colin und Trivedi, Pravin K. 2005. *Microeconometrics. Methods and
Applications.* Cambridge [u.a.]: Cambridge University Press.

Campbell, Angus; Converse, Philip E.; Miller, Warren E. und Stokes, Donald E.
1960. *The American Voter.* New York: Wiley.

Campbell, Angus; Gurin, Gerald und Miller, Warren E. 1954. *The Voter Decides.*
Evanston: Row, Peterson.

Coleman, James Samuel. 1990. *Foundations of Social Theory.* Cambridge [u.a.]:
Belknap.

Comte, Auguste. 1933. *Die Soziologie: Die positive Philosophie im Auszug.* Leipzig:
Kröner.

Converse, Philip E. 1966. „The Concept of a Normal Vote." In: *Elections and the
Political Order*, hrsg. von Angus Campbell, Philip E. Converse, Warren E. Miller
und Donald E. Stokes, S. 9–39. New York: Wile.

Converse, Philip E. und Pierce, Roy. 1986. *Political Representation in France.* Cambridge: Belknap.

Couper, Mick P. 2011. „The Future of Modes of Data Collection." *Public Opinion Quarterly* 75: 889–908.

Creswell, John W. 2009. *Research Design. Qualitative, Quantitative, and Mixed Methods Approaches.* Los Angeles [u.a.]: SAGE.

Dalton, Russell J. 2000. „The Decline of Party Identifications." In: *Parties without Partisans: Political Change in Advanced Industrial Democracies,* hrsg. von Russel J. Dalton und Martin P. Wattenberg, S. 19–36. Oxford: Oxford University Press.

Dalton, Russell J. 2006. *Citizen Politics. Public Opinion and Political Parties in Advanced Industrial Democracies.* Washington: CQ Press.

Das, Marcel; Toepoel, Vera und van Soest, Arthur. 2011. „Nonparametric Tests of Panel Conditioning and Attrition Bias in Panel Surveys." *Sociological Methods & Research* 40: 32–56.

Das Gupta, Prithwis. 1978. „A General Method of Decomposing a Difference Between Two Rates into Several Components." *Demography* 15: 99–112.

Dassonneville, Ruth; Hooghe, Marc und Vanhoutte, Bram. 2012. „Age, Period and Cohort Effects in the Decline of Party Identification in Germany: An Analysis of a Two Decade Panel Study in Germany (1992–2009)." *German Politics* 21: 209–227.

Davis, James A.; Smith, Tom W. und Marsden, Peter V. 2007. „General Social Surves, 1972-2006 [Cumulative File]. Codebook." Technical report, National Opinion Research Center University of Chicago.

De Graaf, Nan D.; Heath, Anthony und Need, Ariana. 2001. „Declining Cleavages and Political Choices: The Interplay of Social and Political Factors in the Netherlands." *Electoral Studies* 20: 1–15.

De Graaf, Nan D.; Nieuwbeerta, Paul und Heath, Anthony. 1995. „Class Mobility and Political Preferences: Individual and Contextual Effects." *American Journal of Sociology* 100: 997–1027.

de Leeuw, Edith D. 2008. „Choosing the Method of Data Collection." In: *International Handbook of Survey Methodology,* hrsg. von Edith D. de Leeuw, Joop J. Hox und Don A. Dillman, S. 113–135. New York: Taylor & Francis.

de Vaus, David. 2001. *Research Design in Social Research.* Los Angeles [u.a.]: SAGE.

Debus, Marc. 2010. „Soziale Konfliktlinien und Wahlverhalten: Eine Analyse der Determinanten der Wahlabsicht bei Bundestagswahlen von 1969 bis 2009." *Kölner Zeitschrift für Soziologie und Sozialpsychologie* 62: 731–749.

Dehejia, Rajeev H. und Wahba, Sadek. 2002. „Propensity Score-Matching Methods for Nonexperimental Causal Studies." *The Review of Economics and Statistics* 84: 151–161.

Deming, Edwards W. und Stephan, Frederick F. 1940. „On a Least Squares Adjustment of a Sampled Frequency Table When the Expected Marginal Totals are Known." *The Annals of Mathematical Statistics* 11: 427–444.

DESTATIS. 1993. *Statistisches Jahrbuch 1993*. Wiesbaden: Statistisches Bundesamt.

DESTATIS. 1994. *Statistisches Jahrbuch 1994*. Wiesbaden: Statistisches Bundesamt.

DESTATIS. 1995. *Statistisches Jahrbuch 1995*. Wiesbaden: Statistisches Bundesamt.

DESTATIS. 1996. *Statistisches Jahrbuch 1996*. Wiesbaden: Statistisches Bundesamt.

DESTATIS. 1997. *Statistisches Jahrbuch 1997*. Wiesbaden: Statistisches Bundesamt.

DESTATIS. 1998. *Statistisches Jahrbuch 1998*. Wiesbaden: Statistisches Bundesamt.

DESTATIS. 1999. *Statistisches Jahrbuch 1999*. Wiesbaden: Statistisches Bundesamt.

DESTATIS. 2000. *Statistisches Jahrbuch 2000*. Wiesbaden: Statistisches Bundesamt.

DESTATIS. 2001. *Statistisches Jahrbuch 2001*. Wiesbaden: Statistisches Bundesamt.

DESTATIS. 2002. *Statistisches Jahrbuch 2002*. Wiesbaden: Statistisches Bundesamt.

DESTATIS. 2003. *Statistisches Jahrbuch 2003*. Wiesbaden: Statistisches Bundesamt.

DESTATIS. 2004. *Statistisches Jahrbuch 2004*. Wiesbaden: Statistisches Bundesamt.

DESTATIS. 2005. *Statistisches Jahrbuch 2005*. Wiesbaden: Statistisches Bundesamt.

DESTATIS. 2006. *Statistisches Jahrbuch 2006*. Wiesbaden: Statistisches Bundesamt.

DESTATIS. 2007. *Statistisches Jahrbuch 2007*. Wiesbaden: Statistisches Bundesamt.

DESTATIS. 2008. *Statistisches Jahrbuch 2008*. Wiesbaden: Statistisches Bundesamt.

DESTATIS. 2009. *Statistisches Jahrbuch 2009*. Wiesbaden: Statistisches Bundesamt.

DESTATIS. 2010. *Statistisches Jahrbuch 2010*. Wiesbaden: Statistisches Bundesamt.

DESTATIS. 2011. *Statistisches Jahrbuch 2011*. Wiesbaden: Statistisches Bundesamt.

DESTATIS (Hrsg.). 2012. *Bevölkerung und Erwerbstätigkeit. Wanderungen 2010.* 1 Reihe 1.2. Wiesbaden: Statistisches Bundesamt.

DESTATIS Genesis-Online. 2012a. „Bevölkerung: Deutschland, Stichtag, Altersjahre, Nationalität/Geschlecht/Familienstand (Code: 12411-0006)." https://www-genesis.destatis.de, letzter Zugriff: 2012-07-19.

DESTATIS Genesis-Online. 2012b. „Bevölkerung: Deutschland, Stichtag, Altersjahre, Nationalität/Geschlecht/Familienstand (Code: 12411-0006)." https://www-genesis.destatis.de, letzter Zugriff: 2012-07-19.

DESTATIS Genesis-Online. 2012c. „Einbürgerungen von Ausländern: Deutschland, Jahre, Altersgruppen, Geschlecht, Familienstand (Code: 12511-0002)." https://www-genesis.destatis.de, letzter Zugriff: 2012-07-19.

DESTATIS Genesis-Online. 2012d. „Einbürgerungen von Ausländern (inkl. Veränderungsrate): Deutschland, Jahre (Code: 12511-0001)." https://www-genesis.destatis.de, letzter Zugriff: 2012-07-19.

DESTATIS Genesis-Online. 2012e. „Lebendgeborene: Deutschland, Jahre, Geschlecht (Code: 12612-0001)." https://www-genesis.destatis.de, letzter Zugriff: 2012-07-19.

DESTATIS Genesis-Online. 2012f. „Lebendgeborene: Deutschland, Jahre, Staatsangehörigkeit (Code: 12612-0003)." https://www-genesis.destatis.de, letzter Zugriff: 2012-07-19.

DESTATIS Genesis-Online. 2012g. „Wanderungen zwischen Deutschland und dem Ausland: Jahre, Kontinente (Code: 12711-0003)." https://www-genesis.destatis.de, letzter Zugriff: 2012-07-19.

DESTATIS Genesis-Online. 2013. „Zusammengefasste Geburtenziffern (je 1000 Frauen): Deutschland, Jahre, Altersgruppen (Ergebnis: 12612-0009)." https://www-genesis.destatis.de, letzter Zugriff: 2013-01-25.

Diehl, Claudia und Grobecker, Claire. 2006. „Neuzuwanderer in Deutschland. Ergebnisse des Mikrozensus 2000 bis 2003." *Wirtschaft und Statistik* 11: 1139–1150.

Diekmann, Andreas. 2005. *Empirische Sozialforschung. Grundlagen, Methoden, Anwendungen.* Reinbek: Rowohlt.

Downs, Anthony. 1968. *Ökonomische Theorie der Demokratie.* Tübingen: Mohr.

Duncan, Greg J.; Juster, F. Thomas und Morgan, James N. 1987. „The Role of Panel Studies in Research on Economic Behavior." *Transportation Research Part A: General* 21: 249–263.

Duncan, Greg J. und Kalton, Graham. 1987. „Issues of Design and Analysis of Surveys across Time." *International Statistical Review* 55: 97–117.

Duncan, Otis D. und Duncan, Beverly. 1955. „A Methodological Analysis of Segregation Indexes." *American Sociological Review* 20: 210–217.

Eisenmenger, Matthias und Emmerling, Dieter. 2011. „Amtliche Sterbetafeln und Entwicklung der Sterblichkeit." *Wirtschaft und Statistik* 3: 219–238.

Elff, Martin. 2007. „Social Structure and Electoral Behavior in Comparative Perspective: The Decline of Social Cleavages in Western Europe Revisited." *Perspectives on Politics* 5: 277–294.

Epstein, Joshua M. 2008. „Why Model?" *Journal of Artificial Societies and Social Simulation* 11: 12.

Erikson, Robert und Goldthorpe, John H. 1992. *The Constant Flux: A Study of Class Mobility in Industrial Societies.* Oxford: Clarendon Press.

Erikson, Robert; Goldthorpe, John H. und Portocarero, Lucienne. 1979. „Intergenerational Class Mobility in Three Western European Societies: England, France and Sweden." *The British Journal of Sociology* 30: 415–441. Special Issue. Current Research on Social Stratification.

Esser, Hartmut. 1999a. *Soziologie. Allgemeine Grundlagen.* Frankfurt [u.a.]: Campus.

Esser, Hartmut. 1999b. *Soziologie. Spezielle Grundlagen. Bd. 1: Situationslogik und Handeln.* Frankfurt [u.a.]: Campus.

Evans, Geoffrey. 1992. „Testing the Validity of the Goldthorpe Class Schema." *European Sociological Review* 8: 211–231.

EVS und GESIS. 2011. „EVS 1981-2008 Variable Report." *GESIS - Variable Reports* 1: 1–851.

Falter, Jürgen W.; Schoen, Harald und Caballero, Claudio. 2000. „Dreißig Jahre danach: Zur Validierung des Konzepts 'Parteiidentifikation' in der Bundesrepublik." In: *50 Jahre empirische Wahlforschung in Deutschland. Entwicklung, Befunde, Perspektiven, Daten,* hrsg. von Markus Klein, Wolfgang Jagodzinski, Ekkehard Mochmann und Dieter Ohr, S. 41–58. Wiesbaden: Westdeutscher Verlag.

Falter, Jürgen W.; Schumann, Siegfried und Winkler, Jürgen R. 1990. „Erklärungsmodelle von Wahlverhalten." *Aus Politik und Zeitgeschichte* 40: 3–13.

Fiorina, Morris P. 1981. *Retrospective Voting in American National Elections.* New Haven [u.a.]: Yale University Press.

Firebaugh, Glenn. 1989. „Methods for Estimating Cohort Replacement Effects." In: *Sociological Methodology 1989,* hrsg. von Clifford C. Clogg, S. 243–262. Oxford: Basil Blackwell.

Firebaugh, Glenn. 1997. *Analyzing Repeated Surveys.* Thousand Oaks [u.a.]: SAGE.

Firebaugh, Glenn. 2008. *Seven Rules for Social Research.* Princeton: Princeton University Press.

Fischer, Gabriele; Janik, Florian; Müller, Dana und Schmucker, Alexandra. 2009. „The IAB Establishment Panel - Things Users Should Know." *Schmollers Jahrbuch* 129: 133–148.

Forschungsgruppe Wahlen. 2010. „ZA2391: Politbarometer 1977-2007 (Partielle Kumulation)." *Codebook* ZA2391: 1–238.

Frick, Joachim R.; Jenkins, Stephen P.; Lillard, Dean R.; Lipps, Oliver und Wooden, Mark. 2007. „The Cross-National Equivalent File (CNEF) and its Member Country Household Panel Studies." *Schmollers Jahrbuch* 127: 627–654.

Frick, Joachim R. und Krell, Kristina. 2010. „Measuring Income in Household Panel Surveys for Germany: A Comparison of EU-SILC and SOEP." *SOEPpapers on Multidisciplinary Panel Data Research* 265: 1–42.

Gabler, Siegfried. 1994. „ALLBUS-Baseline-Studie 1991 und ALLBUS 1992, Ost-West-Gewichtungen." *ZUMA-Nachrichten* 35: 77–81.

Gabler, Siegfried. 2004. „Gewichtungsprobleme in der Datenanalyse." *Kölner Zeitschrift für Soziologie und Sozialpsychologie* Sonderheft 44: 128–147.

Gabler, Siegfried und Ganninger, Matthias. 2010. „Gewichtung." In: *Handbuch der sozialwissenschaftlichen Datenanalyse*, hrsg. von Christof Wolf und Henning Best, S. 143–164. Wiesbaden: VS Verlag für Sozialwissenschaften.

Gangl, Markus. 2006. „Propensity Score Matching." In: *Methoden der Politikwissenschaft. Neuere qualitative und quantitative Analyseverfahren*, hrsg. von Joachim Behnke, Thomas Gschwend, Delia Schindler und Kai-Uwe Schnapp, S. 251–262. Baden-Baden: Nomos.

Gangl, Markus. 2010. „Nichtparametrische Schätzung kausaler Effekte mittels Matchingverfahren." In: *Handbuch der sozialwissenschaftlichen Datenanalyse*, hrsg. von Christof Wolf und Henning Best, S. 931–962. Wiesbaden: VS Verlag für Sozialwissenschaften.

Gattig, Alexander. 2006. „Klasseneinflüsse auf das Wahlverhalten und die Wahlbeteiligung." *Kölner Zeitschrift für Soziologie und Sozialpsychologie* 58: 510–533.

Geißler, Rainer. 2002. *Die Sozialstruktur Deutschlands. Die gesellschaftliche Entwicklung vor und nach der Vereinigung*. Wiesbaden: Westdeutscher Verlag.

Gilbert, Nigel. 1996. „Simulation as a Research Strategy." In: *Social Science Microsimulation*, hrsg. von Klaus G. Troitzsch, Ulrich Müller, Nigel Gilbert und Jim E. Doran, S. 448–454. Berlin: Springer.

Gilbert, Nigel. 2000. „Models, Processes and Algorithms: Towards a Simulation Toolkit." In: *Tools and Techniques for Social Science Simulation*, hrsg. von Ramzi Suleiman, Klaus G. Troitzsch und Nigel Gilbert, S. 3–17. Heidelberg: Physica-Verlag.

Glenn, Norval D. 2005. *Cohort Analysis*. Thousand Oaks [u.a.]: SAGE.

GLES. 2013. „GLES Homepage - Das GLES-Design im Überblick." http://gles.eu/wordpress/design/, letzter Zugriff: 2013-11-15.

Goerres, Achim. 2007. „Why are Older People More Likely to Vote? The Impact of Ageing on Electoral Turnout in Europe." *British Journal of Politics and International Relations* 9: 90–121.

Goerres, Achim. 2008. „The Grey Vote: Determinants of Older Voters' Party Choice in Britain and West Germany." *Electoral Studies* 27: 285–304.

Goerres, Achim. 2009. *The Political Participation of Older People in Europe: The Greying of Our Democracies*. Basingstoke [u.a.]: Palgrave Macmillan.

Goerres, Achim. 2010. „Das Wahlverhalten älterer Menschen. Forschungsergebnisse aus etablierten Demokratien." *Zeitschrift für Parlamentsfragen* 1: 102–120.

Gouskova, Elena; Andreski, Patricia und Schoeni, Robert. 2010. „Comparing Estimates of Family Income in the Panel Study of Income Dynamics and the March Current Population Survey, 1968-2007." *PSID Technical Paper Series* 10-01: 1–16.

Gramlich, Tobias; Bachteler, Tobias; Schimpl-Neimanns, Bernhard und Schnell, Rainer. 2009. „Panelerhebungen der amtlichen Statistik als Datenquellen für die Sozialwissenschaften." *RatSWD Working Paper Series* 132: 1–67.

Grüne-Yanoff, Till. 2009. „The Explanatory Potential of Artificial Societies." *Synthese* 169: 539–555.

Groves, Robert M. 2004. *Survey Errors and Survey Costs*. Hoboken: Wiley.

Groves, Robert M.; Fowler, Floyd J.; Couper, Mick P.; Lepkowski, James M.; Singer, Eleanor und Tourangeau, Roger. 2009. *Survey Methodology*. Hoboken: Wiley.

Gschwend, Thomas. 2006. „Ökologische Inferenz." In: *Methoden der Politikwissenschaft. Neuere qualitative und quantitative Analyseverfahren*, hrsg. von Joachim Behnke, Thomas Gschwend, Delia Schindler und Kai-Uwe Schnapp, S. 227–237. Baden-Baden: Nomos.

Gschwend, Thomas und Schimmelfennig, Frank. 2007a. „Forschungsdesign in der Politikwissenschaft: Ein Dialog zwischen Theorie und Daten." In: *Forschungsdesign in der Politikwissenschaft. Probleme - Strategien - Anwendungen*, hrsg. von Thomas Gschwend und Frank Schimmelfennig, S. 13–35. Frankfurt: Campus.

Gschwend, Thomas und Schimmelfennig, Frank. 2007b. „Lehren für den Dialog zwischen Theorie und Daten." In: *Forschungsdesign in der Politikwissenschaft. Probleme - Strategien - Anwendungen*, hrsg. von Thomas Gschwend und Frank Schimmelfennig, S. 323–336. Frankfurt: Campus.

Haas, Melanie. 2005. „Die Grünen als neue Partei des Bürgertums: Geschichte - Milieus - Wähler - Mitgliedschaft." *vorgänge* 2: 61–70.

Hagenaars, Jacques A. 1990. *Categorical Longitudinal Data: Log-linear Panel, Trend, and Cohort Analysis*. SAGE.

Hakim, Catherine. 2000. *Research Design: Successful Designs for Social and Economic Research*. London, New York: Routledge.

Hanneman, Robert und Patrick, Steven. 1997. „On the Uses of Computer-Assisted Simulation Modeling in the Social Sciences." *Sociological Research Online* 2: 5.

Hauser, Richard. 2007. „Probleme des deutschen Beitrags zu EU-SILC aus der Sicht der Wissenschaft - Ein Vergleich von EU-SILC, Mikrozensus and SOEP." *SOEPpapers on Multidisciplinary Panel Data Research* 69: 1–21.

Haveman, Robert; Wolfe, Barbara und Pence, Karen. 2001. „Intergenerational Effects of Nonmarital and Early Childbearing." In: *Out of Wedlock: Causes and Consequences of Nonmarital Fertility*, hrsg. von Lawrence L. Wu und Barbara Wolfe, S. 287–316. New York [u.a.]: Russell Sage.

Haveman, Robert; Wolfe, Barbara und Peterson, Elaine. 1997. „Children of Early Childbearers as Young Adults." In: *Kids Having Kids: Costs and Social Consequences of Teen Pregnancy*, hrsg. von Rebecca A. Maynard, S. 257–284. Aldershot [u.a]: Ashgate.

Herter-Eschweiler, Robert. 2006. „Der Mikrozensus als Datenquelle für Panelauswertungen." In: *Handbuch Mikrozensus-Panel 1996-1999. Aufbereitung und Bereitstellung des Mikrozensus als Panelstichprobe*, hrsg. von Statistisches Bundesamt, S. 33–60. Wiesbaden: Statistisches Bundesamt.

Hill, Martha S. 1992. *The Panel Study of Income Dynamics: A User's Guide*. Newbury Park [u.a.]: SAGE.

Hoffman, Saul D.; Foster, E. Michael und Furstenberg, Frank F. 1993. „Reevaluating the Costs of Teenage Childbearing." *Demography* 30: 1–13.

Holbrook, Allyson L.; Green, Melanie C. und Krosnick, Jon A. 2003. „Telephone versus Face-to-Face Interviewing of National Probability Samples with Long Questionnaires." *Public Opinion Quarterly* 67: 79–125.

Holland, Paul W. 1986. „Statistics and Causal Inference." *Journal of the American Statistical Association* 81: 945–960.

Holweg, Heiko. 2005. *Methodologie der qualitativen Sozialforschung: Eine Kritik*. Bern [u.a.]: Haupt.

Hradil, Stefan. 2006. *Die Sozialstruktur Deutschlands im internationalen Vergleich*. Wiesbaden: VS Verlag für Sozialwissenschaften.

Hsiao, Cheng. 2003. *Analysis of Panel Data*. Cambridge [u.a.]: Cambridge University Press.

Huinink, Johannes; Brüderl, Josef; Nauck, Bernhard; Walper, Sabine; Castiglioni, Laura und Feldhaus, Michael. 2011. „pairfam Data Manual." *Zeitschrift für Familienforschung* 23: 77–100.

Hyman, Herbert H. 1967. *Survey Design and Analysis: principles, cases and procedures*. New York [u.a]: The Free Press.

Jann, Ben. 2008. „The Blinder-Oaxaca Decomposition for Linear Regression Models." *The Stata Journal* 8: 453–479.

Johnston, Richard und Brady, Henry E. 2002. „The Rolling Cross-Section Design." *Electoral Studies* 21: 283–295.

Jowell, Roger; Kaase, Max; Fitzgerald, Rory und Eva, Gillian. 2007. „The European Social Survey as a Measurement Model." In: *Measuring Attitudes Cross-Nationally. Lessons from the European Social Survey*, hrsg. von Roger Jowell, Caroline Roberts, Rory Fitzgerald und Gillian Eva, S. 1–32. London [u.a.]: SAGE.

Kaase, Max. 2000. „Entwicklung und Stand der Empirischen Wahlforschung in Deutschland." In: *50 Jahre empirische Wahlforschung in Deutschland. Entwicklung, Befunde, Perspektiven, Daten*, hrsg. von Markus Klein, Wolfgang Jagodzinski, Ekkehard Mochmann und Dieter Ohr, S. 17–40. Wiesbaden: Westdeutscher Verlag.

Kaase, Max. 2011. „Empirische Sozialforschung in Deutschland. Entwicklungs-
linien, Errungenschaften und Zukunftsperspektiven." *RatSWD Working Paper
Series* 189: 1–22.

Kalter, Frank. 2008. „Ethnische Ungleichheit auf dem Arbeitsmarkt." In: *Ar-
beitsmarktsoziologie. Probleme, Theorien, empirische Befunde*, hrsg. von Martin
Abraham und Thomas Hinz, S. 303–332. Wiesbaden: Springer.

Kalton, Graham und Citro, Constance F. 1993. „Panel Surveys: Adding the Fourth
Dimension." *Survey Methodology* 19: 205–215.

Karlson, Kristian B.; Holm, Anders und Breen, Richard. 2012. „Comparing Regression Coefficients between Same-Sample Nested Models using Logit and Probit:
A New Method." *Sociological Methodology* 42: 286–313.

Kellstedt, Paul M. und Whitten, Guy D. 2009. *The Fundamentals of Political
Science Research*. Cambridge [u.a.]: Cambridge University Press.

Killewald, Alexandra; Andreski, Patricia und Schoeni, Robert. 2011. „Trends in
Item Non-Response in the PSID, 1968-2009." *PSID Technical Paper Series*
11-02: 1–17.

King, Gary. 1997. *A Solution to the Ecological Inference Problem. Reconstructing
Individual Behavior from Aggregate Data*. Princeton: Princeton University Press.

King, Gary; Keohane, Robert O. und Verba, Sidney. 1994. *Designing Social Inquiry.
Scientific Inference in Qualitative Research*. Princeton: Princeton University
Press.

King, Gary; Rosen, Ori und Tanner, Martin A. 2004. *Ecological Inference: New
Methodological Strategies*. New York: Cambridge University Press.

Kish, Leslie. 1979. „Samples and Censuses." *International Statistical Review* 47:
99–109.

Kish, Leslie. 1987. *Statistical Design for Research*. New York [u.a.]: Wiley.

Kish, Leslie. 1990. „Rolling Samples and Censuses." *Survey Methodology* 16:
63–79.

Kish, Leslie. 1999. „Cumulating/Combining population surveys." *Survey Methodology* 25: 129–138.

Kitagawa, Evelyn M. 1955. „Components of a Difference Between Two Rates."
Journal of the American Statistical Association 50: 1168–1194.

Kleiber, Christian und Zeileis, Achim. 2013. „Reproducible Econometric Simulations." *Journal of Econometric Methods* 2: 89–99.

Klein, Markus und Pötschke, Manuela. 2004. „Die intra-individuelle Stabilität gesellschaftlicher Wertorientierungen. Eine Mehrebenenanalyse auf der Grundlage
des sozioökonomischen Panels (SOEP)." *Kölner Zeitschrift für Soziologie und
Sozialpsychologie* 56: 432–456.

Klein, Thomas. 2005. *Sozialstrukturanalyse. Eine Einführung*. Reinbek: Rowohlt.

Knutsen, Oddbjørn. 1988. „The Impact of Structural and Ideological Party Cleavages in West European Democracies: A Comparative Empirical Analysis." *British
Journal of Political Science* 18: 323–352.

Kohler, Ulrich. 1996. „Sozialstruktur und Parteipräferenz: Zum Nutzen des Sozio-ökonomischen Panels für die Wahlsoziologie." In: *Soziale Ungleichheit. Neue Befunde zu Strukturen, Bewußtsein und Politik*, hrsg. von Walter Müller, S. 269–302. Opladen: Leske + Budrich.

Kohler, Ulrich. 2002. *Der demokratische Klassenkampf. Zum Zusammenhang von Sozialstruktur und Parteipräferenz*. Frankfurt [u.a.]: Campus.

Kommission zur Verbesserung der informationellen Infrastruktur zwischen Wissenschaft und Statistik (Hrsg.). 2001. *Wege zu einer besseren informationellen Infrastruktur. Gutachten der vom Bundesministerium für Bildung und Forschung eingesetzten Kommission zur Verbesserung der informationellen Infrastruktur zwischen Wissenschaft und Statistik*. Baden-Baden: Nomos.

Konzelmann, Laura; Wagner, Corina und Rattinger, Hans. 2012. „Turnout in Germany in the course of time: Life cycle and cohort effects on electoral turnout from 1953 to 2049." *Electoral Studies* 31: 250–261.

Kordos, Jan. 2002. „Estimation Problems and Data Quality in Rotation Samples." In: *Rotierende Stichproben. Datenkumulation und Datenqualität*, hrsg. von Statistisches Bundesamt, S. 57–73. Wiesbaden: Metzler-Poeschel.

Krack-Roberg, Elle und Grobecker, Claire. 2011. „Bevölkerungsentwicklung 2009." *Wirtschaft und Statistik* 3: 419–433.

Kroh, Martin. 2006. „Das politische Interesse Jugendlicher: Stabilität oder Wandel?" In: *Jugend und Politik: 'Voll normal!'*, hrsg. von Edeltraut Roller, Frank Brettschneider und Jan W. van Deth, S. 185–206. Wiesbaden: VS Verlag für Sozialwissenschaften.

Kroh, Martin und Spieß, Martin. 2008. „Documentation of Sample Sizes and Panel Attrition in the German Socio Economic Panel (SOEP) (1984 until 2007)." *Data Documentation. DIW Berlin* 39: 1–36.

Kruskal, William und Mosteller, Frederick. 1979a. „Representative Sampling, I: Non-Scientific Literature." *International Statistical Review* 47: 13–24.

Kruskal, William und Mosteller, Frederick. 1979b. „Representative Sampling, II: Scientific Literature, Excluding Statistics." *International Statistical Review* 47: 111–127.

Kruskal, William und Mosteller, Frederick. 1979c. „Representative Sampling, III: The Current Statistical Literature." *International Statistical Review* 47: 245–265.

Kruskal, William und Mosteller, Frederick. 1980. „Representative Sampling, IV: The History of the Concept in Statistics, 1895-1939." *International Statistical Review* 48: 169–195.

Lamnek, Siegfried. 2005. *Qualitative Sozialforschung*. Weinheim [u.a.]: Beltz.

Langguth, Gerd. 2004. „Die Grünen - auf dem Weg zu einer Volkspartei? Eine Zwischenbilanz." In: *Das deutsche Parteiensystem - Perspektiven für das 21. Jahrhundert*, hrsg. von Hans Zehetmair, S. 137–158. Wiesbaden: VS Verlag für Sozialwissenschaften.

Law, Averill M. 2006. „How to Build Valid and Credible Simulation Models." In: *Proceedings of the 2006 Winter Simulation Conference*, hrsg. von Felipe F. Perrone, Fred P. Wieland, Jason Liu, Barry G. Lawson, David M. Nicol und Richard M. Fujimoto, S. 56–66. IEEE.

Lazarsfeld, Paul und Fiske, Marjorie. 1938. „The "Panel" as a New Tool for Measuring Opinion." *The Public Opinion Quarterly* 2: 596–612.

Lazarsfeld, Paul F. 1948. „The Use of Panels in Social Research." *Proceedings of the American Philosophical Society* 92: 405–410.

Lazarsfeld, Paul F.; Berelson, Bernard und Gaudet, Hazel. 1968. *The People's Choice. How the Voter Makes Up his Mind in a Presidential Campaign*. New York [u.a.]: Columbia University Press.

Lenth, Russell V. 2001. „Some Practical Guidelines for Effective Sample Size Determination." *The American Statistician* 55: 187–193.

Lepkowski, James M. und Couper, Mick P. 2002. „Nonresponse in the Second Wave of Longitudinal Household Surveys." In: *Survey Nonresponse*, S. 259–272. New York: John Wiley & Sons.

Lipset, Seymour M. und Rokkan, Stein. 1967. „Cleavage Structures, Party Systems and Voter Alignments. An Introduction." In: *Party Systems and Voter Alignments. Cross-National Perspectives*, hrsg. von Seymour M. Lipset und Stein Rokkan, S. 1–64. New York [u.a.]: Free Press.

Lohmann, Henning. 2011. „Comparability of EU-SILC Survey and Register Data: The Relationship Among Employment, Earnings and Poverty." *Journal of European Social Policy* 21: 37–54.

Long, J. Scott. 1997. *Regression Models for Categorical and Limited Dependent Variables*. Thousand Oaks: SAGE.

Lux, Thomas. 2011. „Jenseits sozialer Klassen? Eine empirische Überprüfung der Individualisierungsthese am Beispiel von Ungleichheitseinstellungen und Wahlverhalten." *Zeitschrift für Soziologie* 40: 436–457.

Luy, Marc. 2010. „Tempo-Effekte und ihre Bedeutung für die demografische Analyse." *Comparative Population Studies - Zeitschrift für Bevölkerungswissenschaft* 35: 447–482.

Lynn, Peter. 2005. „Longitudinal Surveys Methodology." Manuskript, Eustat International Statistical Seminar, 45.

Lynn, Peter. 2011. „Maintaining Cross-Sectional Representativeness in a Longitudinal General Population Survey." *Understanding Society Working Paper Series* 4: 1–20.

Macy, Michael W. und Willer, Robert. 2002. „From Factors to Actors: Computational Sociology and Agend-Based Modeling." *Annual Review of Sociology* 28: 143–166.

Mannheim, Karl. 1952. „The Problem of Generations." In: *Essays on the Sociology of Knowledge*, hrsg. von Paul Kecskementi, S. 276–322. London: Routledge & Kegan Paul.

Marx, Karl. 1982 [1867]. *Das Kapital*. Berlin: Dietz.

Mays, Anja und Leibold, Jürgen. 2009. „Schicht, soziale Mobilität und Wahlverhalten." In: *Wähler in Deutschland - Sozialer und politischer Wandel, Gender und Wahlverhalten*, hrsg. von Steffen Kühnel, Oskar Niedermayer und Bettina Westle, S. 450–466. Wiesbaden: VS Verlag für Sozialwissenschaften.

McGonagle, Katherine und Schoeni, Robert. 2006. „The Panel Study of Income Dynamics: Overview and Summary of Scientific Contributions After Nearly 40 Years." *PSID Technical Paper Series* 06-01: 1–33.

McPherson, J. Miller und Smith-Lovin, Lynn. 1987. „Homophily in Voluntary Organizations: Status Distance and the Composition of Face-to-Face Groups." *American Sociological Review* 52: 370–379.

Menard, Scott. 2002. *Longitudinal Research*. Thousand Oaks: SAGE.

Merkouris, Takis. 2001. „Cross-Sectional Estimation in Multiple-Panel Household Surveys." *Survey Methodology* 27: 171–181.

Merz, Joachim. 1991. „Microsimulation - A Survey of Principles, Developments and Applications." *International Journal of Forecasting* 7: 77–104.

Miller, John H. und Page, Scott E. 2007. *Complex Adaptive Systems: An Introduction to Computational Models of Social Life*. Princeton [u.a.]: Princeton University Press.

Mitton, Lavinia; Sutherland, Holly und Weeks, Melvyn. 2000. „Introduction." In: *Microsimulation Modelling for Policy Analysis. Challanges and Innovations*, hrsg. von Lavinia Mitton, Holly Sutherland und Melvyn Weeks, S. 1–11. Cambridge [u.a.]: Cambridge University Press.

Müller, Walter. 1997. „Sozialstruktur und Wahlverhalten: Eine Widerrede gegen die Individualisierungsthese." *Kölner Zeitschrift für Soziologie und Sozialpsychologie* 49: 747–760.

Müller, Walter. 1998. „Klassenstruktur und Parteiensystem. Zum Wandel der Klassenspaltung im Wahlverhalten." *Kölner Zeitschrift für Soziologie und Sozialpsychologie* 50: 1–46.

Mochmann, Ekkehard; Oedegaard, Ingvill C. und Mauer, Reiner. 1998. *Inventory of National Election Studies in Europe 1945 - 1995 : Belgium, Denmark, France, Germany, Great Britain, Hungary, The Netherlands Norway and Sweden*. Bergisch Gladbach: Ferger.

Morgan, Stephen L. und Winship, Christopher. 2007. *Counterfactuals and Causal Inference. Methods and Principles for Social Research*. Cambridge [u.a]: Cambridge University Press.

Mulligan, Casey B. 1997. *Parental Priorities and Economic Inequality*. University of Chicago Press.

Neller, Katja. 2004. „Der European Social Survey (ESS) 2002/2003." *ZA-Information* 54: 182–188.

Nieuwbeerta, Paul und Ultee, Wout. 1999. „Class voting in Western industriali-zed countries, 1945-1990: Systematizing and testing explanations." *European Journal of Political Research* 35: 123–160.

Nijman, Theo; Verbeek, Marno und van Soest, Arthur. 1991. „The Efficiency of Rotating-Panel Designs in an Analysis-of-Variance Model." *Journal of Econometrics* 49: 373–399.

Nolte, Ellen; Shkolnikov, Vladimir und McKee, Martin. 2000. „Changing mortality patterns in East and West Germany and Poland. I: Long term trends (1960-1997)." *Journal of Epidemiology and Community Health* 54: 890–898.

Nutz, Manfred. 2006. „Auswirkungen der Bevölkerungsentwicklung auf das Hochschulwesen." In: *Demographischer Wandel - Auswirkungen auf das Bildungssystem*, Nummer 6: *Statistik und Wissenschaft*, S. 45–52. Wiesbaden: Statistisches Bundesamt.

Oaxaca, Ronald. 1973. „Male-Female Wage Differentials in Urban Labor Markets." *International Economic Review* 14: 693–709.

Ogburn, William F. 1969. *Kultur und sozialer Wandel. Ausgewählte Schriften.* Neuwied [u.a.]: Luchterhand.

Opp, Karl-Dieter. 2010. „Kausalität als Gegenstand der Sozialwissenschaften und der multivariaten Statistik." In: *Handbuch der sozialwissenschaftlichen Datenanalyse*, hrsg. von Christof Wolf und Henning Best, S. 9–38. Wiesbaden: VS Verlag für Sozialwissenschaften.

Pappi, Franz U. und Brandenburg, Jens. 2008. „Soziale Einflüsse auf die Klassenwahl im Generationen- und Periodenvergleich: Eine Analyse für Westdeutschland." *Kölner Zeitschrift für Soziologie und Sozialpsychologie* 60: 457–472.

Pappi, Franz U. und Brandenburg, Jens. 2010. „Sozialstrukturelle Interessenlagen und Parteipräferenz in Deutschland: Stabilität und Wandel seit 1980." *Kölner Zeitschrift für Soziologie und Sozialpsychologie* 62: 459–483.

Pappi, Franz U. und Shikano, Susumu. 2002. „Die politisierte Sozialstruktur als mittelfristig stabile Basis einer deutschen Normalwahl." *Kölner Zeitschrift für Soziologie und Sozialpsychologie* 54: 444–475.

Pappi, Franz U. und Shikano, Susumu. 2007. *Wahl- und Wählerforschung.* Baden-Baden: Nomos.

Paterson, Lindsay. 2008. „Political attitudes, social participation and social mobility: a longitudinal analysis." *The British Journal of Sociology* 59: 413–434.

Pearl, Judea. 2000. *Causality. Models, Reasoning and Inference.* Cambridge: Cambridge University Press.

Petzoldt, Thomas. 2003. „R as a Simulation Platform in Ecological Modelling." *R News* 3: 8–16.

Peytchev, Andy. 2013. „Consequences of Survey Nonresponse." *The Annals of the American Academy of Political and Social Science* 645: 88–111.

Pickel, Gerd. 1996. „Politisch verdrossen oder nur nicht richtig aktiviert?" In: *Jungsein in Deutschland. Jugendliche und junge Erwachsene 1991 und 1996,* hrsg. von Rainer K. Silbereisen, Laszlo A. Vaskovic und Jürgen Zinnecker, S. 85–98. Opladen: Leske + Budrich.

Pokorny, Sabine. 2012. *Junge Wähler: Hoffnungslos verloren? Das Wahlverhalten der Generationen.* Berlin: Konrad-Adenauer-Stiftung.

Pokorny, Sabine. 2013. *Mit 60 Jahren fängt das Wählen an: Das Wahlverhalten der älteren Generation.* Berlin: Konrad-Adenauer-Stiftung.

Prior, Markus. 2010. „You've Either Got It or You Don't? The Stability of Political Interest over the Life Cycle." *The Journal of Politics* 72: 747–766.

Probst, Lothar. 2007. „BÜNDNIS 90/DIE GRÜNEN." In: *Handbuch der deutschen Parteien,* hrsg. von Frank Decker und Viola Neu, S. 173–188. Bonn: Bundeszentrale für politische Bildung.

Pötzsch, Olga. 2010. „Kohortenfertilität: Ein Vergleich der Ergebnisse der amtlichen Geburtenstatistik und der Mikrozensuserhebung 2008." *Comparative Population Studies - Zeitschrift für Bevölkerungswissenschaft* 35: 165–184.

Pötzsch, Olga und Sommer, Bettina. 2009. „Generatives Verhalten der Frauenkohorten im langfristigen Vergleich." *Wirtschaft und Statistik* 5: 377–396.

Rao, J. N. K. und Graham, Jack E. 1964. „Rotation Designs for Sampling on Repeated Occasions." *Journal of the American Statistical Association* 59: 492–509.

Rapoport, Anatol. 1983. *Mathematical Models in the Social and Behavioral Sciences.* New York [u.a.]: John Wiley & Sons.

Rattinger, Hans. 1992. „Demography and Federal Elections in Germany, 1953-1990 - and Beyond." *Electoral Studies* 11: 223–247.

Rattinger, Hans. 2007. „Wechselwähler 1992 bis 2002." In: *Der gesamtdeutsche Wähler. Stabilität und Wandel des Wählverhaltens im wiedervereinigten Deutschland,* hrsg. von Hans Rattinger, Oscar W. Gabriel und Jürgen W. Falter, S. 37–65. Baden-Baden: Nomos.

Rattinger, Hans; Roßteutscher, Sigrid; Schmitt-Beck, Rüdiger und Weßels, Bernhard. 2011. „Einleitung." In: *Zwischen Langeweile und Extremen: Die Bundestagswahl 2009,* hrsg. von Hans Rattinger, Sigrid Roßteutscher, Rüdiger Schmitt-Beck, Bernhard Weßels und andere, S. 9–15. Baden-Baden: Nomos.

Rendtel, Ulrich. 1995. *Lebenslagen im Wandel: Panelausfälle und Panelrepräsentativität.* Frankfurt; New York: Campus.

Rodgers, Willard L. 1990. „Interpreting the Components of Time Trends." *Sociological Methodology* 20: 421–438.

Rosenbaum, Paul R. und Rubin, Donald B. 1983. „The central role of the propensity score in observational studies for causal effects." *Biometrika* 70: 54–55.

Rossi, Peter H.; Lipsey, Mark W. und Freeman, Howard E. 2004. *Evaluation. A Systematic Approach.* Thousand Oaks [u.a.]: SAGE.

Roth, Dieter. 2008. *Empirische Wahlforschung. Ursprung, Theorien, Instrumente und Methoden.* Wiesbaden: VS Verlag für Sozialwissenschaften.

Rudi, Tatjana und Schoen, Harald. 2005. „Ein Vergleich von Theorien zur Erklärung von Wählerverhalten." In: *Empirische Wahlforschung: Ein einführendes Handbuch*, hrsg. von Jürgen W. Falter und Harald Schoen, S. 305–326. Wiesbaden: VS Verlag für Sozialwissenschaften.

Rudi, Tatjana und Steinbrecher, Markus. 2011. „Die Wechselwähler." In: *Zwischen Langeweile und Extremen: Die Bundestagswahl 2009*, hrsg. von Hans Rattinger, Sigrid Roßteutscher, Rüdiger Schmitt-Beck, Bernhard Weßels und andere., S. 91–101. Baden-Baden: Nomos.

Ryder, Norman B. 1965. „The Cohort as a Concept in the Study of Social Change." *American Sociological Review* 30: 843–861.

Sargent, Robert G. 2010. „Verification and Validation of Simulation Models." In: *Proceedings of the 2010 Winter Simulation Conference*, hrsg. von Björn Johansson, Sanjay Jain, Jairo Montoya-Torres, Joseph Hugan und Enver Yücesan, S. 166–183. IEEE.

Scheuch, Erwin K. 2000. „Die Kölner Wahlstudie zur Bundestagswahl 1961." In: *50 Jahre empirische Wahlforschung in Deutschland. Entwicklung, Befunde, Perspektiven, Daten*, hrsg. von Markus Klein, Wolfgang Jagodzinski, Ekkehard Mochmann und Dieter Ohr, S. 41–58. Wiesbaden: Westdeutscher Verlag.

Schimpl-Neimanns, Bernhard. 2008. *Bildungsverläufe und Stichprobenselektivität. Analysen zur Stichprobenselektivität des Mikrozensuspanels 1996 - 1999 am Beispiel bildungsstatistischer Fragestellungen.* Bonn: GESIS.

Schimpl-Neimanns, Bernhard und Herwig, Andreas. 2011. „Mikrozensus Scientific Use File 2009: Dokumentation und Datenaufbereitung." *GESIS - Technical Reports* 11: 1–27.

Schleutker, Elina. 2014. „Determinants of Childbearing: A Review of the Literature." *Zeitschrift für Soziologie* 43: 192–211.

Schmid, Christine. 2004. *Politisches Interesse von Jugendlichen. Eine Längsschnittuntersuchung zum Einfluss von Eltern, Gleichaltrigen, Massenmedien und Schulunterricht.* Wiesbaden: Deutscher Universitäts-Verlag.

Schmitt, Annette. 2005. „Die Rolle von Wahlen in der Demokratie." In: *Empirische Wahlforschung: Ein einführendes Handbuch*, hrsg. von Jürgen W. Falter und Harald Schön, S. 3–30. Wiesbaden: VS Verlag für Sozialwissenschaften.

Schmitt, Hermann. 2000. „Die Deutsche Nationale Wahlstudie - eher kollektive Aufgabe als aktuelle Realität." In: *50 Jahre empirische Wahlforschung in Deutschland. Entwicklung, Befunde, Perspektiven, Daten*, hrsg. von Markus Klein, Wolfgang Jagodzinski, Ekkehard Mochmann und Dieter Ohr, S. 529–541. Wiesbaden: Westdeutscher Verlag.

Schmitt-Beck, Rüdiger. 2011. „Political Participation - National Election Study." In: *Building on Progress. Expanding the Research Infrastructure for Social, Economic, and Behavioral Sciences*, S. 1123–1138. Opladen [u.a.]: Budrich.

Schmitt-Beck, Rüdiger; Faas, Thorsten und Holst, Christian. 2006. „Der Rolling Cross-Section Survey - Ein Instrument zur Analyse dynamischer Prozesse der Einstellungsentwicklung." *ZUMA-Nachrichten* 58: 13–49.

Schmitt-Beck, Rüdiger; Faas, Thorsten und Wolsing, Ansgar. 2010a. „Kampagnendynamik bei der Bundestagswahl 2009: die Rolling Cross-Section-Studie im Rahmen der "German Longitudinal Election Study" 2009." *Arbeitspapiere - Mannheimer Zentrum für Europäische Sozialforschung* 134: 1–31.

Schmitt-Beck, Rüdiger; Rattinger, Hans; Roßteutscher, Sigrid und Weßels, Bernhard. 2010b. „Die deutsche Wahlforschung und die German Longitudinal Election Study (GLES)." In: *Gesellschaftliche Entwicklungen im Spiegel der empirischen Sozialforschung*, hrsg. von Frank Faulbaum und Christof Wolf, S. 141–172. Wiesbaden: VS Verlag für Sozialwissenschaften.

Schmitt-Beck, Rüdiger und Weick, Stefan. 2001. „Die dauerhafte Parteiidentifikation - nur noch ein Mythos?" *Informationsdienst Soziale Indikatoren* 26: 1–5.

Schnell, Rainer. 1997. *Nonresponse in Bevölkerungsumfragen. Ausmaß, Entwicklung und Ursachen*. Opladen: Leske + Budrich.

Schnell, Rainer; Hill, Paul B. und Esser, Elke. 2008. *Methoden der empirischen Sozialforschung*. München [u.a.]: Oldenbourg.

Schoen, Harald. 2000. „Den Wechselwählern auf der Spur: Recall- und Paneldaten im Vergleich." In: *Die Republik auf dem Weg zur Normalität? Wahlverhalten und politische Einstellungen nach acht Jahren Einheit*, hrsg. von Jan W. van Deth, Hans Rattinger und Edeltraut Roller, S. 199–226. Opladen: Leske + Budrich.

Schoen, Harald. 2004. „Wechselwähler in den USA, Großbritannien und der Bundesrepublik Deutschland: Politisch versierte Wähler oder politische Ignoranten?" *Zeitschrift für Parlamentsfragen* 35: 99–112.

Schoen, Harald. 2005. „Daten in der empirischen Wahlforschung." In: *Empirische Wahlforschung: Ein einführendes Handbuch*, hrsg. von Jürgen W. Falter und Harald Schön, S. 89–103. Wiesbaden: VS Verlag für Sozialwissenschaften.

Schoen, Harald und Kaspar, Hanna. 2009. „You must remember this ... Eine Analyse zur Wahlrückerinnerungsfrage." In: *Politik-Wissenschaft-Medien. Festschrift für Jürgen W. Falter zum 65. Geburtstag*, hrsg. von Hanna Kaspar, Harald Schön, Siegfried Schumann und Jürgen Winkler, S. 159–177. Wiesbaden: VS Verlag für Sozialwissenschaften.

Schoen, Harald und Weins, Cornelia. 2005. „Der sozialpsychologische Ansatz zur Erklärung von Wahlverhalten." In: *Empirische Wahlforschung: Ein einführendes Handbuch*, hrsg. von Jürgen W. Falter und Harald Schön, S. 187–242. Wiesbaden: VS Verlag für Sozialwissenschaften.

Schroth, Yvonne. 2003. „Die Stichprobe." In: *Politbarometer*, hrsg. von Andreas M. Wüst, S. 37–50. Opladen: Leske + Budrich.

Schupp, Jürgen und Frick, Joachim R. 2011. „Interdisciplinary Longitudinal Sur-veys." In: *Building on Progress. Expanding the Research Infrastructure for Social, Economic, and Behavioral Sciences*, S. 303–324. Opladen [u.a.]: Budrich.

Schwarz, Norbert und Sommer, Bettina. 2009. „Auswirkungen des Demogra-phischen Wandels - Daten der amtlichen Statistik." *Wirtschaft und Statistik* 6: 513–527.

Simard, Michelle und Franklin, Sarah. 2005. *GGS Sample Design Guidelines*. Genf: United Nations Economic Commission for Europe.

Singer, Judith D. und Willett, John B. 2003. *Applied Longitudinal Data Analysis*. Oxford [u.a.]: Oxford University Press.

SIPP. 2001. *Survey of Income and Program Participation User's Guide*. Washington D.C.: U.S. Census Bureau.

Smith, Paul; Lynn, Peter und Elliot, Dave. 2009. „Sample Design for Longitudinal Surveys." In: *Methodology of Longitudinal Surveys*, S. 21–33. Chichester: Wiley.

Smith, Tom W. 2009. „The ISSP: History, Organization and Members, Working Principles and Outcomes. An Historical-Sociological Account." In: *The International Social Survey Programme, 1984-2009. Charting the Globe*, hrsg. von Max Haller, Roger Jowell und Tom W. Smith, S. 2–27. Abingdon [u.a.]: Routledge.

Smith, Tom W. 2010. „The Globalization of Survey Research." In: *Survey Methods in Multinational, Multiregional, and Multicultural Contexts*, hrsg. von Janet A. Harkness, S. 477–484. Hoboken: Wiley.

Sobel, Michael E. 2000. „Causal Inference in the Social Sciences." *Journal of the American Statistical Association* 95: 647–651.

Steinbrecher, Markus und Huber, Sandra. 2006. „European Elections Turnout from 1979 to 2004." In: *Campaigning in Europe - Campaigning for Europe*, S. 15–30. Berlin [u.a.]: LIT-Verlag.

Steinbrecher, Markus; Huber, Sandra und Rattinger, Hans. 2007. *Turnout in Germany. Citizen Participation in State, Federal, and European Elections since 1979*. Baden-Baden: Nomos.

Steinbrecher, Markus und Rattinger, Hans. 2011. „Die Wahlbeteiligung." In: *Zwischen Langeweile und Extremen: Die Bundestagswahl 2009*, hrsg. von Hans Rattinger, Sigrid Roßteutscher, Rüdiger Schmitt-Beck, Bernhard Weßels und andere, S. 77–90. Baden-Baden: Nomos.

Trappmann, Mark. 2011. „Weighting." In: *User Guide "Panel Study Labour Market and Social Security" (PASS). FDZ Datenreport*, hrsg. von Arne Bethmann und Daniel Gebhardt, S. 51–61. Nürnberg: Research Data Center of the German Federal Employment Agency at the Institute for Employment Research.

Trappmann, Mark; Christoph, Bernhard; Achatz, Juliane; Wenzig, Claudia; Müller, Gerrit und Gebhardt, Daniel. 2009. „Design and stratification of PASS. New Panel Study for Research on Long Term Unemployment." *IAB Discussion Paper* 5: 1–19.

Trivellato, Ugo. 1999. „Issues in the Design and Analysis of Panel Studies: A Cursory Review." *Quality & Quantity* 33: 339–352.

Troitzsch, Klaus G. 2004. „Validating Simulation Models." In: *Proceedings 18th European Simulation Multiconference*, hrsg. von Graham Horton, S. 265–270. The Society for Modeling and Simulation International, SCS Publishing House.

Truett, Kim R. 1993. „Age Differences in Conservatism." *Personality and Individual Differences* 14: 405–411.

Uhler, Rolf. 1989. „Der "Continuity Guide to the German Election Data Project 1953 - 1987": Als relationale Datenbank realisiert." *ZA-Information* 24: 19–26.

van den Brakel, Jan und Krieg, Sabine. 2009. „Estimation of the Monthly Unemployment Rate Through Structural Time Series Modelling in a Rotating Panel Design." *Survey Methodology* 35: 177–190.

van der Brug, Wouter. 2010. „Structural and Ideological Voting in Age Cohorts." *West European Politics* 33: 586–607.

van Deth, Jan W. 1990. „Interest in Politics." In: *Continuities in Political Action: A Longitudinaly Study of Political Orientations in Three Western Democracies*, hrsg. von M. Kent Jennings und Jan W. van Deth, S. 275–312. Berlin: De Gruyter.

Vandecasteele, Leen und Debels, Annelies. 2006. „Attrition in Panel Data: The Effectiveness of Weighting." *European Sociological Review* 23: 81–97.

Verma, Vijay. 2002. „Proposals for a Survey Structure for Those Countries Beginning a New EU-SILC Survey." In: *Rotierende Stichproben. Datenkumulation und Datenqualität*, hrsg. von Statistisches Bundesamt, S. 35–50. Wiesbaden: Metzler-Poeschel.

Wagner, Corina; Konzelmann, Laura und Rattinger, Hans. 2012. „Is Germany Going Bananas? Life Cycle and Cohort Effects on Party Performance in Germany from 1953 to 2049." *German Politics* 21: 274–295.

Wagner, Gert G.; Frick, Joachim R. und Schuppp, Jürgen. 2007. „The German Socio-Economic Panel Study (SOEP) - Scope, Evolution and Enhancements." *Schmollers Jahrbuch* 127: 139–169.

Wagner, Michael. 2001. „Kohortenstudien in Deutschland. Expertise für die Kommission zur Verbesserung der informationellen Infrastruktur zwischen Wissenschaft und Statistik." In: *Wege zu einer besseren informationellen Infrastruktur. Gutachten der vom Bundesministerium für Bildung und Forschung eingesetzten Kommission zur Verbesserung der informationellen Infrastruktur zwischen Wissenschaft und Statistik*, hrsg. von Kommission zur Verbesserung der informationellen Infrastruktur zwischen Wissenschaft und Statistik. Baden-Baden: Nomos. Anlage auf CD.

Wasmer, Martina; Scholz, Evi und Blohm, Michael. 2010. „Konzeption und Durchführung der "Allgemeinen Bevölkerungsumfrage der Sozialwissenschaften" (ALLBUS) 2008." *GESIS - Technical Reports* 4: 1–81.

Watson, Nicole und Wooden, Mark. 2009. „Identifying Factors Affecting Longitudinal Survey Response." In: *Methodology of Longitudinal Surveys*, hrsg. von Peter Lynn, S. 157–182. John Wiley & Sons.

Weber, Max. 1947 [1922]. *Wirtschaft und Gesellschaft*. Tübingen: Mohr.

Weßels, Bernhard. 2011. „Das Wahlverhalten sozialer Gruppen." In: *Zwischen Langeweile und Extremen: Die Bundestagswahl 2009*, hrsg. von Hans Rattinger, Sigrid Roßteutscher, Rüdiger Schmitt-Beck, Bernhard Weßels und u.a., S. 103–117. Baden-Baden: Nomos.

Weisberg, Herbert F. 2005. *The Total Survey Error Approach. A Guide to the New Science of Survey Research*. Chicago [u.a.]: University of Chicago Press.

Weishaupt, Horst. 2006. „Veränderungen im elementaren und sekundären Bildungsbereich durch demographischen Wandel." In: *Demographischer Wandel - Auswirkungen auf das Bildungssystem*, Nummer 6: *Statistik und Wissenschaft*, S. 26–44. Wiesbaden: Statistisches Bundesamt.

Weller, Katrin; Bruns, Axel; Burgess, Jean E; Mahrt, Merja und Puschmann, Cornelius (Hrsg.). 2014. *Twitter and Society: An Introduction*. Peter Lang.

Werner, Tim C. 2003. „Wählerverhalten bei der Bundestagswahl 2002 nach Geschlecht und Alter. Ergebnisse der Repräsentativen Wahlstatistik." *Wirtschaft und Statistik* 3: 171–188.

Winsberg, Eric. 2009. „A Tale of Two Methods." *Synthese* 169: 575–592.

Winship, Christopher und Sobel, Michael E. 2004. „Causal Inference in Sociological Studies." In: *Handbook of Data Analysis*, hrsg. von Melissa Hardy und Alan Bryman, S. 481–503. Thousand Oaks: SAGE.

Wolf, Christof. 1996. „Konfessionelle versus religiöse Konfliktlinie in der deutschen Wählerschaft." *Politische Vierteljahresschrift* 37: 713–734.

Wolf, Christof. 2007. „50 Jahre Mikrozensus." *Zeitschrift für Soziologie* 36: 431–433.

Wolff, Pascal; Montaigne, Fabienne und González, Gara R. 2010. „Investing in Statistics: EU-SILC." In: *Income and Living Conditions in Europe*, hrsg. von Anthony B. Atkinson und Eric Marlier, S. 37–57. Luxemburg: European Union.

Wooldridge, Jeffrey M. 2002. *Econometric Analysis of Cross Section and Panel Data*. Cambridge [u.a.]: MIT Press.

Wooldridge, Jeffrey M. 2003. *Introductory Econometrics: A Modern Approach*. Mason: Thomson.

Worldbank. 2013. „Data Catalog: Fertility rate, total (births per woman)." `http://data.worldbank.org/indicator/SP.DYN.TFRT.IN/countries/1W-DE-SE?display=default`, letzter Zugriff: 2013-02-18.

Wrigley, Neil. 1986. „Quantitative Methods: The Era of Longitudinal Data Analysis." *Progress in Human Geography* 10: 84–102.

Yang, Yang und Land, Kenneth C. 2013. *Age-Period-Cohort Analysis. New Models, Methods, and Empirical Applications*. Boca Raton: CRC Press.

Zaidi, Asghar und Rake, Katherine. 2001. „Dynamic Microsimulation Models: A Review and Some Lessons for SAGE." *SAGE Discussion Papers* 2: 1–36.

Zenk-Möltgen, Wolfgang und Mochmann, Ekkehard. 2000. „Der Continuity Guide der deutschen Wahlforschung und der ZA CodebookExplorer." In: *50 Jahre empirische Wahlforschung in Deutschland. Entwicklung, Befunde, Perspektiven, Daten*, hrsg. von Markus Klein, Wolfgang Jagodzinski, Ekkehard Mochmann und Dieter Ohr, S. 596–614. Wiesbaden: Westdeutscher Verlag.

Ziegler, Rolf. 1972. *Theorie und Modell. Der Beitrag der Formalisierung zur soziologischen Theoriebildung*. München [u.a.]: R.Oldenbourg.

Appendix

Anhang A
Dokumentation der Simulation

Wie in Abschnitt 3.1 erläutert, ist die Dokumentation einer Simulation unerlässlich, wenn Reproduzierbarkeit und Validierbarkeit der Methode gewährleistet werden sollen. Im vorliegenden Fall richtet sich die Beschreibung der Simulation nach Arbeiten von Law (2006), Sargent (2010) sowie Kleiber und Zeileis (2013). Inhaltlich enthält die Dokumentation Informationen aus vier Bereichen:

Theoretische Dokumentation: Um das Modell nachvollziehen zu können, ist es notwendig, die theoretischen Annahmen klar darzustellen, da sie in Form von Algorithmen Teil der Simulation sind. Dies ermöglicht, logisch auf Plausibilität zu prüfen und konzeptionelle Kritik am Modell zu üben (vgl. *Plausibilitätsprüfung*). Die explizite Diskussion der Operationalisierung von Annahmen in Algorithmen unterstützt die technische Dokumentation des Codes (zu diesen Punkten siehe Kleiber und Zeileis, 2013, S. 7; Law, 2006, S. 60; Sargent, 2010, S. 170, 171f).

Plausibilitätsprüfung: Die Überprüfung der verwendeten Operationalisierung und erzielten Ergebnisse auf Plausibilität stellt eine Form der Validierung dar, welche auch als *Face Validation* bezeichnet wird. Dabei wird bewertet, ob die Prozesse so operieren, wie theoretisch anzunehmen ist (zu diesen Punkten siehe Law, 2006, S. 60; Sargent, 2010, S. 171).

Ergebnisvalidierung: Die Ergebnisse, oder Teile davon, können empirisch validiert werden, wenn geeignete Referenzen vorliegen. Dies wird in der vorliegenden Studie in Form eines Vergleichs zwischen der dynamischen Entwicklung in den artifiziellen und realen Populationen umgesetzt (zu diesen Punkten siehe Law, 2006, S. 60; Sargent, 2010, S. 171).

Dokumentation der Implementierung: Da es sich bei Simulationsstudien um Programme handelt, sollte die technische Implementation in Form von Code oder Pseudo-Code zugänglich gemacht werden. In Kombination zu Code und, in geringerem Maße zu Pseudo-Code, dient die Angabe der eingesetzten Programmiersprache oder Software (inklusive Versionsnummern) dazu, den Code in einen Kontext zu setzen. Bspw. folgen *for*-Schleifen in verschiedenen Spra-

chen der gleichen Logik, es können sich allerdings Einschränkungen in der
Verwendung der Funktion je nach Programmiersprache ergeben. So ermöglicht
R, verschiedene Datensätze (Objekte) in einer einzigen Schleife ohne größeren
Aufwand anzusteuern. Demgegenüber gestaltet sich eine solche Prozedur in
Stata weitaus schwieriger. Zur Vervollständigung, gerade bei sehr komplexen
Programmen, wird die Angabe der Hardware nahegelegt (zu diesen Punkten
siehe Kleiber und Zeileis, 2013, S. 7; Law, 2006, S. 60).

Während die Beschreibung von Modell (theoretische Annahmen), Plausibilität und
Ergebnissen in Kapitel 3 und 4 zu finden ist, wird im Appendix hauptsächlich die
technische Dokumentation für Software, Hardware und Pseudo-Code aufgeführt.

A.1 Technisches

A.1.1 Software und Plattform

Die Simulation wurde in *R 3.0.1* ausgeführt. Zusätzlich eingesetzte Pakete sind
Foreign 0.8.53, *Lattice 0.20.15*, *Reshape 1.2.2*, *Plyr 1.8*, *Grid 3.0.1* und *GridExtra
0.9.1*. Wie Petzoldt (2003) ausführt, eignet sich *R* besonders zur Durchführung von
Simulationen. Für die Auswahl der Software zur Durchführung der hier vorgestellten Forschungsarbeit waren vor allem die Integration der folgenden Punkte auf einer
einzigen Plattform wichtig: Objektorientierung, parallele Verarbeitung mehrerer
Dataframes (und -sätze), umfassende Möglichkeiten zur grafischen Darstellung
der Ergebnisse und flexible Programmierbarkeit.

Zur Generierung von Zufallszahlen wird der Standard Generator von *R* verwendet. Die Saat des Generators wurde auf 5.939 gesetzt. Diese Zahlenfolge entspricht
den letzten vier Zahlen der Seriennummer eines zufällig aus dem Portemonnaie des
Autors ausgewählten Geldscheins.

Das Programm wurde auf einem PC mit 3,20 GHz Intel Prozessor, 8 GB RAM
und Windows 7 (SP 1) ausgeführt.

A.1.2 Leistungsindikatoren

Die Simulation benötigte auf dem oben genannten System eine Laufzeit von etwa
100 Stunden, um die Populationen zu erstellen, Stichproben für die verschiedenen
Forschungsdesigns zu ziehen sowie sozialen und individuellen Wandel zu berechnen.
Die individuelle Laufzeit einzelner Simulationsdurchläufe beträgt durchschnittlich
5,96 Minuten. Analysen wurden auf Basis der Ergebnisdatensätze nachträglich

durchgeführt, um eine Erhöhung der Laufzeit zu vermeiden. Die artifiziellen Populationen hatten im Zustand niedriger Dynamik eine durchschnittliche Größe von 2.278.559 Datenzeilen, unter hoher Dynamik 2.368.326.

Die vergleichsweise hohen Laufzeiten ergeben sich durch mehrere geschachtelte *if*- und *for*-Schleifen, die in *R* schnell zu hohen Verarbeitungsdauern führen, sowie einer Vielzahl von Abfragen innerhalb der Schleifen. Diese konnten in aller Regel nicht durch Vektoroperationen ersetzt werden. Da die eingesetzte Plattform keinen Wartungspausen unterzogen werden musste, stellte die Laufzeit kein Problem dar und das Programm lief ohne Unterbrechung.

A.2 Programmierung

A.2.1 Pseudo-Code

Im Folgenden ist der Pseudo-Code der gesamten Simulation und zentraler Funktionen dargestellt. Pseudo-Code erlaubt es, das Programm kürzer und auf einer eher konzeptionellen Ebene vorzustellen. Gleichzeitig sind keine Kenntnisse in *R* notwendig, um die Simulation nachvollziehen zu können.

Schleifen sind im Pseudo-Code nach ihrer Logik benannt (hier: *for*, *foreach* und *if*-Schleifen). Mengen werden in geschweiften Klammern dargestellt, bspw. die Menge der möglichen Designs sei $\{WQD, PD, MPD\}$.

Programm: Gesamte Simulation;
foreach *Dynamik* **of** *niedrig, hoch* **do**
   for *Durchläufe* ← 1 **to** 500 **do**
      Generiere Startpopulation;
      for *Zeit* ← 0 **to** 20 **do**
         Funktion: Alterung;
         Funktion: Geburt;
         Funktion: Tod;
      end
      Generiere Datensatz[Population];
      foreach *Design* **of** $\{WQD, PD, MPD\}$ **do**
         Stichprobenziehung Datensatz[Design];
         Vergleiche Datensatz[Design] ↔ *Datensatz[Population]*;
         Übergebe Ergebnisse in Matrix;
      end
   end
end
Werte Ergebnismatrix aus;

A.2.2 Funktionen

Einige Funktionen innerhalb der Simulation sind von zentraler Bedeutung. Das betrifft Programmteile, welche Alterung, Geburt und Tod in der artifiziellen Population steuern.

Zu einem Zeitpunkt t, wobei $t \neq 0$, wird für jedes Element der Population P_t eine Alterung bestimmt, falls das Element nicht zu einem vorangegangenen Zeitpunkt gestorben ist. Alterung bedeutet, dass das Alter des Individuums um eins erhöht wird und sich die Merkmale nach den vorgegebenen Mustern erhöhen. Die Entwicklung der Merkmale über die Zeit ist ausführlich in Kapitel 4 in den Abschnitten zu sozialem Wandel beschrieben.

Funktion: Alterung;
for *Individuum i* ← 1 **to** *I* **do**
 if *Tod$_i$* $\neq$ *WAHR* **then**
  Veränderung Alter;
  Veränderung Merkmale;
 end
end

Die Fertilität in der Population wird über niedrige und hohe Fertilitätsraten bestimmt. Konkret bedeutet dies in der Simulation, dass sich die Anzahl an Geburten zu einem Zeitpunkt t, wobei $t \neq 0$, aus einer Funktion der Gesamtgröße der Population, dem Reproduktionsfaktor und einem zufälligen Störterm ergibt. In die Gesamtgröße gehen natürlich nur noch lebende Individuen der letzten Population (I_{t-1}) ein. Der Störterm wird zufällig aus einer Normalverteilung $N(1,0,2)$ ermittelt (vgl. dazu weiter unten den Abschnitt zu zufälligen Störtermen). Es gilt formal:

$$Geburtenzahl_t = I_{t-1} \times Faktor \times \varepsilon.$$

Für die Anzahl an ermittelten Geburten wird die Datenmatrix der Population erweitert. Anschließend werden die Startwerte für Alter (1 Jahr) und die Merkmale vergeben, mit Ausnahme von Kohorteneffekten sind diese null.

Funktion: Geburt;
Berechne Geburtenzahl;
for *Geburten* ← 1 **to** *Geburtenzahl* **do**
 Generiere neues Individuum;
 Alter ← 1;
 Merkmale ← *Startwerte*;
end

Auf Basis der in Abschnitt 6.1 vorgestellten Sterbetafeln kann für jedes noch lebende Individuum zu einem Zeitpunkt t ermittelt werden, ob es stirbt. Im nächsten

Alterungsprozess wird dieses Individuum nicht mehr berücksichtigt. Die Sterbe-wahrscheinlichkeit variiert über Altersjahre und über die beiden Konditionen der Simulation. Bspw. haben Individuen mit dem Alter von 100 Jahren die (hypo-thetische) Sterbewahrscheinlichkeit von 0,1. In diesem Fall wird das individuelle Ereignis des Todes nach einer Bernoulli-Verteilung mit $p = 0,1$ bestimmt.

Funktion: Tod;
for *Individuum i* ← 1 **to** *I* **do**
    | *Generiere Sterbewahrscheinlichkeit;*
    | *Generiere Tod;*
end

A.3 Simulationsparameter

A.3.1 Simulationsdurchläufe

Die Frage nach der Anzahl an notwendigen Durchläufen der Simulation entspricht der Frage nach der optimalen Größe eines Samples in bspw. einem Experiment. In der Simulation gilt es genügend Designvergleiche durchzuführen, um vorhandene Unterschiede entdecken zu können. Eine statistisch fundierte Problemlösung findet sich z.b. bei Lenth (2001). Der Autor schlägt vor, den *Power Approach* zu nutzen. Ausgangspunkt des Ansatzes ist zu prüfen, ob die angedachte Stichprobengröße in der Lage ist, bei einem statistischen Test einen vordefinierten Effekt zu identifizie-ren — mit anderen Worten: die Wahrscheinlichkeit, einen β-Fehler zu vermeiden. Sind andere Parameter wie die interessierende Effektgröße und Verteilungsmaße der Stichprobe bekannt, kann über die Annahme einer gewünschten Power die Stichprobengröße berechnet werden. Mittels Umformung sind andere Parameter zu bestimmen.

Im Fall der Simulation sind die Schätzungen auf Basis der gezogenen Design-Datensätze sehr ähnlich. Sie basieren prinzipiell auf 20% Stichproben aus der Population, deren Größe zu t_0 gleich 100.000 ist. Folglich sollte die Standard-abweichung σ über alle Simulationsdurchläufe sehr gering sein. Tests zeigen ei-ne Power von näherungsweise 100% für die hypothetischen Werte von $n = 500$, $\sigma = 0,05$, $\Delta = 0,01$ und $\alpha = 0,05$. Die Berechnung erfolgte in R mittels der Funktion `power.t.test` und konnte mit dem Paket *pwr.t.test 1.1.1* repliziert werden.

In der Simulation werden 500 Simulationsdurchläufe durchgeführt, da diese Anzahl ausreicht, um auch geringe Abweichungen festzustellen, wenn die Stan-dardabweichung des Merkmals nicht zu groß wird (was in der Simulation nicht anzunehmen ist).

A.3.2 Zufällige Störterme

In der Simulation sind an verschiedenen Stellen Störterme eingebaut. Diese erfüllen zwei Funktionen: Zum Ersten sollen sie den erzeugten Daten einen höheren Realitätsbezug geben, da die Analysen so besser mit Umfragedaten vergleichbar sind. Zum Zweiten kann die Robustheit der Ergebnisse gegenüber zufälliger Schwankung getestet werden. So ist es möglich zu untersuchen, ob die berichteten Effekte lediglich in einem einzigen Szenario auftreten oder auch unter partiell variierenden Bedingungen.

Die Störterme bei Merkmalsveränderungen oder Generierung sind aus Gründen der Nachvollziehbarkeit stets gleich gewählt. Mittels der Zufallsfunktion für Normalverteilungen in R (`rnorm`) wird eine Zahl erzeugt, mit der ein Parameter variiert wird. Die Simulation verwendet in der Folge die Summe von Ausgangswert und Störterm. Zum Beispiel steigt das Merkmal x_i eines Individuums i zwischen zwei Zeitpunkten linear um 1 (linearer Alterseffekt, vgl. Abschnitt 4.2.1). Bei jeder Veränderung wird allerdings noch die Zufallsfunktion berücksichtigt: Gegeben, die Funktion erzeugt in einem Jahr den Wert 0,2, beträgt der individuelle Wandel für i in diesem Intervall 1,2 $(1+0,2)$. Die Zufallsfunktion basiert auf der Normalverteilung $N(0,0,1)$. Dichtefunktion φ und Verteilungsfunktion Φ sind in Abbildung A.1 abgetragen.

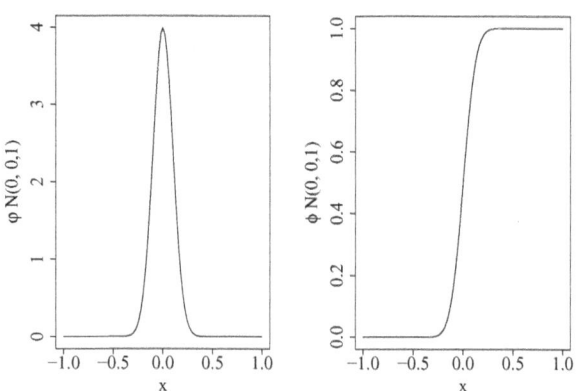

Abb. A.1: Dichte- und Verteilungsfunktion des zufälligen Störterms.

Die Funktion zur Bestimmung der Populationsgröße weicht hier etwas ab und setzt einen Störterm basierend auf der Normalverteilung $N(1,0,2)$ ein. Da die Populationsgröße als Produkt ermittelt wird, wäre ein Störterm mit dem Mittelwert null gleichbedeutend mit einem Nichtwachstum. Dies ist die einzige Abweichung vom oben beschriebenen Störterm.

A.4 Ergebnismatrizen und Datensätze

Die Ergebnisse der verschiedenen Simulationsreihen werden in separaten Matrizen gespeichert. Innerhalb einer Simulationsreihe werden die Ergebnisse der einzelnen Durchläufe schrittweise in diese Matrizen eingefügt. Da im Schnitt 2.323.442 Datenzeilen pro Durchlauf generiert werden, beugt die Aggregation der Ergebnisse einer Überproduktion von Datenmaterial vor, das zur Interpretation der Ergebnisse unweigerlich aggregiert werden müsste.

Im Rahmen der einzelnen Durchläufe der Simulation werden vier Datensätze (Population, WQD, PD und MPD) angelegt, deren Vergleich in die Ergebnismatrizen einfließt. Bei zwei verschiedenen Simulationsreihen und 500 Durchläufen entstehen 4.000 Datensätze. Diese werden nicht zwischengespeichert, sondern nach dem Übertragen der Ergebnisse überschrieben. Das schont zum einen Ressourcen und, zum anderen, durch die Vermeidung von Speichervorgängen, Rechenzeit für die Simulation.

Anhang B
Aufbereitung der Bundestagswahlstudien

Sowohl die in Kapitel 7 verwendeten Bundestagswahlstudien als auch die Langfrist-Panels weichen teilweise von den Verteilungen der Bevölkerung aus den amtlichen Statistiken ab. Ursächlich sind hier zum einen Designentscheidungen wie bspw. ein *Oversampling* von ostdeutschen Befragten, um Subgruppenanalysen zu ermöglichen. Zum anderen treten Verzerrungen durch die Art der Stichprobenziehung, Nonresponse und Messfehler auf. Gewichte sind ein gebräuchliches Mittel, um solche Verzerrungen zu korrigieren. Eine einheitliche Berechnung der Gewichtungsfaktoren für die kumulierten Datensätze, sowohl bei BTW- als auch LFP-Studien, ist notwendig, wenn Ergebnisse zwischen den einzelnen Komponenten verglichen werden sollen. Da es sich mit Ausnahme der in der GLES eingebundenen Jahrgänge um eigenständige Studien handelt, waren eigene Gewichte zu berechnen (zur Gewichtung in der GLES vgl. Blumenberg und Gummer, 2013). Methodik, Referenzen und Ergebnisse der Gewichtung werden im Folgenden beschrieben.

B.1 Anpassungsgewichtung

Für die Fragestellung der Arbeit ist das Alter, bzw. die Kohorte, der Befragten von zentralem Interesse. Gerade bei den Zerlegungen, die Wandel innerhalb und zwischen Kohorten trennen, muss angenommen werden, dass die Zusammensetzung der Kohorten korrekt gemessen wurde. Andernfalls, kann der Wandel zwischen Kohorten (BCC) nicht korrekt geschätzt werden. Gleichzeitig ist der Zusammenhang zwischen Alter und Kohorten mit inhaltlichen Merkmalen zentral für die Analysen der vorliegenden Arbeit. Besteht dieser Zusammenhang und liegt eine Verzerrung in Alter oder Kohorte vor, wirkt sich dies auf die Verteilung der inhaltlichen Variablen aus. Gewichte können dann korrigierend auf etwaige Verzerrungen wirken (Arzheimer, 2009).

Aus den Studienbeschreibungen der verwendeten Umfragen geht hervor, dass in aller Regel ein Oversampling ostdeutscher Befragter durchgeführt wurde. Da anzunehmen ist, dass es durchaus Unterschiede zwischen ost- und westdeutschen Befragten auf inhaltlichen politischen Dimensionen gibt, ist es notwendig, diese Verzerrung nachträglich zu kontrollieren.

Da das Alter zentral für die Analysen ist und es sich beim Ost-Oversampling um eine designbedingte Verzerrung handelt, sollte für beide kontrolliert werden.[1] Werden zur Korrektur Gewichte verwendet, berechnet man die Gewichtungsfaktoren so, dass die gewichteten Verteilungen der anzupassenden Variablen externen Referenzverteilungen entsprechen. Um die Anpassung zu erreichen, stehen verschiedene Methoden zur Verfügung. Da eine einfache Zellgewichtung nur durchführbar ist, wenn die gemeinsame (gekreuzte) Verteilung der anzupassenden Merkmale bekannt ist (Gabler, 2004, 139f), wird *Iterative Proportional Fitting* (IPF) eingesetzt (Deming und Stephan, 1940). Das erleichtert das Einbinden mehrerer Variablen bzw. von Variablen mit vielen Kategorien erheblich, da nicht erst gekreuzte Verteilungen konstruiert werden müssen. IPF (oder auch *Raking*) ist ein iterativer Prozess, in dem zunächst an die Verteilung eines Merkmals angepasst wird, auf Basis der berechneten Gewichte anschließend an die Verteilung des nächsten Merkmals angepasst wird und so weiter. Die Schritte müssen zum Teil mehrfach wiederholt werden, da die Anpassung einer Verteilung zu Abweichungen in anderen Merkmalsverteilungen führen kann. Alle IPF Gewichte wurden mittels des Stata Ados *ipfweight* (Bergmann, 2011) berechnet. Als Abbruchkriterium wurde eine Abweichung von Verteilung und Referenz von maximal 0,05 Prozentpunkten festgelegt. Konvergiert der Algorithmus nicht innerhalb von 20 Iterationen zu diesem Kriterium, werden der Prozess abgebrochen und die bestehenden Gewichte verwendet. Dies kann bei sehr dünn besetzten Zellen oder sehr schiefen Verteilungen passieren.

Wie angesprochen setzt die Anpassungsgewichtung Referenzverteilungen voraus, an die iterativ angepasst wird. Da hier an zwei sozio-demographische Merkmale angepasst wird, stellen Hochrechnungen des Statistischen Bundesamts auf Basis des Mikrozensus die geeignete Informationsgrundlage dar (z.B. für Alter: DESTATIS Genesis-Online, 2012a). Da bei einer Vielzahl von Altersjahren mit sehr gering oder

---

[1] An einzelne Verteilungen kann recht unproblematisch mit einfacher Zellgewichtung angepasst werden. Ein Ost-West-Designgewicht würde man beispielsweise einer Berechnung bei disproportionaler Schichtung folgen (Gabler und Ganninger, 2010, S. 149f):

$$w_{ow} = \frac{N_h/N}{n_h/n}$$

$$= \frac{n}{N} \times \frac{N_h}{n_h}.$$

Entsprechend der Formalisierung der beiden Autoren sei h ein Schichtindikator, das heißt im Anwendungsfall ein Indikator für Ost- oder Westdeutschland. N beschreibt den Umfang der Gesamtpopulation, N_h den Umfang der Schicht h. n sei der Umfang der Stichprobe und n_h stellt folglich den Umfang der Schicht h in der Stichprobe dar.

nicht besetzten Zellen in den Datensätzen zu rechnen ist und damit Konvergenzprobleme beim IPF-Algorithmus zu erwarten wären, werden Kohorten gebildet und jede Studie nach diesen gewichtet. Das senkt die Zahl an Zellen, verhindert Konvergenzprobleme und sehr hohe Gewichte für gering besetzte Zellen. Die Anzahl an Personen, die über 85 Jahre sind, wird in einer Restkategorie zusammengefasst. Für diese kann das Geburtsjahr und damit ihre Kohorte nur geschätzt werden. Bei einer verbleibenden Zahl von acht bis zehn Gruppen ist die Anzahl an gebildeten Kohorten allerdings groß genug, um Gewichte berechnen zu können.

B.2 Bundestagswahlstudien

Die Referenzverteilungen für die Bundestagswahlstudien bildet die Verteilung der über 18-jährigen deutschen Bewohner Ost- und Westdeutschlands sowie die Verteilung der Kohorten dieser Wahlberechtigten für die Jahre 1994, 1998, 2002, 2005 und 2009.

Tabelle B.1 zeigt deskriptive Kennzahlen zu den berechneten Gewichten. Der IPF Algorithmus liefert nach wenigen Iterationen das gewünschte Ergebnis. Ausnahme ist hier die Anpassung im Jahr 2005, die tolerierte Abweichung wurde auch nach der maximalen Anzahl an Iterationen nicht erreicht. Das ist wohl der sehr dünn besetzten Zelle junger Befragter in Ostdeutschland ($n = 28$) geschuldet. Die Gewichte verfehlen das gewünschte Ergebnis nur geringfügig: Die Abweichung gekreuzter Verteilungen von den Referenzen beträgt lediglich 0,07 Prozentpunkte. Allgemein sind die Gewichte nicht außerordentlich groß oder klein. Das ist insofern gut, als einzelne Fälle nicht besonders stark gewichtet werden und die Ergebnisse dominieren oder durch die Gewichte marginalisiert werden.

Tabelle B.1: Lagemaße der Gewichte (BTW-Studien).

Jahr	Mittelwert	SD	1% Perzentil	99 % Perzentil	IPF Iterationen
1994	1	0,63	0,40	2,18	3
1998	1	0,31	0,57	1,97	3
2002	1	0,31	0,50	1,79	3
2005	1	0,34	0,52	1,43	20
2009	1	0,33	0,52	1,71	3

B.3 Langfrist-Panels

Die Bestimmung der Referenzverteilung für die Langfrist-Panels ist etwas schwieriger im Vergleich zu den querschnittlichen Bundestagswahlstudien. Es werden zwar lediglich Welle 1 und 2 der Panels verwendet, dennoch stellen sich zwei Probleme.

Erstens werden bei individuellem Wandel lediglich Fälle berücksichtigt, welchen diesen erfahren haben, das heißt Individuen in der Schnittmenge der Elektorate $E_1 \cap E_2$. Die Referenzpopulation zu einem Zeitpunkt $t = 2$ (z.b. 1998) ist nicht wie bei den Bundestagswahlstudien die Menge aller über 18-jährigen Deutschen, sondern die Menge aller über 22-jährigen Deutschen. Diese waren bereits Teil des vergangenen Elektorats und konnten somit individuellen Wandel zwischen E_1 und E_2 erfahren. Anhand dieser Definition muss die Kohortenverteilung der Referenz bestimmt werden.

Zweitens unterliegen die Panels mutmaßlich Attrition (statt vieler Lepkowski und Couper, 2002; Watson und Wooden, 2009). Attrition ist eine Subform von Unit Nonresponse und wird zum Problem, wenn der Ausfall aus dem Panel systematisch auftritt. Verschiedene Panelstudien bieten *Propensity-Score-Gewichte* zur Korrektur von Attrition an (z.B. Blumenberg und Gummer, 2013; Kroh und Spieß, 2008; Trappmann, 2011; Vandecasteele und Debels, 2006), deren Wirkung aber merkmalsspezifisch ist. Nur wenn die Variablen, die eingesetzt werden, um den Ausfallprozess zu modellieren, auch mit den zu korrigierenden Variablen zusammenhängen, sollten die Gewichte befriedigende Ergebnisse erzielen. Dass große Umfragen mehrthematisch sind und keine einzelne, für jeden Anwendungsfall gleichsam zentrale, Variable aufweisen, verschärft das Problem. In der vorliegenden Arbeit sind politisches Interesse, Wechselwahl, Wahlbeteiligung und Parteiidentifikation die abhängigen Variablen. Da anzunehmen ist, dass politische Einstellungen und Verhalten die Teilnahme an einer Wahlumfrage beeinflussen, sollten Panelgewichte eingesetzt werden, um Verzerrungen durch Panelattrition zu korrigieren.

Die Panelgewichte wurden nach dem von Blumenberg und Gummer (2013, S. 15-21) beschriebenen Verfahren berechnet. Da Attrition für mehrere Langfrist-Panels Attrition werden muss, ist es notwendig, vergleichbare Prozeduren und Modelle zu verwenden. Die Modelle zur Berechnung der Propensity Scores entsprechen der Konzeption nach Blumenstiel und Gummer (2014). Die Autoren versuchen möglichst vergleichbar Attrition für die Übergänge 1998-2002, 2002-2005 und 2005-2009 zu modellieren. Es war lediglich ein weiteres Modell für den Übergang 1994-1998 aufzustellen. Tabelle B.2 zeigt die Ergebnisse der Schätzmodelle. Fälle, für die aufgrund von Item Nonresponse kein Propensity Score berechnet werden konnte, wurden in einem reduzierten Modell (soziodemographische Variablen und politisches Interesse) berücksichtigt.

Tabelle B.2: Schätzung der Wiederbefragungsbereitschaft in den Langfrist-Panels (1998-2009).

Variable	1998 β (s.e.)	2002 β (s.e.)	2005 β (s.e.)	2009 β (s.e.)
Frau	0,035	0,093	0,146	-0,086
	(0,066)	(0,079)	(0,094)	(0,098)
Alter	0,051***	0,083***	0,084***	0,009*
	(0,014)	(0,014)	(0,016)	(0,004)
$Alter^2$	-0,001***	-0,001***	-0,001***	0,000*
	(0,000)	(0,000)	(0,000)	(0,000)
Bildung (mittel)	-0,305***	0,122	0,221*	0,452***
	(0,079)	(0,093)	(0,111)	(0,124)
Bildung (hoch)	-0,333***	0,211*	0,385**	0,629***
	(0,086)	(0,106)	(0,121)	(0,130)
Ostdeutschland	-0,337***	-0,333***	-0,414***	0,048
	(0,065)	(0,085)	(0,103)	(0,104)
Erwerbsstatus 2/3	0,272*	-0,054	-0,510*	0,111
	(0,135)	(0,145)	(0,217)	(0,237)
Erwerbsstatus 3/3	0,007	0,081	0,314*	-0,187
	(0,111)	(0,132)	(0,154)	(0,156)
Familienstand	0,014	0,162a	0,029	0,219a
	(0,084)	(0,095)	(0,115)	(0,115)
Haushaltsgröße	0,095**	0,113**	0,191***	0,095*
	(0,032)	(0,038)	(0,046)	(0,048)
Ortsgröße	-0,689***	-0,395***	-0,334***	-0,349***
	(0,066)	(0,078)	(0,101)	(0,100)
Wahlbeteiligung	0,182**	0,247*	0,075	0,127
	(0,064)	(0,105)	(0,139)	(0,172)
Parteiverdrossenheit	-0,161*	-0,065	-0,017	-0,260*
	(0,075)	(0,093)	(0,114)	(0,130)
Unentschiedenheit	-0,345***	-0,141	-0,020	-0,089
	(0,073)	(0,097)	(0,141)	(0,113)
Pol. Int (mittel)	0,143a	0,340***	0,415**	0,329*
	(0,082)	(0,091)	(0,130)	(0,161)
Pol. Int. (hoch)	0,382***	0,719***	0,943***	0,672***
	(0,092)	(0,110)	(0,140)	(0,166)
Demokratiezufriedenheit	0,021	-0,057	-0,014	0,001
	(0,018)	(0,041)	(0,048)	(0,008)
Interne Efficacy	0,000	-0,227**	-0,023	-0,041
	(0,072)	(0,084)	(0,116)	(0,112)
Externe Efficacy:	0,016	0,076	-0,059	
	(0,062)	(0,075)	(0,089)	
Polit. Wissen			0,182*	0,253*
			(0,092)	(0,100)
Pol. Wis.: Zweitstimme		-0,083	0,248**	
		(0,078)	(0,091)	

...

Variable	1998 β (s.e.)	2002 β (s.e.)	2005 β (s.e.)	2009 β (s.e.)
Interviewdauer		0,000a (0,000)	0,001 (0,002)	4,943 (3,633)
Item Nonresponse	-0,036 (0,027)	0,013 (0,033)	-0,100* (0,042)	
Teilnahmebereitsch. 2/5			-1,171*** (0,167)	
Teilnahmebereitsch. 3/5			-2,346* (1,025)	
Teilnahmebereitsch. 4/5			-1,545* (0,612)	
Teilnahmebereitsch. 5/5			-1,211a (0,631)	
Teilnahmebereitsch. 2/3				1,053 (1,106)
Teilnahmebereitsch. 3/3				2,324* (1,020)
Konstante	-1,228*** (0,363)	-2,055*** (0,370)	-4,175*** (0,480)	-4,976*** (1,066)
Pseudo R^2	0,042	0,060	0,116	0,068
N	4905	3313	3000	2505

[a] p<0,10, * p<0,05, ** p<0,01, *** p<0,001

Da die Panels auf den Bundestagswahlquerschnitten aufbauen, sind neben Attrition noch designbasierte und andere Verzerrungen in der Stichprobe enthalten. Folglich sind zwei Fehlerquellen zu korrigieren. Das heißt, Attrition und Anpassungsgewichte müssen in diesem Fall kombiniert werden. Eine Möglichkeit ist die Post-Stratifizierung der Propensity-Score-Gewichte. Hierzu wird ein IPF-Algorithmus mit den Panelgewichten als individuelle Startwerte ausgeführt. Diese werden iterativ an die Altersverteilung der über 22-jährigen Deutschen im Mikrozensus angepasst.

Tabelle B.3: Lagemaße der Panelgewichte (LFP).

Jahr	Mittelwert	SD	1% Perzentil	99% Perzentil	IPF Iterationen
1998	1	0,97	0,21	3,83	3
2002	1	0,50	0,40	2,53	3
2005	1	0,86	0,24	4,78	4
2009	1	1,24	0,26	3,77	4

Tabelle B.3 zeigt deskriptive Kennzahlen zu den berechneten Gewichten. Der IPF Algorithmus liefert nach wenigen Iterationen das gewünschte Ergebnis. Gleichzeitig sind die Gewichte nicht außerordentlich groß oder klein. Das ist insofern gut, als einzelne Fälle nicht besonders stark gewichtet werden und die Ergebnisse dominieren oder nahezu unberücksichtigt bleiben.

Anhang C
Aufbereitung des ALLBUS

Um den ALLBUS als Referenz für Analysen mit den Bundestagswahlstudien verwenden zu können, sind nur wenige Aufbereitungsschritte notwendig. Die folgenden Abschnitte führen die Erstellung des Datensatzes, die Aufbereitung der Variablen und die Erstellung der Gewichte näher aus. Ziel der jeweiligen Aufbereitungsschritte war eine grundlegende Vergleichbarkeit zu den BTW-Studien.

C.1 Kumulation 1980-2010

Bei der ALLBUS Kumulation 1980-2010 handelt es sich um eine Distribution des ALLBUS, die aus 18 Einzelerhebungen zusammengesetzt ist. Für die Analysen wurden Erhebungen der Jahre 1994, 1998, 2002, 2006 und 2010 ausgewählt.

Im Gegensatz zum Politbarometer ergeben sich für den ALLBUS die größten Unterschiede zu den Bundestagswahlstudien nicht im Modus oder der Operationalisierung von zentralen Variablen, sondern in den Feldzeiten. Durch die vorgezogene Neuwahl 2005 enden die Legislaturperioden nun in den Jahren, in denen kein ALLBUS durchgeführt wird (2009, 2013, ...). Um dennoch, zumindest approximativ, Analysen replizieren zu können, dienen die Erhebungen 2006 und 2010 als Referenzen für die Bundestagswahlen 2005 und 2009. Der kumulierte und für die Analysen reduzierte Datensatz hat demnach vierjährige Intervalle und spiegelt idealtypisch die Veränderung des Elektorats über die Zeit wieder. Da die Verteilung der Population unkorreliert mit dem Ereignis einer Bundestagswahl ist, sollten hier keine Verzerrungen auftreten. Bei inhaltlichen Variablen wie politischem Interesse und Wahlbeteiligungsabsicht ist allerdings ein periodischer Einfluss nicht auszuschließen. Dieser Punkt sollte bei den diskutierten Ergebnissen stets berücksichtigt werden. Wahlkämpfe führen dazu, dass Befragte vermehrt politische Nachrichten wahrnehmen und eine Mobilisierung durch die Bemühungen der Parteien erfahren (können).

Die Feldzeiten variieren zwischen ALLBUS und den BTW-Studien. Während es sich beim PB um eine monatliche Erhebung handelt, kann dort ohne Probleme ein Zuschnitt auf die Feldzeit der BTW-Studien vorgenommen werden. Der ALLBUS ist dagegen als Einzelstudie angelegt und soll die Bevölkerung eines bestimmten Jahres repräsentieren. Hierzu sind teils lange Feldzeiten notwendig, um auch schwer erreichbare Fälle zu erfassen. Um die Integrität der Stichprobe nicht zu verletzen, werden die Stichproben der jeweiligen Jahre nicht weiter eingegrenzt. Ein Vergleich der Feldzeiten ist Tabelle C.1 zu entnehmen.

Tabelle C.1: Feldzeiten im Vergleich: BTW-Studien und ALLBUS.

	Feldzeiten	
Jahr	BTW-Studien	ALLBUS
1994	09. - 11.	02. - 05.
1998	08. - 11.	03. - 07.
2002	08. - 11.	02. - 08.
2005	09. - 10.	
2006		03. - 08.
2009	08. - 11.	
2010		05. - 11.

C.2 Aufbereitung der Variablen

Politisches Interesse wird im ALLBUS auf einer Rating-Skala mit fünf Kategorien abgefragt. Die Skala musste lediglich umgepolt werden, um die Daten verwenden zu können.

Der ALLBUS enthält keine Frage zur Stärke der Parteiidentifikation. Eine generelle Parteineigung wird zwar abgefragt, nicht aber die Stärke. Es ist daher nicht möglich, Ergebnisse zur Stärke der PID mittels ALLBUS-Daten zu validieren.

Als drittes Merkmal wird in den Analysen die Wahlbeteiligung verwendet. Im ALLBUS sind zwei Fragen dazu enthalten: die Wahlabsicht bei der nächsten Bundestagswahl (V24) und die Wahlbeteiligung bei der letzten Bundestagswahl (V28). V28 entspricht der dichotomen Variable, die für die BTW-Studien erstellt wurde und kann als Äquivalent verwendet werden. Da in der Erhebung 1994 keine Wahlbeteiligung abgefragt wurde, sondern die Wahlabsicht, wurden alle Fälle dieses Jahres als „wählend" codiert, die angeben, eine Partei wählen zu wollen.

Das Alter der Befragten wird im ALLBUS unklassiert abgefragt und kann daher problemlos verwendet werden. Aus dem Alter ergibt sich sowohl Geburtsjahr als auch Kohorte.

Die Ergebnisse der Recodierung sind Tabelle C.2 zu entnehmen. In Kapitel 7 findet sich die Besprechung der Befunde als externe Validierung der Analysen auf Basis kumulierter Bundestagswahlstudien der Jahre 1994 bis 2009.

Tabelle C.2: Lagemaße sozialen Wandels zentraler Merkmale im ALLBUS.

Jahr	$\bar{X}$	SE	95% C.I.		N
Politisches Interesse					
1994	2,943	0,019	2,905	2,980	3.448
1998	2,982	0,018	2,945	3,018	3.223
2002	3,090	0,021	3,048	3,132	2.819
2005	3,011	0,019	2,974	3,049	3.417
2009	3,061	0,021	3,020	3,102	2.822
Gesamt	3,013	0,009	2,996	3,031	15.729
Wahlbeteiligung					
1994	0,908	0,006	0,897	0,920	2.543
1998	0,915	0,005	0,904	0,925	2.936
2002	0,887	0,007	0,874	0,900	2.507
2005	0,857	0,007	0,844	0,870	3.162
2009	0,790	0,008	0,774	0,805	2.816
Gesamt	0,870	0,003	0,865	0,876	13.964

Anmerkung: Berechnungen sind gewichtet.

C.3 Gewichtung

Im Gegensatz zum PB verfügt der ALLBUS über konsistente Ost-West-Designgewichte, die auch für die vorliegende Arbeit verwendet werden könnten, wie die Ausführungen von Gabler (1994) deutlich machen. Um ebenfalls an die Altersverteilung der jeweiligen Jahre anzupassen, da Stichprobenverzerrung, Nonresponse und Messfehler auch hier nicht auszuschließen sind, wurden Anpassungsgewichte berechnet. Aus Gründen der Vergleichbarkeit wird die gleiche Methode und Referenz wie auch bei den Bundestagswahlstudien und dem PB eingesetzt (vgl. zur IPF Gewichtung Appendix B).

Tabelle C.3 zeigt deskriptive Kennzahlen zu den berechneten Gewichten. Der IPF Algorithmus liefert nach wenigen Iterationen das gewünschte Ergebnis. Wie auch bei der Bundestagswahlstudie 2005 konvergiert der IPF-Algorithmus im Jahr

2006 nicht nach 20 Iterationen und bricht ab. Ausschlaggebend sind dünn besetzte Zellen der ältesten Kohorten (West: $n = 16$, Ost: $n = 10$). Gleichzeitig sind die Gewichte nicht außerordentlich groß oder klein. Das ist insofern gut, als einzelne Fälle nicht besonders stark gewichtet werden und die Ergebnisse dominieren oder marginalisiert werden.

Tabelle C.3: Lagemaße der Gewichte (ALLBUS).

Jahr	Mittelwert	SD	1% Perzentil	99 % Perzentil	IPF Iterationen
1994	1	0,30	0,63	1,68	3
1998	1	0,25	0,59	1,42	3
2002	1	0,34	0,58	2,14	3
2006	1	0,35	0,57	1,72	20
2010	1	0,28	0,61	1,94	3

Anhang D
Aufbereitung des Politbarometers

Um das Politbarometer als externe Referenz für Analysen auf Basis der kumulierten Bundestagswahlstudien 1994-2009 verwenden zu können, sind umfangreiche Aufbereitungsschritte notwendig. Im Folgenden sind die verschiedenen Schritte im Detail dargestellt.

D.1 Kumulation der Datensätze

Die bei GESIS verfügbaren Jahreskumulationen des PB sind in Ost- und Westdatensätze getrennt. Sie liegen ab dem Jahr 1977 vor. In einem ersten Schritt wurden die Datensätze der Jahre 1994, 1998, 2002, 2005 und 2009 zu einem einzigen Datensatz zusammengefasst.

Da es sich um ganzjährig stattfindende Befragungen handelt, musste der kumulierte Datensatz in einem weiteren Schritt an die Feldzeiten der Bundestagswahlstudien angepasst werden. Die Einzeldatensätze des PB enthalten Informationen zum Erhebungsmonat, die eine entsprechende Anpassung ermöglichen. Die verbleibenden Fallzahlen, getrennt nach Ost- und Westdeutschland, sind Tabelle D.1 zu entnehmen. Berlin wird hier bereits zu Ostdeutschland gezählt.

D.2 Aufbereitung der Variablen

Die Aufbereitung der Variablen im kumulierten PB orientiert sich an der Aufbereitung der Bundestagswahlstudien, wie in Kapitel 7 und Appendix B beschrieben.

Das Alter und die Kohorte eines Befragten ist zentral für den Großteil der durchgeführten Analysen. Im PB liegt das Alter nur kategorisiert in zehn Kategorien

Tabelle D.1: Fallzahlen des Politbarometers für Ost- und Westdeutschland.

Jahr	Daten	West	Ost	Gesamt
1994	PB	3.184	3.117	6.301
		50,53%	49,47%	100%
	MZ	77,16%	22,84%	100%
1998	PB	4.000	1.124	5.124
		78,06%	21,94%	100%
	MZ	77,03%	22,97%	100%
2002	PB	4.956	4.838	9.794
		50,60%	49,40%	100%
	MZ	77,03%	22,77%	100%
2005	PB	6.022	4.405	10.427
		57,75%	42,25%	100%
	MZ	77,68%	22,32%	100%
2005	PB	9.984	7.374	17.358
		57,52%	42,48%	100%
	MZ	78,09%	21,91%	100%

vor. Für den individuellen Fall war es daher nicht möglich, das exakte Alter zu bestimmen. Die Kategorie der über 70-Jährigen bildet die Restkategorie der alten Befragten im Politbarometer. Da die Obergrenze der Befragten in dieser Kategorie nicht bekannt ist, kann kein Mittelwert aus Ober- und Untergrenze gebildet werden. Das „mittlere" Alter der Kategorie zu wählen, ist somit keine praktikable Alternative, um näherungsweise das Alter der Befragten zu bestimmen. In der Konsequenz wird die Untergrenze der Kategorien als Alter verwendet. Ausgehend von dieser Recodierung ist es möglich, das Geburtsjahr zu berechnen und die Kohorte zu bestimmen.

Politisches Interesse wird im PB analog zu den Bundestagswahlstudien auf einer Rating-Skala mit fünf Kategorien abgefragt. Es bedurfte für die Recodierung daher nur einer leichten Anpassung der Codierung.

Wie auch das politische Interesse wird die Stärke der PID, den üblichen Vorgehensweisen der deutschen Wahlforschung folgend, in Form einer Fünfer-Skala abgefragt. Personen ohne PID und Personen, welche die Angabe zur Stärke der PID verweigerten, wurden als natürlicher Nullpunkt vercodet.

Im PB wird die Wahlbeteiligung direkt abgefragt. Die Frage gibt Befragten allerdings wenig Spielraum, ihre Entscheidung zu differenzieren. Entweder können Befragte angeben zu wählen — oder nicht. Ab zwei Monaten vor der Wahl wird das Antwortschema etwas erweitert und entwickelt sich zu einer Vierer-Skala mit den Mittelkategorien „wahrscheinlich zur Wahl gehen" und „wahrscheinlich nicht zur Wahl gehen". In den Bundestagswahlstudien wurde die Wahlabsicht als Dummy-Variable codiert. Entsprechend dieser Vorgabe wird die Angabe, wahr-

Tabelle D.2: Lagemaße sozialen Wandels zentraler Merkmale im Politbarometer.

Jahr	$\bar{X}$	SE	95% C.I.		N
Politisches Interesse					
1994	3,270	0,019	3,232	3,307	4.241
1998	3,325	0,028	3,269	3,380	1.283
2002	3,447	0,016	3,416	3,477	7.815
2005	3,528	0,020	3,489	3,567	3.560
2009	3,533	0,008	3,517	3,549	17.324
Gesamt	3,472	0,006	3,460	3,485	34.223
Stärke der PID					
1994	2,533	0,031	2,471	2,594	4.931
1998	2,136	0,027	2,083	2,189	5.104
2002	2,349	0,025	2,299	2,399	9.769
2005	2,351	0,022	2,308	2,395	10.394
2009	2,228	0,016	2,196	2,259	17.320
Gesamt	2,305	0,010	2,285	2,325	47.518
Wahlbeteiligung					
1994	0,929	0,004	0,922	0,936	6.164
1998	0,950	0,003	0,945	0,956	5.088
2002	0,934	0,003	0,928	0,941	9.613
2005	0,927	0,003	0,921	0,933	10.313
2009	0,896	0,003	0,891	0,901	17.358
Gesamt	0,920	0,001	0,917	0,923	48.536

Anmerkung: Berechnungen sind gewichtet.

scheinlich zu wählen, als Wahlbeteiligung bewertet. Demgegenüber ist die Angabe, wahrscheinlich nicht zu wählen, nicht als Wahlbeteiligung zu verstehen.

Die Ergebnisse der Recodierung sind Tabelle D.2 zu entnehmen. In Kapitel 7 findet sich die Besprechung der Befunde als externe Validierung der Analysen auf Basis kumulierter Bundestagswahlstudien der Jahre 1994 bis 2009.

D.3 Gewichtung

Um das Politbarometer als Referenz verwenden zu können, sind in einem weiteren Schritt einheitliche Gewichte im Vergleich zu den Bundestagswahlstudien und dem ALLBUS zu berechnen. Daher werden die Daten des PB an die Ost-West- und Altersverteilungen der amtlichen Statistik der Jahre 1994, 1998, 2002, 2005 und 2009 angepasst. Zur Erstellung der Gewichtungsfaktoren wird die IPF-Gewichtung verwendet (vgl. dazu Appendix B). Da das PB keine genauen Altersangaben der Befragten beinhaltet, sondern lediglich eine Kategorisierung, können alte Kohorten teilweise nicht bestimmt werden. Im PB sind die über 70-Jährigen die älteste Altersgruppe. Das bedeutet bspw., dass im Jahr 2009 für die Befragten nur ein Geburtsjahr von 1939 oder früher bestimmt werden kann. Die amtlichen Daten setzen die Restkategorie erst bei über 85-Jährigen. Für das Jahr 2009 können hier Geburtsjahrgänge bis 1924 unterschieden werden. Die Kategorisierung des Alters im PB macht eine Vergröberung der Referenzverteilung notwendig. Die Gewichtung im PB basiert für ältere Kohorten daher auf weniger Information und sollte tendenziell Gewichte von geringerer Qualität liefern als bei den anderen Umfragen.

Tabelle D.3: Lagemaße der Gewichte (PB).

Jahr	Mittelwert	SD	1% Perzentil	99 % Perzentil	IPF Iterationen
1994	1	0,72	0,29	3,31	3
1998	1	0,22	0,82	1,64	3
2002	1	0,88	0,29	4,40	4
2005	1	0,68	0,34	3,31	20
2009	1	0,52	0,18	2,24	3

Tabelle D.3 zeigt deskriptive Kennzahlen zu den berechneten Gewichten. Der IPF-Algorithmus liefert nach wenigen Iterationen das gewünschte Ergebnis. Wie bei den Bundestagswahlstudien fällt das Jahr 2005 mit 20 Iterationen auf. Auch hier konvergiert der Algorithmus nicht, was zu einem Abbruch führt. Ausschlaggebend sind keine zu dünn besetzten Zellen, sondern eine erhebliche Schiefe in der Altersverteilung. Allein die älteste Kohorte weist eine Abweichung von 14 Prozentpunkten zur Referenz auf, wenn man lediglich die Altersverteilungen gegenüberstellt. Gewichtet beträgt die Differenz der gekreuzten Ost-West- und Altersverteilungen zwischen Datensatz und Referenz lediglich 0,07 Prozentpunkte. Das und die deskriptiven Kennzahlen sprechen für die Verwendbarkeit der Gewichte, trotz Verfehlen des Anpassungskriteriums nach 20 Iterationen.

D.4 Algebraische Zerlegung mit dem Politbarometer

Die algebraische Zerlegung des sozialen Wandels ausgewählter Merkmale mittels des Politbarometers dient der externen Validierung der Befunde, die auf Basis der kumulierten Bundestagswahlstudien gewonnen werden konnten. Da es sich um zwei verschiedene Datenquellen handelt, kann keine perfekte Vergleichbarkeit vorausgesetzt werden. Tatsächlich deuten zwei methodische Argumente darauf hin, dass ein Vergleich nur eingeschränkt möglich ist. Auch aus diesem Grund stützt sich die vorliegende Arbeit vornehmlich auf die Ergebnisse der Bundestagswahlstudien und behandelt das Politbarometer als *ergänzende* externe Referenz.

Erstens ergeben sich durch den Erhebungsmodus des Politbarometers Verzerrungen. Das PB wird in Form einer CATI-Befragung erhoben. Während Schroth (2003, S. 49) konstatiert, das PB erfülle die Gütekriterien bezüglich Stichprobenziehung, Realisierung sowie Ausschöpfungsquote, bleibt unklar, inwiefern wirklich von unverzerrten Daten ausgegangen werden kann. Die Bundestagswahlstudien und der ALLBUS sind Face-to-Face-Umfragen, was die Frage nach modebedingten Unterschieden aufwirft (bspw. de Leeuw, 2008; Groves et al., 2009; Holbrook et al., 2003). Je nach Modus können verschiedene Fehlerquellen auftreten, was zu einem systematischen Unterschied zwischen PB und den anderen Studien führen kann:

„Choosing mode involves evaluating trade-offs among different sources of error."(Couper, 2011, S. 897)

Konkret zeigt sich das im PB bei den berichteten Alters-, Perioden- und Kohorteneffekten (vgl. Kapitel 7, Abbildungen 7.1, 7.2 und 7.3). Während die Befunde für die Stärke der PID noch etwa im Bereich der Ergebnisse auf Basis der BTW-Studien liegen, werden das politische Interesse und die Wahlbeteiligung deutlich überschätzt. Die Überrepräsentation von stärker interessierten und höher gebildeten Personen in Telefonstichproben könnte die Ursache dieser Ergebnisse sein.

Aus der Verzerrung ergeben sich Unterschiede für den gemessenen sozialen Wandel, was wiederum bei Zerlegungen zur Folge hat, dass unterschiedlich viel Wandel zerlegt wird im Vergleich zu den anderen Umfragen. Entsprechend unterscheiden sich auch die Komponenten, in die dieser Wandel zerlegt wird. Ein Vergleich von Verteilungen zwischen PB und der (ebenfalls telefonisch erhobenen) GLES Rolling-Cross-Section-Studie zeigt, dass das PB deutlich höhere Abweichungen gegenüber externen Referenzen aufweist (Blumenberg et al., 2013a). Im Lichte der empirischen Realität ist fraglich, ob die von Schroth (2003) festgestellte Erfüllung von Gütekriterien tatsächlich mit hoher Datenqualität gleichzusetzen ist.

Zweitens ist für die Zerlegung die Definition von Kohorten essentiell. Im Politbarometer ist das Alter des Befragten nur in Kategorien erfasst und nur auf dieser Basis kann das Geburtsjahr berechnet werden. Alle Personen, die älter als 70 Jahre sind, fallen dabei in eine einzige Kategorie. So kann beispielsweise im Jahr 1994 lediglich geschätzt werden, dass diese 1930 oder früher geboren wurden. Im Jahr 2005 kann nur noch ein Geburtsdatum von 1940 oder früher approximiert werden. Eine Codierung in Kohorten, wie sie bspw. bei den Bundestagswahlstudien und dem ALLBUS vorgenommen wurde, führt in diesem Fall zu einem methodischen Artefakt. Bei einer Berechnung der Kohortensukzession würde dadurch der Eindruck entstehen, dass bestimmte ältere Kohorten komplett ausgestorben seien. Bspw. wäre im Jahr 2005 die Kohorte der 1930 oder früher geborenen Befragten nicht mehr besetzt, wenngleich diese aber Teil der Sammelkategorie der Erhebung sein können (1931-1940).

Tabelle D.4: Zusammensetzung der Kohorten im Politbarometer.

Kohorten	1994	1998	2002	2005	2009
Variante A					
-1940	25,64	25,41	10,64	10,89	13,15
1941-1950	25,19	16,06	15,47	15,65	15,58
1951-1960	19,78	18,81	23,67	26,58	18,61
1961-1970	21,16	23,99	24,83	25,38	22,96
1971-1980	8,22	15,73	17,52	14,66	15,51
1981-1990	0	0	7,87	6,83	10,85
1991-	0	0	0	0	3,33
Gesamt	100	100	100	100	100
Variante B					
-1910	-	-	-	-	-
1911-1920	-		-	-	-
1921-1930	10,27*	11,20*	-	-	-
1931-1940	15,37	14,21	10,64*	10,89*	13,15*
1941-1950	25,19	16,06	15,47	15,65	15,58
1951-1960	19,78	18,81	23,67	26,58	18,61
1961-1970	21,16	23,99	24,83	25,38	22,96
1971-1980	8,22	15,73	17,52	14,66	15,51
1981-1990	0	0	7,87	6,83	10,85
1991-	0	0	0	0	3,33
Gesamt	100	100	100	100	100

Anmerkungen: alle Angaben in Prozent.

Um die Zerlegung möglichst unverzerrt ausführen zu können, wurde eine einzige Kategorie für alle Befragten gebildet, die 1940 oder früher geboren wurden. So kann das Aussterben ganz alter Kohorten zwar nicht so akkurat modelliert werden wie bei den BTW-Studien, es wird aber ein methodisches Artefakt vermieden. In der Konsequenz reduziert sich die MIX-Komponente der Zerlegung, also in der Zwei-Komponenten-Zerlegung der zwischen WCC und BCC geteilte Part. Tabelle D.4 zeigt die Verteilung der Kohorten im Politbarometer in korrigierter Form mit einer einzigen Sammelkategorie (Variante A). In Variante B sind die Kohorten mit der maximalen verfügbaren Information dargestellt. Zur Veranschaulichung ist die Systematik der BTW-Studien eingesetzt. Die jeweils älteste Kohorte ist hier die Sammelkategorie und mit einem Stern gekennzeichnet. In der Stufe zwischen 1998 und 2002 findet sich der Fehler, der vermieden werden soll. Gleichzeitig zeigen beide Tabellen recht hohe Unterschiede in den Quoten. Das sind Relikte, die sich aus der Kategorisierung des Alters ergeben und nicht behoben werden können.

The manufacturer's authorised representative in the EU is Springer
Nature Customer Service Centre GmbH, Europaplatz 3, 69115 Heidelberg,
Germany. If you have any concerns regarding our products, please
contact ProductSafety@springernature.com

Printed and bound by CPI Group (UK) Ltd, Croydon, CR0 4YY

24/04/2026

02096311-0004